OS PRINCÍPIOS DE DIREITO DO TRABALHO NA LEI E NA JURISPRUDÊNCIA

1ª edição — 1994
2ª edição — 1997
3ª edição — 2013

FRANCISCO METON MARQUES DE LIMA

Doutor em Direito Constitucional pela UFMG. Mestre em Direito e Desenvolvimento pela UFC.
Ex-Professor Assistente da UFC e Professor Associado da UFPI.
Desembargador do TRT da 22ª Região. Autor de várias obras jurídicas.

OS PRINCÍPIOS DE DIREITO DO TRABALHO NA LEI E NA JURISPRUDÊNCIA

3ª edição
Revista e Ampliada

De acordo com a reforma do Poder Judiciário, Convenções Internacionais do Trabalho da OIT, as Súmulas Vinculantes do STF, o Estatuto da Igualdade Racial, a Lei Maria da Penha, o novo ECA, a orientação legal e jurisprudencial mais recente.

EDITORA LTDA.

© Todos os direitos reservados

Rua Jaguaribe, 571
CEP 01224-001
São Paulo, SP — Brasil
Fone (11) 2167-1101
www.ltr.com.br

LTr 4843.0
Junho, 2013

Dados Internacionais de Catalogação na Publicação (CIP)
(Câmara Brasileira do Livro, SP, Brasil)

Lima, Francisco Meton Marques de

Os princípios de direito do trabalho na lei e na jurisprudência / Francisco Meton Marques de Lima. — 3. ed. — São Paulo : LTr, 2013.

Bibliografia.
ISBN 978-85-361-2608-1

1. Direito do trabalho — Brasil 2. Direito do trabalho — Jurisprudência — Brasil 3. Direito processual do trabalho — Jurisprudência — Brasil 4. Trabalho — Leis e legislação — Brasil I. Título.

13-04325   CDU-34:331(81)

Índices para catálogo sistemático:

1. Brasil : Direito do trabalho   34:331(81)

*Aos meus obstinados colegas Professores,
que sonham com a redenção do homem pela educação.
Aos Estudantes, esperança de progresso do Brasil.
A todos os Profissionais do Direito, arquitetos de uma sociedade mais justa.*

SUMÁRIO

Apresentação 13

Parte 1
OS PRINCÍPIOS GERAIS DO DIREITO

Capítulo I — Teoria Geral dos Princípios 17
1. Considerações Gerais 17
2. Conceito de Princípios do Direito 19
3. Natureza dos Princípios Gerais do Direito 21
4. Características dos Princípios 23
5. Funções dos Princípios e sua Força Normativa 24
6. Gênese e Identificação dos Princípios 26
7. Classificação dos Princípios 28
8. Inter-relação Jusnaturalista e Juspositivista dos Princípios 29
9. Diferenças entre Regras e Princípios 32

Capítulo II — Os Princípios na Constituição 35
1. Positivação dos Princípios nas Constituições 35
2. Os Princípios na Constituição de 1988 39
3. Os Princípios na Legislação 40

Parte 2
OS PRINCÍPIOS GERAIS DO DIREITO DO TRABALHO

Capítulo I — Justificação e Classificação dos Princípios do Direito do Trabalho   45
1. Os Princípios como Pano de Fundo do Direito do Trabalho 45
2. Classificação dos Princípios do Direito do Trabalho 46

Capítulo II — Princípio da Progressão Social 49
1. A Promessa Constitucional de Remição Untada aos Valores Fundamentais   49
2. Avanços Sociais nas Emendas Constitucionais 51
3. Avanços Sociais na Legislação 53
4. Progressão Social na Jurisprudência 57

CAPÍTULO III — Princípio da Proteção 61
1. Alcance Prático do Princípio 61
2. O Princípio Tutelar na Lei 63
3. Fundamentos Legais e de Fato do Princípio Protetor 64
4. O Princípio Protetor e a Segurança 65

CAPÍTULO IV — Princípio da Equidade 66
1. Sede Trabalhista da Equidade 66
2. Conceito de Equidade 66
3. Relação da Equidade com a Justiça 67
4. Espécies de Equidade 68
5. Equidade x Segurança 70
6. A Equidade no Direito do Trabalho 71
7. A Equidade na Interpretação Gramatical 72
8. Pontos Básicos que Justificam o Emprego da Equidade 73
9. Manifestações da Equidade na Jurisprudência 74

CAPÍTULO V — Princípio da Autodeterminação Coletiva 76
1. Significados e Alcance do Princípio 76
2. Fundamentos Legal e Doutrinário 77
3. A História nos Precedentes Legais e Jurisprudenciais 80
4. Represeentação Sindical 83
5. Substituição Processual pelo Sindicato 84
   5.1. Noções Conceituais 84
   5.2. Abrangência da Substituição 85
6. Princípios do Direito Coletivo do Trabalho 87

CAPÍTULO VI — Princípio da Irretroatividade das Nulidades Contratuais..... 88
1. Nulidade e Anulabilidade 88
2. As Nulidades Contratuais no Direito do Trabalho 89
3. Nulidade da Contratação sem Concurso Público 91

Parte 3
PRINCÍPIOS DE CONCREÇÃO DO DIREITO DO TRABALHO

CAPÍTULO I — Princípio da Norma mais Favorável ao Empregado 101
1. Significado do Preceito 101
2. Fundamentos 102
3. Identificação da Norma mais Benéfica 103
4. Conglobamento 104
5. Manifestações Legais e Pretorianas 105

Capítulo II — Princípio *In Dubio pro Operario*	108
1. Significados e Âmbito de Aplicação	108
2. Embasamento Legal e Jurisprudencial	110
Capítulo III — Princípio da Condição mais Benéfica	112
1. Em que Consiste	112
2. Base Legal do Princípio	113
Capítulo IV — Princípio da Irrenunciabilidade dos Direitos Trabalhistas	115
1. Situação do Tema	115
2. Fundamentos	116
3. Justificação do Princípio	118
4. Diferença entre Renúncia e Transação	119
5. Direitos Disponíveis	119
6. Condições da Renúncia	121
7. Momento da Renúncia	122
8. A Renúncia no Direito Positivo Brasileiro	123
Capítulo V — Princípio da Primazia da Realidade	126
1. Contrato-realidade	126
2. Conceito	127
3. Hipóteses em que os Fatos se Distanciam da Forma	128
4. Fundamentos do Princípio	128
5. Casos mais Frequentes de Aplicação do Princípio	129
Capítulo VI — Princípio da Continuidade da Relação de Emprego	133
1. Do Liberal ao Social	133
2. Fundamentos do Princípio	134
3. Manifestações desse Princípio no Direito Nacional	135
4. Despedida Imotivada	137
5. As Diversas Formas de Estabilidade no Emprego	140
5.1. Estabilidade Decenal — Art. 492 da CLT	140
5.2. Estabilidades e Garantias Provisórias de Emprego	141
5.2.1. Estabilidade sindical	142
5.2.2. Despedida do empregado estável	143
5.2.3. Abrangência da estabilidade sindical	144
5.2.4. Estabilidade contratual	148
5.2.5. Estabilidade de empregados públicos	148
5.2.6. Estabilidade de membro de Comissão de Conciliação Prévia	150
5.2.7. Representantes dos trabalhadores nos colegiados públicos	150

	5.2.8.	Representantes dos empregados na empresa............	150
	5.2.9.	Diretor de cooperativa...	150
	5.2.10.	Estabilidade da gestante e equiparados	151
	5.2.11.	Estabilidade do membro e do dirigente da CIPA.....	155
	5.2.12.	Estabilidade do acidentado e equiparados................	159
	5.2.13.	Vedação de dispensa durante gozo de auxílio-doença e de portador de LER/DORT....................................	159
	5.2.14.	Proteção do emprego da Lei Maria da Penha	162
	5.2.15.	Despedida discriminatória de portador de HIV e outra doenças estigmatizantes..................................	164

6. Implicações Recíprocas do Aviso Prévio com a Estabilidade 165
7. Significação Política e Econômica da Continuidade 166
8. Readmissão e Reintegração 169
9. Renúncia à Estabilidade. Homologação 169

CAPÍTULO VII — Princípio da Inalterabilidade *in Pejus* do Contrato de Trabalho 170
1. Significado 170
2. Exceções 172
3. Ônus da Prova 175

CAPÍTULO VIII — Princípio da Substituição Automática das Cláusulas Contratuais... 176

CAPÍTULO IX — Princípio da Isonomia Salarial.. 178
1. Matrizes do Princípio Isonômico 178
2. O Princípio da Igualdade na Lei.. 178
3. Na Jurisprudência 180

CAPÍTULO X — Princípio da Irredutibilidade Salarial................................... 183
1. Conceito de Salário 183
2. Fundamentos... 184
3. Exceções 184
4. Efeitos.. 185

CAPÍTULO XI — Princípio da Razoabilidade.. 187
1. Definição 187
2. Fundamentos... 188
3. Aplicação Prática.. 188

CAPÍTULO XII — Princípio da Proporcionalidade 192
1. Implicações da Razoabilidade com a Proporcionalidade.................... 192
2. Conceito 192
3. Berço Constitucional da Proporcionalidade....................................... 194
4. Conteúdo e Elementos do Princípio da Proporcionalidade 195

5.	O Princípio da Proporcionalidade no Direito do Trabalho.................	196
	5.1. Poderes do empregador — Revista íntima	197
	5.2. A justa causa e seus princípios...	198
	5.3. Fixação do *quantum* indenizatório por danos morais	201
6.	Situações Concretas no Setor Público e no Âmbito Privado	201

Capítulo XIII — Princípio da Boa-fé		205
1.	Noções Conceituais...	205
2.	Conteúdo e Deveres Anexos da Boa-fé Objetiva	207
3.	Funções da Boa-fé	207
4.	Expressões Legais da Boa-fé	208

Capítulo XIV — Outros Princípios..		211
1.	Princípio do Rendimento	211
2.	Princípio da Colaboração	212
3.	Princípio do Ordenamento Justo..	212

Parte 4
PRINCÍPIOS DE DIREITO DO TRABALHO DE 2ª GERAÇÃO

Capítulo I — Direitos Fundamentais do Trabalho		217
Capítulo II — Princípios Internacionais do Trabalho de 2ª Geração		219
Capítulo III — Princípios de Direito do Trabalho de 2ª Geração na CF/1988		221
1.	Princípio da Dignidade do Trabalhador	221
2.	Respeito à Vida e à Integridade Física do Trabalhador......................	222
3.	Princípio da Não Discriminação no Trabalho	223
	3.1. Da pessoa portadora de deficiência ou portadora de necessidades especiais	224
	3.2. Proibição de discriminação em virtude de sexo, idade ou estado civil..	226
4.	Princípio da Isonomia na Relação de Trabalho	227
5.	Princípio da Liberdade na Relação de Trabalho	228
	5.1. Liberdade ideológica, religiosa e política do trabalhador.........	228
	5.2. Liberdade sindical	228
	5.3. Liberdade de arena	229
	5.4. Liberdade sexual	229
6.	Direito à intimidade e à vida privada	229

Capítulo IV — Assédio Moral na Relação de Trabalho............................		232
1.	Noções Conceituais...	232
2.	Abalo Emocional, Emoções e Sentimentos	234
3.	Indenização por Danos Morais Decorrentes do Assédio Moral	235

Capítulo V — Trabalho Escravo	238

Parte 5
HERMENÊUTICA E APLICAÇÃO DOS PRINCÍPIOS DO DIREITO DO TRABALHO

Capítulo I — Aplicação dos Princípios de Direito do Trabalho.................... 243
1. Razões que Justificam o Emprego dos Princípios de Direito do Trabalho 243
2. Os Princípios como Critérios Objetivos na Interpretação.................... 244
3. Raio de Alcance dos Princípios 244
4. Exemplos de Correção de Justiça Legal por meio dos Princípios 246

Capítulo II — Aplicação do Direito do Trabalho.. 248
1. Considerações Gerais 248
2. Fontes do Direito do Trabalho 248
3. Hierarquia das Fontes 249
4. O Direito Comum como Fonte Subsidiária................................... 251

Capítulo III — Interpretação do Direito do Trabalho 252
1. Regras Gerais.. 252
2. Métodos Aplicáveis ao Direito do Trabalho 253

Capítulo IV — Particularidades na Interpretação do Direito do Trabalho ... 256
1. Doutrina 256
2. Regras Particularizadoras do Direito do Trabalho........................ 257
3. Razões da Interpretação Especial 259
4. Preconceito dos Juristas 260
5. Tratamento da Matéria no Direito Positivo 261

Capítulo V — Apanhado e Observação dos Fatos 263
1. A Hidra das Incertezas... 263
2. O que é Fato Jurídico? 265
3. Classificação dos Fatos Jurídicos 266
4. A interpretação dos Fatos com Base na Prova............................ 269
5. Perquirição do Fato e Identificação da Norma............................ 270

Valores do Trabalho 273

Bibliografia 277

APRESENTAÇÃO

Pouco direito afasta dos princípios, muito direito conduz a estes.

O presente livro objetiva levar ao leitor os fundamentos teóricos do direito obreiro brasileiro, articulando-os com a lei e a jurisprudência pátrias.

Acolhendo suas teses, o Ministro Arnaldo Süssekind incluiu os princípios em seu clássico *Instituições de Direito do Trabalho*, a partir da 15ª edição, incorporando-se definitivamente a matéria em todos os manuais de direito do trabalho, até então omissos.

A 1ª edição apresentou os princípios em duas partes: Princípios Gerais de Direito do Trabalho e Princípios Específicos ou Derivados. Os primeiros são as vigas mestras; os outros são os caibros e as ripas que formam a teia do *trabalhismo*.

Esta 3ª edição acrescenta os *princípios gerais do direito* e os *princípios do direito do trabalho de segunda geração* — direitos trabalhistas emergidos da nova ordem constitucional e internacional, formando o *neotrabalhismo*.

O livro tece um diálogo entre a teoria e a prática, enfrentando temas tormentosos à luz dos princípios e segundo a jurisprudência, como as diversas formas de estabilidade, o problema da isonomia e da irredutibilidade salarial, a imodificabilidade unilateral do contrato de trabalho, a questão das transferências provisórias, as nulidades contratuais, a atuação do sindicato em nome da categoria.

Com efeito, ainda se justifica o protecionismo do trabalhador no Brasil, em que renasce o cangacismo, agora urbano e bem equipado, nas versões de guerrilhas urbanas, comandos de morros e das bocas de fumo, como resposta, em grande parte, à iniquidade social. Vivemos quase uma guerra civil entre o povo e o poder, entre a delinquência profissional e a oficial.

Destarte, os princípios não cederam ante a doutrina neoliberal. Esta, sim, é que capitulou diante da crise econômica instalada na Europa e nos Estados Unidos desde 2009, com estrondosos socorros do Estado à economia privada.

Pois bem, os avanços sociais continuaram. E de modo mais acelerado, ousado e efetivo. A EC n. 45 ampliou a competência da Justiça do Trabalho; criaram-se as cotas raciais; cresceu a intolerância contra a discriminação; editaram-se os

Estatutos da Igualdade Racial e do Idoso; o Estatuto da Criança e do Adolescente melhorou na parte trabalhista; o trabalhador doméstico ganhou mais direitos; a licença-gestante e suas garantias ampliaram-se; regulamentou-se o aviso prévio proporcional e o trabalho do motorista. E tantos mais ...

É o que se vai demonstrar, segundo a Lei e a Jurisprudência pátrias.

Teresina/PI, janeiro de 2013.

Francisco Meton Marques de Lima

OS PRINCÍPIOS GERAIS DO DIREITO

PARTE 1

CAPÍTULO I
Teoria Geral dos Princípios

1. *CONSIDERAÇÕES GERAIS*

Gostaria de advertir que a lei pelo seu simples texto é um instrumento de iludir os medíocres, é a segurança dos vazios de conteúdo, ou indolência do pensar.

Quem conhece os princípios de qualquer ciência não se perde em seus meandros.

Com a superação da divergência entre o jusnaturalismo e o positivismo jurídico, os princípios do direito ganharam o *status* de efetivas e eficazes normas jurídicas. Até porque os princípios mais fundamentais foram positivados, ingressando nas Constituições, como supernormas expressas ou implícitas. Veja-se que a Constituição de 1988 começa com o Título DOS PRINCÍPIOS FUNDAMENTAIS. E, pelo seu caráter mais aberto e mais geral, são também normas mais complexas, a exigir um estudo mais acurado, perpassando pela história e pela filosofia.

De outra parte, o pluralismo geral que funda a democracia não se compraz com conceitos fechados, tornando-se impossível um sistema exato de normas, prevalecendo as normas abertas a serem plenificadas pelo intérprete ante cada caso concreto. Este dado depõe contra os "juristas de código", ou fetichismo legal. Em consequência, impõe aos juristas um maior ônus cultural e criador. Daí a imprescindibilidade cada vez maior da teoria dos princípios.

Os princípios gerais do direito são autocompreensíveis, levando a que todos tenham deles um conhecimento *a priori*, porém, amorfo; por isso, é necessário primeiro sistematizá-los e estabelecer-lhe os limites conceituais para os fins aqui propostos.

Bandeira de Mello, em obra não específica, mas de rara lucidez, emite uma preciosa síntese que, pelo conteúdo, convém transcrever:

> Princípio é, por definição, mandamento nuclear de um sistema, verdadeiro alicerce dele, disposição fundamental que se irradia sobre diferentes nor-

mas compondo-lhes o espírito e servindo de critério para sua exata compreensão e inteligência, exatamente por definir a lógica da racionalidade do sistema normativo, no que lhe confere tônica e lhe dá sentido harmônico...

Violar um princípio é muito mais grave do que transgredir uma norma. A desatenção ao princípio implica ofensa não apenas a um mandamento obrigatório, mas a todo o sistema de comandos. É a mais grave forma de ilegalidade ou inconstitucionalidade, conforme o escalão do princípio atingido, porque representa insurgência contra todo o sistema, subversão de seus valores fundamentais.[1]

De início, os Princípios de direito se confundiam com o direito natural, evoluindo para integrar os ordenamentos positivos[2]. Entretanto, essa positividade, quando não os reduziu a puro sistema positivo, como síntese da razão, se revelou timidamente, relegando-os à qualidade de fonte terciária de direito, como *ultimum subsidium* de suprimento das lacunas da lei, compondo mais um balizamento de atuação, uma fonte de inspiração, sem efetiva vinculação do legislador e do aplicador do direito. Por último, já se admite a sua efetiva força preceptiva, porém, na maioria das vezes, apenas veladamente.

Com efeito, nem todos os princípios de direito derivam do direito natural. Estes são apenas uma das três espécies de princípios gerais de direito, juntamente com os tradicionais e os políticos. Os princípios segundo os quais todos os seres humanos têm direito à vida e todos os homens são livres ligam-se ao direito natural; já o princípio do direito de herança decorre da tradição; enquanto os princípios federativo e da separação dos poderes são políticos.

Por sua vez, os princípios gerais do direito não se confundem com aforismos e regras do Direito, com as ideias reitoras do sistema jurídico, nem com as máximas jurídicas. La Torre (*op. cit.*, p. 167) fala dos princípios jurídicos intrassistemáticos, que têm a função de realinhar lacunas no plexo normativo positivo, e de postulados doutrinários "que siven para establecer razonamientos científicos o aplicaciones prácticas en la interpretación de normas concretas". Realça não ser correta a investigação dos princípios a partir da própria ciência do Direito, pois esta não os cria, mas antes cria-se a partir deles.

Gigena apresenta os princípios gerais em três estádios: a) imprimindo solidez e confirmação à solução que já se encontra na lei e no costume; b) fecundando as regras isoladas, ampliando o raio de sua eficácia e aplicação; c) completando o direito positivo, criando novas regras de solução[3].

---

(1) BANDEIRA DE MELLO, Celso Antônio. *Elementos de Direito Administrativo*, 1986. p. 230.
(2) O racionalismo converteu o direito natural embasado na natureza em direito natural fundado na natureza humana, na razão, de que um excelente testemunho nos dá a Lei de 18 de agosto de 1769, Lei da Boa Razão: "*primitivos princípios, que contêm verdades essenciais, intrínsecas e inalienáveis.*"
(3) GIGENA, Julio Isidro Altamira. *Los principios generales del derecho como fuentes del derecho administrativo*. Buenos Aires, 1972. p. 21.

Em verdade, para efeitos didáticos, os princípios de direito devem ser abordados sob duas grandes ordens: os princípios norteadores da legislação e os princípios norteadores da interpretação e aplicação da norma. Os primeiros emergem do e estão arraigados no espírito do povo, integrando o ordenamento jurídico como fundamentos da lei, mas são atemporais, supralegais e superiores, contra os quais nem o legislador está autorizado a legislar, sob pena de produzir uma lei ilegítima, fadada à desobediência civil (esta, sim, legítima, segundo Santo Tomás de Aquino, pois a lei humana em desacordo com a lei natural não obriga a consciência)[4]. Estes, os norteadores da legislação, por serem os mais gerais e fundamentais da produção racional normativa, também orientam, como uma aura, na interpretação e aplicação do direito. Os segundos são subsumidos do conjunto normativo, informadores da *ratio legis*, servindo como balizadores da interpretação sistemática, lógica e teleológica da norma: são os científicos, no sentido reducionista da palavra.

Com essas duas amplitudes, os princípios prestam-se também às funções de colmatar lacunas lógicas e ideológicas — ou procedimentais e axiológicas — do sistema e da lei. Os princípios participam do processo produtor do direito e no de justificação da sua aplicação.

2. *CONCEITO DE PRINCÍPIOS DO DIREITO*

Originariamente, princípios pertencem à geometria e designam verdades primeiras. Do ponto de vista do Direito, os princípios são verdades gerais vinculantes, reconhecidas como normas jurídicas dotadas de vigência, validez e obrigatoriedade.

Os princípios ontológicos de determinada realidade, diz La Torre, além de oferecer essa primordialidade usualmente atribuída a uma verdade axiomática, hão de cumprir também outros requisitos, quais sejam: a) devem ser comuns a uma pluralidade de consequências; b) devem ser verificáveis e não meramente hipotéticos; c) autossuficientes, no sentido de serem necessários para explicar a ordem do ser e a ordem do conhecer; d) fundamentais para o conhecimento da existência do objeto de que se trate[5].

Princípio significa a base, o ponto de partida e, ao mesmo tempo, a síntese e o ponto de chegada. Todos os princípios são circulares: o princípio confunde-se com o fim. Assim, temos a forma dos corpos celestes, o movimento planetário, tudo obedecendo à lei circular das coisas do Universo. As leis, quer naturais, quer humanas, são descrições que se prestam para compor o círculo, unindo em pontilhados o espaço compreendido entre o ponto de partida e o ponto de chegada. O ponto de partida e o de chegada são coincidentes e se representam pelo PRINCÍPIO.

Na religião, por exemplo, temos o princípio cristão: "Amar a Deus sobre todas as coisas e ao próximo como a si mesmo". A este princípio seguem-se inúmeras

---
(4) AQUINO, Tomás de. *Tratado da lei*, p. 81.
(5) LA TORRE, Angel Sanchez de. *Principios clasicos del derecho*, p. 13.

leis (ou princípios derivados) para atingir o objetivo final: "Amar a Deus sobre todas as coisas e ao semelhante como a si próprio", caminho da salvação.

O Direito, em geral, não é diferente. Parte-se do princípio — Direito é inter-relação intersubjetiva. Fazem-se as leis (escritas ou consuetudinárias, expressas ou implícitas) para se atingir um fim, ou seja, a perfeita inter-relação intersubjetiva, caminho da justiça e da paz.

Revorio resume oito sentidos de princípio, a saber: a) como regra muito geral, que regula casos cujas propriedades relevantes são muito gerais; b) no sentido de norma redigida em termos particularmente vagos ("*conceito jurídico indeterminado*"); c) como norma programática ou diretriz; d) como norma que expressa os valores superiores de um ordenamento jurídico ou de parte dele; e) como norma especialmente importante; f) como norma de elevada hierarquia (como as normas constitucionais); g) como normas dirigidas aos órgãos de aplicação, orientando como selecionar e interpretar a norma aplicável; h) como *regula juris*, ou seja, máxima ou enunciado, explícito ou implícito, da ciência jurídica, de considerável grau de generalidade, orientador da sistematização do ordenamento jurídico ou setor dele[6].

De antemão, parte-se do pressuposto segundo o qual, numa fase pós-positivista do direito, que superou a antítese entre direito natural e direito positivo, NORMA é o gênero de que princípios e regras são espécies. Assim, regras jurídicas são normas cuja estrutura lógico-deôntica abriga a descrição de uma hipótese fática e a previsão da consequência jurídica (imputação) de sua ocorrência; enquanto isso, os princípios são preceitos mais abstratos e em vez de descreverem hipótese fática com prescrição de consequências, prescrevem um valor, assevera Guerra[7]. Com mais clareza, declina Revorio:

> Las reglas establecen mandatos, prohibiciones, o permisos de actuación en situaciones concretas previstas en las mismas (permitiendo así una aplicación mecánica), los principios — empleando este término ahora en sentido amplio — proporcionan criterios para tomar posición ante situaciones concretas indeterminadas.[8]

Alexy averba que os princípios são mandados de otimização que se caracterizam pela possibilidade de cumprimento em diversos graus; e porque a medida ordenada de seu cumprimento depende não só das possibilidades fáticas, mas também das jurídicas, ao passo que as regras são normas que exigem um cumprimento

---

(6) REVORIO, Francisco Javier Díaz. *Valores superiores e interpretación constitucional*, p. 102.

(7) GUERRA FILHO, Willis Santiago: Princípio da Isonomia, Princípio da Proporcionalidade e Privilégios Processuais da Fazenda Pública. In: *NOMOS Revista do Curso de Mestrado em Direito da UFC*, vols. XIII/XIV, ns. 1/2 — jan./dez. 1994/1995.

(8) REVORIO, Francisco Javier Díaz. *Valores superiores e interpretación constitucional*, p. 101/102.

pleno e, nessa medida, só podem ser cumpridas ou descumpridas[9]. Não há grau de cumprimento: é o *"tudo ou nada"* de que fala Dworkin[10].

Detalhando didaticamente essa matéria, Canotilho explica que regras "são normas que, verificados determinados pressupostos, exigem, proíbem ou permitem algo em termos definitivos, sem qualquer excepção (direito definitivo)"; e princípios "são normas que exigem a realização de algo, da melhor forma possível, de acordo com as possibilidades fácticas e jurídicas. Os princípios não proíbem, permitem ou exigem algo em termos de 'tudo ou nada', impõem a optimização de um direito ou de um bem jurídico, tendo em conta a 'reserva do possível', fáctica ou jurídica"[11].

— Ou seja, os princípios também pertencem à categoria dos conceitos deontológicos, os quais encerram um mandado, uma ordem, um comando, uma faculdade, mas com estrutura lógica diferente das regras. Não seria contraditório nem incompatível afirmar que os princípios de direito são conceitos deontológicos de conteúdo axiológico. Dworkin, tratando do modelo das normas, imprime aos princípios essa qualidade preceptiva, vinculante, "un estándar que ha de ser observado, no porque favorezca o asegure una situación económica, política o social que se considere deseable, sino porque es una exigencia de la justicia, la equidad o alguna otra dimensión de la moralidad"[12].

3. *NATUREZA DOS PRINCÍPIOS GERAIS DO DIREITO*

La Torre alinha que, para ganhar a qualificação de princípio ontológico de determinada realidade, a verdade tida como axiomática deve cumprir os seguintes requisitos: **primordialidade**; **verificabilidade** e não ser meramente hipotética; **polarizar** *uma pluralidade de consequências*; **autossuficiência**, no sentido de que por si explica a ordem do ser e a ordem do conhecer; **fundamentalidade**, para apreender, além do conhecimento, a existência real do objeto de que se trate.

Os princípios do direito guardam a condição ou forma do *Ser* jurídico. São anteriores ao método e ao sistema do Direito, não só em seu conhecimento, mas também em sua realização.

Bonavides, com apoio em *Guastini*[13] relaciona seis qualificativos conceptuais dos princípios, empregados pela doutrina e jurisprudência: são normas de *alto grau de generalidade*, de *alto grau de indeterminação*, de *caráter programático*, de *hierarquia muito elevada* entre as fontes do direito, que desempenham função

---

(9) ALEXY, Robert. *Derecho y Razón Práctica*, p. 14.
(10) DWORKIN, Ronald. *Los Derechos en Serio*.
(11) CANOTILHO, J. J. Gomes. *Direito Constitucional*. Coimbra, 1992. p. 544 e 545.
(12) Ob. cit., p. 72.
(13) GUASTINI, Ricardo. *Dalle fonti alle norme*. Turim, 1990. p. 112/120.

importante e *fundamental* no sistema jurídico, *dirigidas aos órgãos de aplicação do direito*[14].

Sobre esses qualificativos atribuídos aos princípios, não é despiciendo observar que nem sempre são comuns a todos os princípios de direito, pois dependem da angulação analisada: como fonte formal do direito, por exemplo, muitos códigos soem colocá-los no último degrau; o grau de indeterminação não é tão elevado em todos os princípios; os princípios gerais oferecem-se como balizadores tanto do legislador como do aplicador da lei.

Os princípios do direito têm natureza de inicialidade, primordialidade, preferencialidade. São fontes criadoras e justificadoras da ciência jurídica. Esta extrai dos princípios os seus fundamentos e neles escora a sua justificação. Os fundamentos da ciência são anteriores a sua constituição. A ciência não cria os princípios, mas cria-se a partir deles. A propósito, diz Ortega y Gasset: "El Derecho no se funda en algo, a su vez, jurídico, como la ciência no se funda ultimamente en nada científico, sino que ambos se fundan, quando los hay, en cierta situación total de la vida humana colectiva." (*Obras Completas*, IX, p. 146.)

Os princípios **têm natureza preceptiva**. Observa La Torre (*op. cit.*, p. 44) que *principium* e *praeceptum* possuem raízes rigorosamente idênticas: uma significando hierarquia (*pr-*) e outra determinação ou captação real (*cp-*), com a mesma significação no uso vulgar e no literário:

> El *principium* hace referencia más bien al origen de algo como anterior a la actualidad; el *praeceptum*, a la duración de algo como que ha de ser tenido en cuenta en el futuro. Mas ello no impide la visión "preceptiva" del *principium*, o sea, de su pretensión de vigencia futura, aunque la palabra misma indique la conexión que fundamenta su origen.

Bobbio, grande neopositivista, também adere à teoria principialista do direito, averbando tratarem-se das normas mais gerais e fundamentais do sistema: "Para mim, não há dúvida: os princípios gerais são normas como todas as demais."[15] E oferece dois argumentos para sustentar-lhes a normatividade: a) primeiro é que se é identificado por meio de indução a partir das regras jurídicas, deve guardar a mesma natureza, pois o produto extraído de animais só poderá ser animal e não flores nem estrelas; b) segundo, porque a função dos princípios é a mesma das regras, ou seja, regular caso. Claro que essas duas considerações referem-se aos princípios em seu sentido menos rico (o deduzido da lei), porém, são válidas para as outras angulações conceptuais.

Por sua vez, conquanto pertençam à categoria absolutamente própria, a deontológica, os princípios são inconcebíveis e vazios de significado se dissociados da

---

(14) BONAVIDES, Paulo. *Curso de Direito Constitucional.* 6. ed. p. 230/231.
(15) *Teoria dell'Ordinamento Giuridico*, p. 890.

carga valorativa (categoria axiológica) que os qualifica. Donde se deduz a natureza deôntico-axiológica dos princípios.

4. CARACTERÍSTICAS DOS PRINCÍPIOS

Sem caráter terminativo, podem-se declinar as seguintes características gerais dos princípios de direito: normatividade, força positivante, historicidade, expressão de valores, produtividade potencial, irreversibilidade, vectividade, superioridade hierárquica, fecundidade, alto grau de generalidade.

3.1. *Normatividade*: como se comentou no item anterior, os princípios são preceptivos, são normas, embora abertas e mais genéricas. São normas informadoras das fontes formais e ao mesmo tempo integram as fontes subsidiárias formais da lei e dos costumes. A hermenêutica tradicional nega aos princípios essa característica, chegando Betti a afirmar que *"toda tentativa de fixar, reduzir e traduzir em termos preceptivos os princípios (....) é ilusória e fadada ao fracasso"*[16]. Mas já se encontra superada pela nova hermenêutica essa colocação de Betti.

3.2. *Força positivante*: os princípios não são meramente teóricos, mas têm pretensão vinculante. Os princípios são a alma do ordenamento jurídico, mas como tal necessitam deste para sua encarnação e por meio dele manifestarem-se.

3.3. *Historicidade*: é o modo pelo qual os princípios extraem de si mesmos suas potencialidades, regenerando-se permanentemente e adquirindo força na sua própria vocação historicamente criadora. É a sua capacidade histórica de realizar um sentido, denotação essencial a seu próprio conceito.

3.4. *Expressão de valores*: os princípios são os foguetes e os valores são as ogivas. Os princípios agregam valores, ainda que metamórficos em cada época e lugar. É uma decorrência direta da historicidade. Neste sentido, é oportuna a reflexão de García de Enterria-Ramón Fernández:

> los principios generales del Derecho expresan los valores materiales básicos de un ordenamiento jurídico, aquellos sobre los cuales se constituye como tal, las convicciones ético-jurídicas fundamentales de una comunidad. Pero no se trata simplemente de unas vagas ideas o tendencias morales, que pueden explicar el sentido de determinadas reglas, sino de principios técnicos, fruto de la experiencia jurídica y sólo a través de ésta cognoscible.[17]

3.5. *Produtividade potencial*: dos princípios emergem numerosas consequências normativas. Além do que, integra a natureza dos princípios a vocação para reproduzir novos princípios.

---

(16) BETTI, Emilio. *Teoria Generale della Interpretazione*, II. Milão, 1990. p. 846.
(17) GARCÍA DE ENTERRÍA, Ramón Fernández. *Curso de Derecho Administrativo*, I. 1974. p. 68-69.

3.6. *Irreversibilidade*: posto que nada existe antes dos princípios, e, uma vez começando eles a atuar, revelam consequências irrecuáveis, submetendo-se a transformações de índole diversa.

3.7. *Vectividade*: os princípios são vetoriais no sentido de que procedem de algo e direcionam-se a algo.

3.8. *Superioridade hierárquica*: como diz Bandeira de Mello, violar um princípio é mais grave do que violar um dispositivo de lei, porque se está repudiando o próprio ordenamento jurídico.

3.9. *Alto grau de abstratividade*: os princípios representam a condensação de um vasto sistema. Em uma angulação, a mais reduzida, os princípios são induzidos de um conjunto normativo; em outra, deles deduzem-se as regras específicas de disciplinamento de condutas concretas.

3.10. *Alto grau de generalidade*: em virtude da sua estrutura deontológico-valorativa, os princípios açambarcam mais situações jurídicas.

3.11. *Fecundidade*: refere-se ao fato de os princípios serem a alma e o fundamento de outras normas, fecundando-as por meio da interpretação e da integração. É uma decorrência direta da generalidade[18].

3.12. *Autocompreensão*: o princípio explica-se por si próprio, apesar da sua elevada abstratividade. Por isso, não merece a qualificação de "princípio" o postulado incompreensível ou de explicitação sofrível.

5. FUNÇÕES DOS PRINCÍPIOS E SUA FORÇA NORMATIVA

Os princípios gerais do direito são uma realidade referida em todos os ordenamentos jurídicos[19]. Porém, como registra Flórez-Valdés, as legislações se remetem aos princípios gerais de direito sem especificar em que eles consistem e sem declinar os preceitos que podem estar revestidos desta condição[20].

---

(18) Paulo Bonavides comenta essa característica apoiado em Domenico Farias (*Idealità e Indeterminatezza dei Principi Costituzionalli*. Milão, 1981. p. 163). *Op. cit.*, p. 246.
(19) La Torre relaciona 29 estatutos jurídicos que autorizam o emprego dos princípios, desde a Constituição e Jaime I, de 1251 (ên falta de los Usatges barceloneses y de las costumbres judiciales se proceda "según la razón natural"), o Código de Napoleão, de 1804 ("El juez que se niegue a juzgar so pretexto de silencio, de oscuridad o insuficiencia de la ley, podrá ser perseguido como culpable de denegación de justicia"), o Código de Direito Canônico (1917), tantos outros do século XIX e do século XX, inclusive o Estatuto do Tribunal Permanente de Justicia Internacional (1920), cujo art. 38 dispôs que os Tratados internacionais, o Costume internacional, e "*os princípios gerais de direito reconhecidos pelas nações civilizadas*". *Op. cit.*, p. 124/128.
No mesmo sentido, Del Vecchio relata que "*los bills of rigts y las Déclarations des droits, expresiones típicas y genuinas de la escuela del jus naturae*". In: *Princípios generales del derecho*, p. 71.
(20) FLÔREZ-VALDÉS, Joaquín Arce y. *Los Principios Generales del Derecho y su Formulación Constitucional*, p. 37. Cita o art. 20 do Código Civil mexicano como raro exemplo de alguma enumeração: "la

Os princípios gerais do direito — não os princípios induzidos da legislação — são normas fundadas não necessariamente na autoridade estatal nem em interesses de forças sociais localizadas, mas que possuem intenso vigor normativo, constituindo o fundamento mais firme da eficácia das leis e dos costumes. São preceitos de caráter transcendental, que correm ao mesmo tempo atrás, à frente, ao lado, à sombra, acima, abaixo, por dentro e por fora do sistema positivo escrito e das práticas sociais. Diz-se que os princípios de direito desempenham tripla função: *fundamentadora* da ordem jurídica (fonte material), *orientadora* no labor interpretativo e *supletória* (formal) da lei e do costume.

Daí Flórez-Valdés (*op. cit.*, p. 79), após 70 páginas de preleções, propor a seguinte definição de princípios gerais do direito e suas funções:

> Podríamos ahora, por tanto, reuniendo las notas esenciales enunciadas, definir los principios generales del Derecho como las ideas fundamentales sobre la organización jurídica de una comunidad, emanadas de la conciencia social, que *cumplen funciones fundamentadora, interpretativa y supletoria respecto de su total ordenamiento jurídico*. (grifos do autor)

No entanto não é só. Como será demonstrado, os princípios possuem sua normatividade própria, como os princípios federativo e da separação dos poderes adjudicam uma série de consequências naturais, independentemente de comando legal expresso. Sua eficácia jurídica é diretiva do ordenamento jurídico, tanto no sentido sancionador como no derrogatório ou na invalidação de regras singulares. Aliás, o próprio conceito de ordenamento positivo sofreu uma transformação ou evolução, comportando as instâncias mais genéricas e abertas dos princípios e dos valores: da lei para a norma; da norma ao conjunto; do conjunto formado por suas normas ao conjunto formado também por referentes (total da realidade social afetada); do conjunto formado por fins ou princípios inspiradores da conformação normativa, desembocando numa concepção valorativa com maior ou menor grau de transcendentalismo[21].

Os princípios ostentam a proeza de reunirem ao mesmo tempo as qualidades de base sólida e permanente do Direito e conteúdo fluido e volátil, responsável pela evolução e atualidade jurídicas. Por sua vez, a normatividade dos princípios encontra limite no próprio ordenamento positivo.

Baracho também vê nos princípios função fundamentadora, supletória da norma e de justificação da decisão, para que esta não seja arbitrária, "são uma

---

controversia se decidirá a favor del que trata de evitarse perjuicios y no a favor del que pretenda obtener lucro"; "si el conflicto fuere entre derechos iguales o de la misma especie, se decidirá observando la mayor igualdad posible entre los interesados".

(21) REVORIO, Francisco Javier Díaz, *op. cit.*, p. 91, referindo-se a Hernández Gil: *El cambio político español y la Constitución*. Planeta. Barcelona, 1982, p. 366.

espécie de fronteira do Direito, que orientam e guiam os que realizam as tarefas da interpretação"[22].

Na prática, porém, as fronteiras dos princípios são nebulosas, e mesmo distinguíveis apenas na esfera do direito privado, pois na esfera pública fica difícil ligar uma legislação de ajuste fiscal e orçamentário, pejorativamente denominado "pacote econômico" ou "pacote fiscal" a qualquer principiologia ou ao querer público nacional, filiando-se geralmente a políticas de ordem internacional, e sua teleologia atende a meras políticas de governo: interesses contábeis e não sociais, cuja aplicação só se implementa mediante dura execução aparelhada.

6. GÊNESE E IDENTIFICAÇÃO DOS PRINCÍPIOS

Os genuínos princípios gerais do direito guardam relação direta com as ideias inatas do homem, emergem de "una ley moral impresa en el corazón del hombre dictándole lo que debe hacer y omitir en sua vida individual, y una ley jurídica que le impone las normas de convivencia en su vida social"[23].

Os positivistas entendem que se chega aos princípios por indução a partir dos textos legais; os jusnaturalistas sustentam que os princípios são instâncias pré--jurídicas que informam o direito, ou deveriam fazê-lo; os pós-positivistas fazem a simbiose dessas duas faces dos princípios, expressando-os das duas formas. Poder--se-ia asseverar que o legislador deduz dos princípios gerais as regras; e o intérprete chega aos princípios gerais por indução das regras jurídicas.

Diz-se nas *Decretais* que "O direito natural vem desde o começo da criatura racional, e não se muda com o tempo, mas permanece imutável". Santo Tomás, comentando esse postulado, diz que a lei humana, como produto da razão, foi editada para corrigir as distorções que os corações humanos haviam impingido à lei natural. E que esta é imutável em seus primeiros princípios: "contudo, pode mudar-se em alguns casos particulares, referentes a uns quantos, devido a certas causas especiais que impedem a observância de tais preceitos." Acrescenta ainda que a lei natural pode mudar por acréscimo de coisas que passam a ser úteis à vida ou por subtração de algo que deixa de ser necessário à vida (*Tratado da Lei*, p. 57).

Del Vecchio registra que (segundo a doutrina predominante à época em que sua obra foi editada, em 1932) o método para descobrir os princípios gerais do direito consiste em ascender, por via de abstração, das disposições particulares da lei a determinações cada vez mais amplas; continuando nesta generalização crescente até chegar a compreender na esfera do direito positivo o caso duvidoso[24]. Como se vê, essa assertiva, com a qual Del Vecchio não assente, coaduna-se com

---

(22) BARACHO, José Alfredo de Oliveira. *O princípio de subsidiariedade*: conceito e evolução, p. 28 e 30.
(23) FLÓREZ-VALDÉS, *op. cit.*, p. 38.
(24) DEL VECCHIO, Giorgio. *Los principios generales del derecho*. Barcelona, 1933. p. 51.

os princípios no sentido reducionista de fonte do direito, na sua função meramente supletória da lei. Consequentemente, o conceito de *princípios* adotado pela doutrina tradicional não é suficiente para alcançar os outros sentidos que lhes são imanentes, como o informador e o fundamentador do direito.

Em outra passagem, diz o grande jusnaturalista italiano que o critério fundamental adequado para a investigação dos princípios se encontra tão só naquele corpo de doutrina geral acerca do direito, que não é obra artificiosa de um pensador isolado, mas responde a uma verdadeira e sólida tradição científica, intimamente ligada à gênese das mesmas leis vigentes.

O Conselho de Estado francês adota um critério de elaboração dos princípios gerais de direito, que vai da noção mais simples à mais complexa, albergando os sentidos substancial e procedimental: a) a criação de princípios resulta de uma grande generalização a partir dos textos; b) o princípio deriva do espírito de um texto ou de um conjunto de textos; c) o princípio deriva da essência de uma instituição ou da natureza das coisas; d) o princípio é o produto de aspirações latentes que, sob as formas mais diversas, divide a consciência nacional.

A fonte dos princípios de direito, no seu sentido genuíno e verdadeiro, é a racionalidade humana colonizada pelo sentimento moral universalista, quem sabe até de inspiração divina, por revelação. Os princípios brotam de um sentimento e assentimento comuns dos seres humanos, do parlamento invisível da humanidade. Ninguém conseguiu explicá-los com exatidão, mas todos os pressentem como realidade jurídica, ou pré-jurídica. Ninguém sabe quem os fez. Já surgiram prontos. Neste mesmo sentido, Gigena traz-nos o pensamento de Llrena[25], segundo o qual "los principios generales del derecho son aquellos principios de valor universal, sancionados por la propia conciencia del hombre como síntesis de los que es justo y equitativo y que Dios há inspirado al corazón humano"[26]. Daí Duguit concluir que o direito não é uma criação do Estado, mas um produto espontâneo das consciências individuais, inspirando-se por sua vez na necessidade social e no sentimento da justiça, bem retratado por Sófocles no episódio de Antígona[27].

---

(25) *Concordancias y comentarios del Código Civil Argentino*. Buenos Aires, 1899, t. 1. P. 56.
(26) GIGENA, Julio Isidro Altamiro. *Los principios generales del Derecho como fuentes del Derecho Administrativo*, p. 31.
(27) Sófocles, em Antígona, obra do séc. IV a.C., já prenunciava uma ordem de justiça natural eterna, anterior e superior à lei do homem: "*Não creio que vossos Editos sejam tão importantes / como para que um homem rechace / as leis não escritas e imortais dos deuses / cuja vida não é de hoje ou de ontem / senão de sempre, e ninguém sabe de onde provêm. / Eu não me imporia ao castigo dos deuses / quebrando estas leis por obediência a homem algum.*"
Ainda na Filosofia Grega, Platão indaga ao ateniense: "*Quem de vós se passa pelo primeiro autor de vossas leis? É um deus? É um Homem? E Clímas o contesta: estrangeiro, é um deus; e não podemos conceder semelhante título a outro que não seja um deus; aqui é Júpiter; em Lacedemônia, pátria de Mejilo, se diz, segundo creio, que é Apolo.*" In: *A República*.

7. CLASSIFICAÇÃO DOS PRINCÍPIOS

Já registramos acima que F. De Castro distingue três categorias de princípios do direito: os de direito natural, os tradicionais e os políticos. Os princípios segundo os quais todos os seres humanos têm direito à vida e todos os homens são livres ligam-se ao direito natural; já o princípio do direito de herança decorre da tradição; enquanto os princípios federativo e da separação dos poderes são políticos.

Em outra forma de abordagem, Ferreira Filho[28], com apoio em Friedman[29] registra que os juristas empregam o termo princípio em três acepções de alcance diferente: como *supernormas*, como *standards* e como *generalizações* induzidas das normas vigentes sobre determinadas matérias. Os dois primeiros têm conotação prescritiva e o último descritiva.

As supernormas, ou normas generalíssimas, exprimem valores e, por isso, são ponto de referência, modelo para as regras que as desdobram; os *standards* são "disposições que preordenam o conteúdo da regra legal", que se imporiam para o estabelecimento de normas específicas; e as generalizações são construídas por indução de regras sobre determinadas matérias, impondo-se, acrescentamos, como um unificador lógico-sistemático de cada instituto jurídico.

Bonavides (op. cit., p. 242) comenta os princípios abertos e os princípios informativos. São abertos, sobretudo, os princípios da Constituição, como a dignidade da pessoa humana, a liberdade, a igualdade, o Estado de Direito, o Estado social, a democracia e a separação de poderes. Para Esser, os princípios são informativos porque só são normativos na medida em que são institucionalmente eficazes e se incorporam numa instituição e só assim logram eficácia positiva.

Gigena (*op. cit.*, p. 35) classifica os princípios assim: a) os que regem todo um ordenamento jurídico; b) os que regem certas instituições; c) aqueles que se aplicam a uma disciplina jurídica determinada. Faltou aqui mencionar aqueles princípios universalistas e constantes, que pairam acima dos ordenamentos, mas que, nem por isso, deixam de ter juridicidade.

Com essas observações, quer-se desconfiar da idade anunciada da civilização — 6 a 8 mil anos. É muito pouco tempo para, entre o ano 6.000 e 3.000 a.C., o homem ter evoluído o suficiente para organizar os grandes impérios egípcios e chineses, construir as pirâmides, mumificar corpos, fabricar o ábaco (espécie de computador pré-histórico inventado na China há mais de 3.000 anos) e realizar cirurgia de catarata. Por sua vez, daí até a organização das grandes civilizações do Médio Oriente, da Ásia Menor, da Europa representa um passo largo e inexplicável de desenvolvimento cultural. São saltos gigantescos! Em verdade, esses dados alimentam a crença na existência de grandes civilizações milhares de anos mais antigas, extintas, mas das quais alguns sábios tenham sobrevivido e cultivado o saber em fechadas sociedades secretas. Seriam dentre elas a Atlanta, a Lemúria e o Paraíso, tratados na literatura mística? E os sábios sobreviventes seriam os anjos?
(28) FERREIRA FILHO, Manoel Gonçalves. *Direito Constitucional do Trabalho — Estudos em Homenagem ao Prof. Amauri Mascaro Nascimento*. São Paulo: LTr, 1991. p. 73/74.
(29) FRIEDMAN, Lawrence M. *Il Sistema Giuridico nella prospettiva delle scienze sociale*.

Por outro ângulo, os princípios do direito podem ser divididos em gerais e específicos. Estes, os específicos, não perdem a condição de princípios gerais de direito. Assim são denominados por direcionarem especialidades do direito. Com efeito, é inolvidável que cada especialidade do direito embasa-se em uma principiologia própria, como *in dubio pro reo* e *nullum crimen sine lege, nulla poena sine lege* no direito penal, o do *favor debitoris* e da *autonomia da vontade* no direito civil e comercial, o da *moralidade administrativa* no direito administrativo, o da *anualidade* no direito tributário, o da *proteção* no direito do trabalho etc., derivados dos princípios gerais da reserva legal, da liberdade, da moralidade pública, da justiça social.

8. A INTER-RELAÇÃO JUSNATURALISTA E JUSPOSITIVISTA DOS PRINCÍPIOS

No Jusnaturalismo medievo, encontra-se no *Tratado da Lei* que a lei natural não provém da razão, não é potência da alma nem paixão, não é ato, mas hábito.

Com efeito, a consideração jurídica dos princípios passa por três fases distintas: a jusracionalista, a positivista e a pós-positivista. Na primeira fase, conquanto reservasse uma dimensão ético-valorativa da ideia de justiça, os princípios ostentam normatividade nula ou duvidosa. O juspositivismo, já a partir dos anos oitenta do século XIX, desenvolveu a teoria segundo a qual só seriam princípios os axiomas inferidos do próprio sistema normativo. Mas, mesmo com a superação dialética da antítese direito natural x direito positivo (pós-positivismo), cumpre fazer os registros básicos do berço natural dos princípios. A propósito, observa La Torre (*op. cit.*, p. 29):

> En la época de la Ilustración aparecían como manifestaciones o concreciones del Derecho Natural. Posteriormente como manifestaciones fundamentales etc. Por último, ya bien entrado el siglo XX, como formulación de valores fundamentales. Y a lo largo de todas estas épocas, constituyendo además otra alternativa 'positivista', más dogmática, entendidas como directrices jurisprudenciales, espíritu del ordenamiento jurídico etc.

O jusnaturalismo parte do princípio de que a Natureza não dita somente leis físicas que regem a matéria, mas também uma lei moral impressa no coração do homem, que lhe dita as regras do agir corretamente como indivíduo e como coletividade. Por isso, o direito natural é tratado pelas noções básicas de filosofia jurídica como princípios radicais de direito. Os princípios de direito, segundo essa concepção, integrariam as verdades jurídicas naturais e universais, sob o modelo de axiomas jurídicos, ou normas estabelecidas pela reta razão, normas universais do bem obrar, princípios de justiça de um direito atual, conjunto de verdades objetivas, derivadas da lei divina e humana. Del Vecchio (*op. cit.*, p. 17), sobre o tema enuncia:

> La idea del Derecho natural es, en efecto, de esas que acompañan a la Humanidad en su desenvolvimiento; y si, como no pocas veces há ocurrido — sobre todo en nuestro tiempo — algunas escuelas pretenden negarla o ignorarla, aquella idea se reafirma vigorosamente en la vida.

Historicamente, o jusnaturalismo parece ter-se acreditado nessas duas assertivas: 1) que além e acima do direito positivo (lei humana) existe um direito natural, um conjunto de princípios válidos para todos os tempos e lugares; 2) que o direito positivo só é tal se concordar, pelo menos em seus princípios fundamentais, com o direito natural, se for justo.

Enquanto isso, o juspositivismo acreditou em duas verdades contrapostas: 1) que só é direito o direito positivo, os ordenamentos jurídicos vigentes enquanto fenômenos sociais e historicamente verificáveis; 2) que, em consequência, a qualificação de algo como direito independe da sua possível justiça ou injustiça[30].

O direito positivo sem o direito natural é cabeça sem cérebro, diz Kant. O direito natural é a alma do direito positivo, mas este é o corpo em que aquele se encarna e por meio do qual ganha efetividade.

O juspositivismo acreditou que os princípios de direito são aqueles induzidos do próprio ordenamento jurídico, abstraídos do conjunto normativo legal, mediante sucessivas generalizações. Dworkin lembra que o positivismo jurídico não aceita a ideia de que os direitos possam preexistir a qualquer forma de legislação, rechaça a ideia de que aos indivíduos ou aos grupos possam adjudicar-se outros direitos que não aqueles previstos expressamente no conjunto de normas que compõem a totalidade do ordenamento de uma comunidade[31].

Kelsen, no seu positivismo normativista, só acredita na justiça legal, naquela que se realiza a partir do sistema jurídico normatizado. Em contraposição, ganhou fama a afirmação de Batlle, de que sendo a justiça o fim que o direito persegue, há de buscá-la em suas fontes naturais. Com efeito, não é da lei que se extrai a norma de justiça, mas é desta que se deduz a lei positiva.

De modo simplório e abstraindo a natureza do direito natural em suas várias concepções, a *lex naturalis* interpõe-se entre os puros princípios de justiça e as regulações gerais do direito positivo, entre as ideias básicas da justiça e os pontos típicos de aplicação jurídico-positiva dessas mesmas ideias. Por duas razões básicas, o direito natural alberga a noção de princípio normativo: a) por expressar a justiça em forma adequada às relações sociais; b) por estender essas mesmas relações sociais sob determinadas formas típicas em torno das quais se organizaram pre-

---

(30) FLÓREZ-VALDÉS, *op. cit.*, p. 38/40.
(31) DWORKIN, Ronald. *I Diritti presi sul Serio*, p. 83.

cisamente as normas jurídicas positivas. O direito natural possui seus princípios próprios, porém, atua como princípio em relação ao direito positivo[32].

A *Lex naturalis* parte do axioma universal e imemorial "fazer o bem e evitar o mal", noticiada desde Aristóteles, referida inúmeras vezes na Bíblia[33] e desenvolvida por Santo Tomás de Aquino. A partir daí, encarna dois grandes princípios: o *justo*, ideal de todo direito, e a *vida social*, elemento imprescindível onde há de assentar-se todo direito.

Integram essa ordem da idealidade (pré)jurídica os *tria iuris praeceptum* de Ulpiano: viver honestamente, não causar danos a ninguém e o *sum cuique tribuere* (atribuir a cada um o que é seu). Mas os conceitos de cada um desses princípios possuem elevada carga valorativa, variando no curso do tempo. O que é viver honestamente? Do ponto de vista jurídico ou moral? O que é não causar dano a ninguém? Que é dano? O que é o seu de cada um? São, pois, conceitos abertos, relativos. Por isso, Kelsen a eles refere-se como fórmulas vazias, que se prestam a todos os sistemas jurídicos de todas as épocas[34]. Todavia não é bem assim, pois em cada espaço físico e temporal são perfeitamente compreensíveis pela moralidade social média. Por isso, se incluiu entre as características dos princípios a *carga axiológica*. Assim, o não *causar dano* a ninguém alcança os aspectos moral e material, bem como o dever de reparação; *o viver honestamente* alcança todos os quadrantes da vida, da conduta social e profissional, da probidade em toda a sua extensão; o *seu de cada um* abrange o sentido moral e material de respeito à dignidade e à posse dos bens, à restituição dos bens esbulhados, e a atribuição de bens que o viver dignamente exige.

O princípio da *boa-fé* também informa todo o ordenamento jurídico, especialmente o direito contratual; a *proibição de abuso de direito* impõe-se como limite do direito individual em face do social; a sanção *de fraude à lei* opõe-se à excessiva criatividade no sentido de burlar a lei; a *proibição do enriquecimento sem causa* fundamenta o sinalagma contratual; o princípio *non bis in idem* protege a pessoa contra a duplicidade punitiva ou tributária; o princípio da *irretroatividade da lei* garante estabilidade jurídica; o princípio da *autonomia da vontade* é um corolário da liberdade.

De fato, as verdades do direito natural e os princípios de direito que o positivismo encampa representam apenas duas variantes do mesmo conjunto, do mesmo sistema de princípios de direito. O direito é um só, com a riqueza dos princípios gerais e a segurança das sínteses escritas oriundas do poder estatal ou com apoio

---

(32) Sobre a matéria, veja-se a nota (1) de pé de página do livro *Los Principios Clásicos del Derecho*, de Angel Sanchez de La Torre, onde ele comenta a obra *Principios de Filosofía del Derecho* (1972, p. 281), de Legaz Lacambra.

(33) "O temor de Deus é a Sabedoria/Guardar-se do Mal é o Entendimento", Jó 28:28.

(34) *Justiça e Direito Natural*.

nele. Como diz Del Vecchio, o direito natural não perde essa qualidade nem seu valor intrínseco pelo fato de ser às vezes também positivo. Flórez-Valdés, arrimado em De Diego, lembra que resultaria em verdade estéril o estudo das normas particulares vigentes neste ou naquele lugar se dessa base empírica não fosse possível remontar-se aos princípios de onde tais normas emanaram. O direito é muito mais que os textos normativos. O direito estuda o porquê uma sociedade se organiza dessa e não de outra maneira; explica porque determinados interesses sobrepõem-se ou são sacrificados em favor de outros; porque certas pessoas ou certos grupos são qualificados ou desqualificados[35].

O jusrealista noroeguês Perelman, no mesmo sentido, escrevendo sobre o direito natural e o positivo, observa:

> O crescente papel atribuído ao juiz na elaboração de um direito concreto e eficaz torna cada vez mais ultrapassada a oposição entre o direito positivo e o direito natural, apresentando-se o direito efetivo, cada vez mais, como o resultado de uma síntese em que se mesclam, de modo variável, elementos emanantes da vontade do legislador, da construção dos juristas, e considerações pragmáticas, de natureza social e política, moral e econômica.[36]

O juspositivismo plenificou o seu sistema por meio da analogia; o jusnaturalismo já oferecia a equidade. Hoje se percebe a incindibilidade dos institutos, pois a partir de uma operação de equidade *praeter legis* pode-se induzir uma analogia *juris* e daí subsumir-se uma regra justa para determinado caso.

9. DIFERENÇAS ENTRE REGRAS E PRINCÍPIOS

Dworkin, refutando o positivismo jurídico de Hart, que só identifica normas, enuncia que junto a estas há de considerar-se a presença de dois outros elementos: os princípios e as diretrizes. Para os fins da sua tese, denomina princípio "um *standard* que há de ser observado, não porque favoreça ou assegure uma situação econômica, política ou social que se considera desejável, mas por ser uma exigência da justiça, da equidade ou alguma outra dimensão da moralidade" e diretriz, (ou diretriz política) "ao tipo de *standard* que propõe um objetivo que há de ser alcançado; geralmente uma melhora em algum espaço (*rango*) econômico, político ou social da comunidade"[37]. Com isso, vislumbra duas vertentes da norma, uma adstrita aos fatos e outra mais aberta, mais geral, de elevado conteúdo moral, invocável principalmente na resolução dos casos difíceis.

---

(35) *Op. cit.*, p. 23 e 24.
(36) PERELMANN, Chaïm. *Ética e Direito*, p. 392.
(37) *Los Direitos en Serio*, p. 72.

E, assim, já é pacífico que a norma é o gênero de que são espécies as regras e os princípios. O ponto comum de ambos é, portanto, a normatividade, o caráter preceptivo. Mas, como são duas espécies do mesmo gênero, guardam incontáveis diferenças[38].

Guerra Filho resume essa diferença em dois pontos: a) quanto à estrutura lógica e deontológica; e b) quanto à técnica de aplicação. Quanto à estrutura lógica e deontológica, as *regras* vinculam-se a fatos hipotéticos específicos, um determinado *functor* ou operador normativo ("proibido", "obrigatório", "permitido"), enquanto os *princípios* não se reportam a qualquer fato particular, e transmitem uma prescrição programática genérica, para ser realizada na medida do jurídica e faticamente possível. Quanto à técnica de aplicação das regras, uma vez aceita a subsunção a elas de certos fatos, inevitavelmente decorrem as consequências jurídicas previstas; mas, se colidirem com outras de grau superior, são por estas derrogadas, perdendo validade. Já os princípios, em geral, são colidentes entre si nos casos concretos, o que leva ao 'sopesamento', para aplicar-se o mais adequado, sem, contudo, deixarem de coexistir na ordem jurídica[39].

Neste sentido, Revorio (*op. cit.*, p. 101), após escorar-se em Zagrebelsky, segundo o qual, às regras se obedece e aos princípios se adere, resume:

> Las reglas establecen mandatos, prohibiciones, o permisos de actuación en situaciones concretas previstas en las mismas (permitiendo así una aplicación mecánica); los principios — empleando este término ahora en sentido amplio — proporcionan criterios para tomar posición ante situaciones concretas indeterminadas.

Detalhando essas considerações genéricas, tem-se:

a) quanto à estrutura, regras jurídicas são normas cuja estrutura lógico-deôntica abriga a descrição de uma hipótese fática e a previsão da consequência jurídica (imputação) de sua ocorrência; enquanto isso, os princípios, são preceitos mais abstratos e em vez de descreverem hipótese fática com prescrição de consequências, prescrevem valor;

b) quanto ao conteúdo, os princípios assentam em conteúdo valorativo, são normas que ordenam que se realize algo na maior medida possível, em relação às possibilidades jurídicas e fáticas, como mandados de otimização; as *regras*, por sua vez, exigem um cumprimento pleno e nessa medida podem sempre ser só ou cumpridas ou descumpridas. "*Si se exige la mayor medida posible de cumplimiento en relación con las posibilidades jurídicas y fácticas, se trata de un principio. Si sólo*

---

(38) Dworkin E Alexy, obs. cits., exibem longos comentários sobre as regras e os princípios.
(39) GUERRA FILHO, Willis Santiago. Metodologia Jurídica e Interpretação Constitucional. *Revista de Processo*, n. 62, p. 121 a 140, abr./jun./1991.

se exige una determinada medida de cumplimiento, se trata de una regla", sintetiza Alexy[40];

c) quanto à generalidade e à abstratividade, as regras são menos gerais que os princípios e dirigem-se a fatos concretos;

d) quanto ao conflito, a convivência dos princípios é conflitual, enquanto a das regras é antinômica. Os princípios colidentes coexistem, ainda que sob tensão; as regras antinômicas excluem-se. A colisão de regras resolve-se na dimensão da validade, uma vale e a outra não vale, a aplicação de uma implica negar validade a outra. Já a colisão de princípios resolve-se na dimensão do valor, utiliza-se a cedência, em que um cede a outro, sem, contudo, perder validade; os princípios conflitantes mantêm-se válidos paralelamente, mas um deles tem *peso maior* em determinado caso concreto;

e) quanto à origem, as regras emanam do poder estatal ou são por este chanceladas, enquanto a força normativa dos princípios provém da sua historicidade, sua autoridade encerra-se na base do sistema;

f) quanto à hierarquia, os princípios situam-se no topo (em grau e qualidade), em face da sua poliédrica conformação fundamentadora, informadora, supletiva, interpretativa, integrativa, diretiva e limitativa. Mais ainda quando se reconhece que eles migraram para as Constituições. Bonavides (*op. cit.*, p. 259) averba que a normatividade dos princípios é a "*mais alta de todo o sistema, porquanto quem os decepa arranca as raízes da árvore jurídica*";

g) quanto à aplicação, as regras têm aplicação direta; os princípios, indireta, utilizando-se daquelas para concretizarem-se;

h) quanto à natureza normogenética, Canotilho (*op. cit.*, p. 173) doutrina que "*os princípios são fundamentos de regras, isto é, são normas que estão na base ou constituem a ratio de regras jurídicas, desempenhando, por isso, uma função normogenética fundamentante*";

i) quanto à relatividade, não há princípio que possa ser acatado de forma absoluta, em toda e qualquer hipótese, "*pois uma tal obediência unilateral e irrestrita a uma determinada pauta valorativa — digamos, individual — termina por infringir uma outra — por exemplo, coletiva,*" averba o professor Guerra Filho.

---

(40) *Derecho y Razón Práctica*, p. 14.

CAPÍTULO II
Os Princípios nas Constituições

1. POSITIVAÇÃO DOS PRINCÍPIOS NAS CONSTITUIÇÕES

Canotilho define a Constituição como um sistema aberto de regras e princípios "que, através de processos judiciais, procedimentos legislativos e administrativos, iniciativa dos cidadãos, passa de uma *law in the books* para uma *law in action*, para uma *living constitution*"[41].

Bonavides (*op. cit.*, p. 260) elucida que os princípios gerais do direito foram encampados pela Constituição. Averba que o eixo dos princípios salta dos Códigos, onde eram fontes de mero teor supletório para as Constituições, onde em nossos dias se convertem em fundamento de toda a ordem jurídica, na qualidade de princípios constitucionais:

> As Constituições fizeram no século XX o que os Códigos fizeram no século XIX: uma espécie de positivação do Direito Natural, não pela via racionalizadora da lei, enquanto expressão da vontade geral, mas por meio dos princípios gerais, incorporados na ordem jurídica constitucional, onde logram valoração normativa suprema, ou seja, adquirem a qualidade de instância juspublicística primária, sede de toda a legitimidade do poder. Isto por ser tal instância a mais consensual de todas as intermediações doutrinárias entre o Estado e a sociedade.

No mesmo sentido, García de Enterría, comentando a criação norte-americana da supremacia da Constituição, registra que:

> La idea de un Derecho fundamental o más alto (*higher law*) era claramente tributaria de la concepción del Derecho natural como superior al Derecho

---

(41) Ob. cit., p. 176. Aqui o autor faz uma confissão de sua opção doutrinária principialista: "*O discurso do texto tem um 'segredo' escondido. Esse segredo deve, porém, revelar-se aos que pretendem ir ao fundo das coisas: pretende-se construir o direito constitucional com base numa perspectiva 'principialista' (baseada em princípios), perspectiva esta inspirada em DWORKIN e ALEXY, mas com aberturas para as concepções sistémicas e estruturantes (sentido de LUHMANN e de MÜLLER).*"

positivo e inderogable por éste y va a ser reafirmada por los colonos americanos en su lucha contra la Corona inglesa, a la que reprochan desconocer sus derechos personales y colectivos.[42]

Seguindo a mesma trilha, Flórez-Valdés (*op. cit.*, p. 94) pondera que a Constituição é a norma suprema, fundamental e fundamentadora do ordenamento jurídico, tronco de que nascem todas as normas do direito e eixo, por sua vez, de um ordenamento.

A Constituição erige-se como uma carta de limitação ao arbítrio e ao mesmo tempo ao abuso de direito. Neste sentido, Del Vecchio já escrevia que a escola do direito natural pretendia essencialmente manter a *não arbitrariedade* do direito. E acrescenta que os sistemas constitucionais da Inglaterra e da França têm como documentos fundamentais os *Bills of Rights* e as *Declarações dos Direitos*, expressões típicas e genuínas da escola do *jus naturae*. Assim, conquanto já constitucionalizados, são atributos da lei natural os princípios da *condição jurídica conferida à pessoa*, da *liberdade*[43] como expressão do valor absoluto da personalidade humana; da *igualdade*; da *limitação de direito só em virtude de lei*; da *soberania da lei* (entendida como a síntese do direito de todos e não como mandato arbitrário); da *divisão dos poderes*; da *igualdade de obrigação do cidadão e do Estado*.

Na mesma senda, Revorio destaca que, em seu entender, os princípios de direito constitucional são princípios gerais de direito, porém, com determinadas peculiaridades muito importantes: caráter explícito, caráter normativo e superior posto hierárquico[44].

Poder-se-ia qualificar como princípios gerais de direito os grandes princípios da justiça, da igualdade, da liberdade, da dignidade da pessoa, do devido processo legal. Baracho refere-se a uma série de princípios de amplíssimo grau de generalidade que reforçam a aplicabilidade da Constituição, como o princípio democrático, o princípio ideológico, o princípio institucional, o princípio da igualdade, o princípio da tutela do trabalho, o princípio da tutela da pessoa e do ambiente, o princípio solidarista e o princípio internacionalista[45], todos alçados ao seio constitucional, a maioria dos quais gestados na normatividade anterior.

---

(42) *La Constitución como Norma y el Tribunal Constitucional*. Madrid, 1994. p. 51. Na página seguinte, registra que "*Los colonos encuentran en Coke y en Locke sus mentores jurídicos directos. Ambos son herederos de la gran tradición iusnaturalista europea, en la que expresamente apoyan su concepción de un parámetro normativo superior a las leys positivas: el Derecho natural, que es a la vez la expresión de una lex eterna y lex legum, Ley para todas las leys.*"

(43) Ob. cit., p. 75/83. Observa o autor que "*el saber que por derecho natural todos los hombres son libres e iguales no impide a la jurisprudencia romana reconocer en el orden positivo la distinción contra naturam entre libres y esclavos, y elaborar técnicamente la institución de la esclavitud. (...) Así, en la oposición entre el derecho natural y el derecho positivo vemos cómo éste va aceptando atenuaciones que anuncian históricamente el triunfo de aquél*", p. 119/120.

(44) REVORIO, Francisco Javier Díaz. *Valores Superiores en la Constitución Española*, p. 100.

(45) BARACHO, José Alfredo de Oliveira. *Teoria geral da cidadania*: a plenitude da cidadania e as garantias constitucionais e processuais, p. 33.

Bonavides diz que a constitucionalização dos princípios compreende duas fases distintas: a fase programática e a não programática, de concreção e objetividade. Na primeira, a normatividade dos princípios é mínima, pairando numa região abstrata, por isso, de aplicabilidade diferida. Na segunda, a normatividade é máxima, com positividade e aplicação direta e imediata.

Há também princípios não referidos textualmente, como os princípios da razoabilidade, da proporcionalidade e da subsidiariedade, de amplíssima generalidade.

Quanto à natureza e às características dos princípios constitucionais, Canotilho pondera que eles exercem dupla função: uma *normogenética*, porque são fundamento de regras, e outra *idoneidade irradiante*, que lhes permite ligar ou cimentar objetivamente todo o sistema constitucional[46]. Espíndola lembra que eles "expressam *uma natureza política*, ideológica e social, *normativamente preponderante*" (destaques do autor)[47]. E Cármem Rocha sintetiza as características dos princípios constitucionais: generalidade, primariedade, dimensão axiológica, objetividade, transcendência, atualidade, poliformia, vinculabilidade, aderência, informatividade, complementaridade e normatividade jurídica[48].

A classificação e a hierarquização dos princípios constitucionais variam de acordo com vários fatores: os valores primordiais que cada Constituição elege; a raiz cultural de que deriva; o modelo de Estado e a matriz constitucional. Neste sentido, as sociedades de raiz cultural greco-romana, por exemplo, elegem a liberdade como um dos valores superiores. A propósito, Agostini traz precioso excerto de Henride la Bastide, segundo o qual o mundo se divide em cinco grandes eras de culturas: a) a civilização da Palavra, com o Islã; b) a do Gesto, com a 'dança de Shiva" e "o sorriso de Buda"; c) a do sinal, com o Extremo Oriente; d) a do Rítmo, com a África negra e seus avatares americanos; e e) a da Pessoa, saída da tradição judaico-cristã[49]. David sistematiza o seu estudo segundo as grandes famílias do direito: família romano-germânica, família socialista, família da *common law*, família muçulmana, família do direito do extremo oriente e direitos da família hindu e da família africana e de Madagáscar[50].

Jorge Miranda identifica quatro grandes matrizes constitucionais na época contemporânea: a inglesa, a norte-americana, a francesa e a soviética, as quais

---

(46) Ob. cit., p. 171.
(47) ESPÍNDOLA, Ruy Samuel. *Conceito de Princípios Constitucionais*, p. 75/76.
(48) ROCHA, Cármem Lúcia Antunes. *Princípios Constitucionais da Administração Pública*, p. 29.
(49) AGOSTINI, Eric. *Direito comparado*, p. 9 e 10.
(50) DAVID, René. *Os Grandes Sistemas do Direito Cantemporâneos* [*Les Grands Systèmes du Droit Contemporains (Droit Comparé)*]. Trad. de Hermínio A. Carvalho. Martins Fontes, 1996. Jorge Miranda adverte que a classificação de David leva em conta o direito privado. Com razão, pois a organização política norte-americana é totalmente inovadora em relação à inglesa, constituindo matriz própria.

podem ser condensadas em duas — capitalistas e socialistas[51]. Baracho, na mesma pegada, declina mais os seguintes sistemas constitucionais: o suíço, o austro-alemão, os fascistas e fascitizantes, os sistemas constitucionais dos países da Ásia e da África[52]. Assim como o princípio da separação dos poderes encontrou o berço concreto na matriz norte-americana, o parlamentarismo é de raiz britânica, o *ombudsman* escandinavo, a justiça constitucional austríaca etc.

Nesse diapasão, Canotilho, inspirado no modelo germânico, distingue, em ordem decrescente, de acordo com o grau de abstratividade, as seguintes classes de princípios: estruturantes > gerais ou fundamentais > especais, ou subprincípios concretizadores. Depois é que vêm as regras constitucionais. Os princípios estruturantes são divididos no padrão I — Princípios Estruturantes do Estado Constitucional — e no padrão II — As Estruturas Subjectivas.

Como exemplo de subprincípios concretizadores, declina os princípios da legalidade administrativa, da segurança jurídica, da proporcionalidade, da proteção e das garantias processuais[53].

Por outro ângulo, estabelecendo a tipologia da norma constitucional, distingue os princípios em fundamentais, políticos constitucionalmente conformadores, impositivos e princípios-garantia.

Fundamentais são "*os princípios historicamente objectivados e progressivamente induzidos na consciência jurídica e que encontram uma recepção expressa ou implícita no texto constitucional*".

Princípios políticos constitucionalmente conformadores são "*os princípios constitucionais que explicitam as valorações políticas fundamentais do legislador constituinte*".

"*Nos princípios constitucionais impositivos subsumem-se todos os princípios que, no âmbito da constituição dirigente, impõem aos órgãos do Estado, sobretudo ao legislador, a realização de fins e a execução de tarefas.*" São, portanto, princípios dinâmicos, prospectivamente orientados.

Os princípios-garantia destinam-se a instituir imediatamente uma garantia dos cidadãos. "*É-lhes atribuída uma densidade de autêntica norma jurídica e uma força determinante, positiva e negativa*", a exemplo do juiz natural, do *in dubio pro reo*, do *non bis in idem*[54].

Cumpre observar que o conflito de princípios só é considerado em relação aos do mesmo grupo, porque os princípios menores devem obediência aos maiores e os específicos, aos gerais.

---

(51) *Curso de Direito Constitucional*. Tomo I, p. 107.
(52) BARACHO, José Alfredo de Oliveira. Teoria Geral do Constitucionalismo. In: *Revista de Informação Legislativa*. Brasília, n. 23, p. 5/62, jul./set. 1986.
(53) CANOTILHO, J. J. G. *Direito Constitucional*. 5. ed. 2. reimp., 1992. p. 169/218 e 345/711.
(54) *Idem*, p. 177/180.

2. OS PRINCÍPIOS NA CONSTITUIÇÃO DE 1988

A Constituição de 1988 abusou na adoção das modernas teorias princípiológicas, expressando princípios estruturantes, gerais e especiais, explícitos e implícitos. Dedicou acentuada atenção ao princípio democrático e aos princípios dos direitos fundamentais.

Alexy lembra que é fácil identificar a presença de princípios como mandados de otimização no sistema jurídico:

> Donde esto es más claro es en los principios constitucionales, como los de dignidad humana, libertad, igualdad, democracia, Estado de Derecho y Estado social. Si una constitución contiene estos seis principios, ello significa que se han incorporado a ella las formas principales del Derecho racional de la modernidad.[55]

Neste sentido, vê-se que a Constituição brasileira de 1988 encampou todos os princípios da modernidade.

Espíndola, adaptando o que diz Canotilho a respeito da Constituição portuguesa, afirma que *"o sistema jurídico do Estado Democrático de Direito brasileiro é um sistema normativo aberto de regras e princípios"*[56].

Em relação à Constituição brasileira de 1988, Ivo Dantas classifica-os, em ordem hierárquica decrescente, em princípios fundamentais > princípios gerais > e normas setoriais[57].

Fundamentais são os princípios insculpidos nos arts. 1º a 4º: "Tais princípios se encontram acima das demais matérias que compõem o próprio texto constitucional, sobre estas exercendo uma força vinculante, sobretudo, no instante do exercício interpretativo."[58]

Admitindo essa vinculatoriedade hierárquica dos princípios fundamentais em relação aos demais, advém como consequência a aceitação de que é possível a existência (?) de normas constitucionais inconstitucionais. E é sob esse argumento que o ilustre jurista admite essa tese. Canotilho refuta-a, com base principalmente na unidade conformadora da constituição. Destarte, no Texto produzido pelo constituinte originário não é possível se cogitar de norma inconstitucional, em face do princípio da unidade conformadora da Constituição, podendo, sim, aqui, verificar-se apenas uma tensão constitucional. Por sua vez, as normas produzidas

---

(55) ALEXY, Robert. *Derecho y Razón Práctica*, p. 15.
(56) ESPÍNDOLA, Ruy Samuel. *Conceito de Princípios Constitucionais*, p. 184.
(57) DANTAS, Ivo. *Princípios Constitucionais e Interpretação Constitucional*. Rio de Janeiro: Lumen Juris, 1995. p. 86.
(58) *Idem*, p. 73.

pelo poder constituinte derivado podem revestir alguma inconstitucionalidade em relação ao Texto originário. Dir-se-ia que essa norma constitucional inconstitucional permanece *in abstracto* no mundo jurídico, em face da sua presunção de constitucionalidade, até que o vírus seja identificado *in concreto*, quando então se decreta a sua defenestração.

Entende Dantas que os princípios gerais, na Constituição de 1988, são uma categoria de princípios voltados para determinado subsistema ou setor do ordenamento constitucional, superiores às regras, porém, inferiores aos princípios fundamentais. Essa espécie de princípios vincula tanto quanto ao conteúdo como quanto à interpretação dos comandos que a eles se subordinem.

Partindo dessa base, ainda em relação à Constituição de 1988, pode-se simplificar essa primeira forma de classificação lógico-sistemática em Princípios Fundamentais > Princípios Gerais > Princípios Específicos > Regras. Contudo, existem ainda aqueles megaperprincípios, nem sempre escritos, que imantam e informam todo o ordenamento, como o princípio constitucional (aquele que impõe a primazia da Constituição), o da solidariedade social, o internacionalista, o da razoabilidade, o da proporcionalidade, deduzidos dos valores supremos e que forram a base do bloco de constitucionalidade.

Cumpre registrar que a principiologia mais avançada está na própria Constituição, que é bem recente (1988), razão por que deve nortear a interpretação e aplicação de todo o direito nacional. Daí a ilação de que, com raras exceções, a legislação anterior à Constituição de 1988 que reserva aos princípios a mera função integrativa da lei está derrogada, ou não foi recepcionada totalmente pela Constituição.

Assim, independente dos comandos infraconstitucionais, os princípios gerais do direito cumprem todas as suas funções normativas informadora, fundamentadora, supletória, integrativa e interpretativa da lei.

3. OS PRINCÍPIOS NA LEGISLAÇÃO

Primeiro, cumpre registrar a evolução qualitativa verificada em relação aos princípios gerais do direito na lei. O art. 4º, da Lei de Introdução às Normas do Direito Brasileiro (Decreto-lei n. 4.657/1942), cópia dos seus similares estrangeiros contemporâneos, preceitua:

> Quando a lei for omissa, o juiz decidirá o caso de acordo com a analogia, os costumes e os princípios gerais de direito.

A Consolidação das Leis do Trabalho — CLT (Decreto-Lei n. 5.452/1943) — é muito mais evoluída, ao conferir *status* de fonte supletória primordial aos princípios, autorizando as autoridades a aplicarem-nos tão logo lhes faltem a lei e o contrato. Assim, preceitua o art. 8º da CLT:

As autoridades administrativas e a Justiça do Trabalho, na falta de disposições legais ou contratuais, decidirão, conforme o caso, pela jurisprudência, por analogia, por equidade e outros princípios e normas gerais de direito, principalmente do direito do trabalho, e, ainda, de acordo com os usos e costumes, o direito comparado, mas sempre de maneira que nenhum interesse de classe ou particular prevaleça sobre o interesse público.

O art. 852-I, da CLT, acrescentado pela Lei n. 9.957/2000, repete o texto da Lei dos Juizados de Pequenas Causas e estabelece:

O juiz adotará em cada caso a decisão que reputar mais justa e equânime, atendendo aos fins sociais da lei e às exigências do bem comum.

Na sequência evolutiva, o art. 7º do Código de Defesa do Consumidor (Lei n. 8078/90) é mais pródigo:

Os direitos previstos neste Código não excluem outros decorrentes de tratados ou convenções internacionais de que o Brasil seja signatário, da legislação interna ordinária, de regulamentos expedidos pelas autoridades administrativas competentes, bem como dos que derivem dos princípios gerais do direito, analogia, costumes e equidade.

Essa ligeira amostragem de instrumentos legais, das décadas de 1940, 1980, 1990 e 2000 mede a progressão do conceito legal de princípios gerais do direito. A regra da LINDB reserva aos princípios a mera função supletória terciária (depois da analogia e dos costumes). É fidelíssima à doutrina da exegese positivista kelseniana. A regra do art. 8º da CLT avança muito, ao colocar como fontes formais a equidade e os princípios, sem hierarquia. A regra das Leis do Juizado de Pequenas Causas e do Procedimento Sumaríssimo no Processo do Trabalho autoriza o juiz a empregar a equidade e as regras de justiça. Já a regra do Código de Defesa do Consumidor sinaliza certa progressão, no ponto em que reserva aos princípios função supletória primária (antes da analogia e dos costumes) e permite a coabitação deles com a analogia e a equidade. Entretanto, a evolução da lei ainda não chegou à orientação doutrinária atual, que identifica nos princípios as suas funções fundadora, fundamentadora, informadora e supletória da lei, como já fez a Lei de Introdução ao Código Civil espanhol, modificada em 1974[59].

Neste sentido é que a Ley n. 3/1973, de Bases para a modificação do título Preliminar do Código Civil, operou considerável salto de qualidade no sistema jurídico espanhol, ao estabelecer no seu art. 2º, base 1ª, I, *in fine*:

Los principios generales del Derecho, sin prejuicio de su carácter informador de las demás fuentes, se aplicarán en defecto de normas legales y consueturinarias.

---

(59) DE CASTRO, F. *Derecho civil en España* (reed. Facs. Madrid, 1984), I. *Apud.* Flórez-Valdés.

Esse comando veio modernizar a concepção de princípio até então hospedada no art. 6º do Código Civil (igual ao do Brasil ainda vigente), que reservava aos princípios a função supletiva da lei em ultíssimo lugar. Por fim, o Decreto Legislativo de maio de 1974, modificou o art. 1.4 do Código Civil da Espanha. Em seu Preâmbulo, já indica:

> los principios generales del Derecho actúan como fuente subsidiaria respecto de las anteriores (ley y costumbre); pero, además de desempeñar ese cometido, único en el que cumplen la función autónoma de fuente del Derecho, pueden tener un significado informador de la ley o de la costumbre.

OS PRINCÍPIOS GERAIS DO DIREITO DO TRABALHO

PARTE 2

CAPÍTULO I
JUSTIFICAÇÃO E CLASSIFICAÇÃO DOS PRINCÍPIOS DO DIREITO DO TRABALHO

1. OS PRINCÍPIOS COMO PANO DE FUNDO DO DIREITO DO TRABALHO

No Direito do Trabalho, os princípios funcionam como fonte, instrumento hermenêutico e barreira contra ainvasão do direito comum. Essa proeminência dos princípios em sua base qualifica o Direito do Trabalho como um direito de princípios. Daí a necessidade de uma maior dedicação aos seus princípios peculiares.

Os princípios naturais do Direito do Trabalho emanam da Declaração Universal dos Direitos Humanos, da Organização Internacional do Trabalho, da Constituição Federal; e os princípios técnicos brotam da legislação trabalhista e da natureza de cada instituto jurídico, tendo em vista o progresso social do cidadão enquanto trabalhador.

Cumpre esclarecer que o trabalho constitui o instrumento primordial de toda organização social, fator de formação das personalidades e do caráter individual e dos valores nacionais. Voltaire diz que o trabalho previne de três males: do ócio, do vício e da necessidade. É, em consequência, no âmbito do trabalho que se dão as grandes dissensões políticas e sociais. Também é o trabalho, até por sua origem escrava, o campo livre para as práticas agressoras dos direitos humanos, perpetradas pelos detentores do capital.

O Direito do Trabalho interpõe-se como direito fundamental de segunda geração, um dos direitos sociais que funciona como instrumento de garantia de um piso mínimo de dignidade da pessoa do trabalhador.

E como do lado operário a grande massa humana ainda contrabalança com o ouro de poucos no outro prato da balança, os princípios do Direito do Trabalho têm natureza ostensivamente protetiva do hipossuficiente, funcionando como um sistema de compensação, como pano de fundo da legislação, visando à otimização dos direitos positivados por lei ou contrato individual ou coletivo.

2. CLASSIFICAÇÃO DOS PRINCÍPIOS DO DIREITO DO TRABALHO

No Trabalho, divisamos duas categorias: a) os princípios gerais de Direito do Trabalho; e b) os princípios de realização ou de concretização do Direito do Trabalho. Estes são subprincípios ou desdobramentos daqueles. Barbagelata (2008, p. 19-29) alude ainda aos princípios de Direito do Trabalho de 2ª geração, que equivalem aos direitos fundamentais do trabalho, expostos na III Parte, adiante.

Os princípios gerais do DT abrangem o direito individual e o coletivo, representados pelos seguintes: a) da progressão social ou da justiça social; b) da proteção; c) da equidade; d) da autodeterminação coletiva; e) da irretroatividade das nulidades contratuais.

Os princípios de concreção são os seguintes: a) *in dubio pro operario*; b) da *norma mais favorável*; c) da *condição mais benéfica*; d) da irrenunciabilidade dos direitos; e) da continuidade da relação de emprego; f) da primazia da realidade; g) da boa-fé; h) da substituição automática; i) da razoabilidade; j) da irredutibilidade salarial; k) da igualdade salarial; l) da boa-fé.

No rol dos princípios trabalhistas de 2ª geração, Barbagelata enumera os seguintes: a) princípio da complementaridade e interdependência de todas as normas de direitos humanos; b) primazia da disposição mais favorável à pessoa humana; c) princípios da progressividade e da irreversibilidade; d) adequação aos critérios assentados pelos organismos internacionais competentes; e e) presunção de autoexecução e autoaplicabilidade. Equivalem, pois, aos que dissecamos nos princípios gerais do Direito do Trabalho, acima, aos direitos fundamentais do trabalho, adiante expostos, e aos princípios comuns ao sistema dos direitos humanos.

Destarte, é importante o acréscimo do capítulo dos direitos fundamentais do trabalho, porque, enquanto os princípios tradicionais decorrem do *Trabalhismo* forjado na década de 1930 e consolidado na CLT, amparando apenas os trabalhadores urbanos, os princípios constitucionais inauguram o *Neotrabalhismo*, ou seja, instituem outra categoria de direitos, equiparando aos urbanos os empregados rurais, amparando os empregados públicos, os domésticos, os trabalhadores avulsos, antes excluídos da CLT, bem como os parassubordinados.

Neotrabalhismo, portanto, vem a ser o movimento trabalhista que abrange todas as relações de trabalho pessoal mediante dependência econômica do prestador do serviço, não necessariamente de emprego.

Pois bem. Os direitos de ordem constitucional, como dignidade, privacidade, intimidade, liberdade, igualdade possuem uma base dogmática própria. Por sua vez, os direitos trabalhistas dos empregados do setor público e dos entes paraestatais sofrem os influxos do direito público; e as relações parassubordinadas também ganham espaço na teia de proteção trabalhista. Daí a necessidade das novas considerações principiológicas.

Já afirmávamos em outra oportunidade que a mudança foi radical. O direito do trabalho transformou-se num gigante de retalhos[60].

Em outra vertente, *Silva Filho*[61] enumera doze princípios que, na sua visão, provieram da Encíclica *Rerum Novarum* e classifica-os segundo a densidade normativa:

a) **de máxima densidade normativa** — da intangibilidade salarial, ou da proteção ao salário, da inalterabilidade do contrato de trabalho, da isonomia e não discriminação, da continuidade do emprego;

b) **de média densidade normativa** — da proteção e da irrenunciabilidade, da subsidiariedade, da primazia da realidade e da boa-fé;

c) **de baixa densidade** — da normatividade, que se opõe ao abuso do direito; da dignidade da pessoa humana; da preservação da empresa; da razoabilidade e proporcionalidade.

Nossa exposição segue a linha mais tradicional e não enxerga esse grau de normatividade *in abstrato*, mas somente em concreto, diante do caso. Até porque, em tese, como se expôs na Parte 1 deste livro, os princípios são normas jurídicas e, como tais, adjudicam eficácia normativa integral, modulando-se, como é de sua natureza, de acordo com a situação concreta. Também não se pretende esgotar o rol de princípios, pois, como já exposto, é de sua natureza a reprodutividade de outros.

Destarte, aplicam-se os princípios sob comento também às relações de trabalho não subordinado, ou seja, parassubordinado, que passaram para a competência da Justiça do Trabalho (art. 114, I, CF), como regra, quando o trabalhador for a parte frágil.

Neste sentido, o Novo Código do Trabalho português — Lei n. 99/2003 preceitua no seu art. 13:

> Contratos equiparados
>
> Ficam sujeitos aos princípios definidos neste Código, nomeadamente quanto a direitos de personalidade, igualdade e não discriminação e segurança, higiene e saúde no trabalho sem prejuízo de regulamentação em legislação especial, os contratos que tenham por objeto a prestação de trabalho, sem subordinação jurídica, sempre que o trabalhador deva considerar-se na dependência econômica do beneficiário da actividade.

---

(60) LIMA, Francisco Gérson Marques de; LIMA, Francisco Meton Marques de; MOREIRA, Sandra Helena. *Repensando a doutrina trabalhista* — o neotrabalhismo em contraponto ao neoliberalismo. São Paulo: LTr, 2009. p. 27.
(61) SILVA FILHO, Ives Gandra Martins da. Os princípios e sua densidade normativa. In: *Revista Direito e Cidadania*, Rio de Janeiro: Editora JC, edição 145, setembro de 2012.

É importante esse registro porque se trata de um Código da Europa continental já da era neoliberal, demonstrando que os princípios, ao contrário de muitos discursos apressados, estão cada vez mais vigorosos.

Assim pensa a maioria dos juslaboralistas. Esta é a tendência do Direito do Trabalho futuro. O art. 8º da Consolidação determina à autoridade empregar a jurisprudência, a analogia e a equidade, na ausência de disposição legal ou contratual. Não estabelece hierarquia entre essas fontes secundárias — emprega-se uma ou outra, conforme o caso. Tudo isso, porém, carece de critérios objetivos orientadores do intérprete. Até aqui se têm dois polos — a lei e o fim a atingir na solução do problema. Resta se forneçam os meios. Esses meios são os "Princípios Fundamentais na Aplicação do Direito do Trabalho", que correspondem a um segundo sentido ou segundo momento dos "Princípios de Direito do Trabalho". Estes entendidos como *substância* integrativa das lacunas jurídicas; aqueles, como *instrumento* de operacionalização na tarefa interpretativa, conforme se demonstrará no capítulo próprio.

CAPÍTULO II
Princípio da Progressão Social

1. A PROMESSA CONSTITUCIONAL DE REMIÇÃO UNTADA AOS VALORES FUNDAMENTAIS

Este Capítulo deveria figurar no rol dos princípios do trabalho de 2ª geração. No entanto, o trabalho é a porta de entrada tanto na Ordem Econômica (art. 170, CF) como na Social, art. 193, *verbis*: "*A ordem social tem como base o primado do trabalho, e como objetivo o bem estar-social e a justiça social.*"

O art. 7º da Constituição de 1988 elenca em 34 incisos os direitos assegurados aos trabalhadores urbanos e rurais: "**além de outros que visem à melhoria de sua condição social**". Ou seja, fixa o piso básico da dignidade humana, mas referenda todo o progresso social que vier por meio de qualquer outro instrumento.

No trabalho, o homem já foi escravo, servo, trabalhador livre sem direitos, até chegar à era dos direitos sociais. E, não sejamos tolos, o progresso não chegou ao fim, nem nunca chegará. E retroceder, nem pensar!

Progresso significa marcha para frente; avanço; movimento para a perfeição. Progressão social adjudica a melhoria do IDH da população, a vontade constante e perpétua de conseguir avanço intelectual, material e social das pessoas, enfim, melhor qualidade de vida.

A economia do Brasil ocupa as primeiras posições no mundo; porém, socialmente, o país rivaliza-se com nações que ainda vivem sob regime tribal ocupando em 2013, a 80ª posição de IDH. Daí o apelo cada vez mais forte deste princípio.

A grande mudança que a Constituição de 1988 implantou é que tudo está mudando. Esperava-se uma Carta Mágica, capaz de transformar tudo com o simples abrir do livro. Mas veio uma Carta de Valores, cuja característica é ir se revelando progressivamente.

Qual o maior dos desejos de todo ser humano que pensa dentro dos padrões sociais? É o de conseguir um trabalho digno, que lhe proveja a subsistência juntamente com sua família. E qual o maior medo de toda pessoa que trabalha? É o de perder o emprego. De fato, não há praga maior na vida de uma cidadã e de um cidadão. Aliás, ao perder o emprego, a primeira sensação é a de que lhe surrupiaram a cidadania, a dignidade, a saúde, a paz. Daí a fundamentalidade dos direitos sociais, cuja *porta de entrada é o trabalho*, cf. art. 193, da CF.

O texto promulgado em 5 de outubro de 1988, sob espasmódica euforia, embalou o sonho de todos e de cada um na redenção, na reparação das injustiças sociais, na correção das desigualdades e na reprovação dos preconceitos, cf. eloquente peroração do Presidente da Assembleia Nacional Constituinte, Ulisses Guimarães:

> Diferentemente das sete Constituições anteriores, começa com o homem. Geograficamente testemunha a primazia do homem, que foi escrita para o homem, que o homem é o seu fim e sua esperança, é a Constituição cidadã.

Esse é o novo paradigma da Constituição, o homem como seu valor mais alto. E, parodiando Voltaire[62], sendo a Constituição feita para um fim, deve cumprir necessariamente o melhor dos fins. Destarte, nunca se viu uma Constituição tomar posições tão ostensivas sobre as mais diversas questões humanas, como se quisesse resgatar todos de um processo histórico injusto de 500 anos, reparar todos os danos que o Estado teria causado aos cidadãos, devolver-lhes os direitos sovinados e solapados.

Nesse propósito, a novel Constituição elabora no seu Preâmbulo um catálogo de *valores supremos*; nos arts. 1º ao 4º, um bloco de princípios fundamentais; no art. 5º, uma declaração de direitos e garantias; e nos arts. 6º a 11, um rol de direitos sociais e trabalhistas. A remoção dos direitos e garantias fundamentais para o início do Documento Constitucional revela um giro axiológico no direito brasileiro, em que o homem assume posição sobranceira, fim último do Estado, tudo isso apoiado nos pilares da dignidade e da cidadania como valores básicos.

Na Constituição, a base dogmática do princípio da progressão são os arts. 3º ("Constituem objetivos da República Federativa do Brasil: II — garantir o desenvolvimento nacional; III — erradicar a pobreza e a marginalização e reduzir as desigualdades sociais e regionais; ..."), 7º, *caput* (melhoria da condição social do trabalhador); o art. 170, III, incorpora a regra da função social da propriedade.

No entanto, o mancal constitucional do **princípio da progressão social** é o Título VIII da Constituição, iniciando com o art. 193: "A ordem social tem por base o primado do trabalho e por objetivo o bem-estar e a justiça social." Segue-se o Capítulo da Seguridade Social, que compreende o Sistema Único de Saúde — SUS, a Previdência Social e a Assistência Social.

---

(62) VOLTAIRE, *Cândido*, 1: "Está demonstrado, dizia [Pangloss], que as coisas não podem ser de outra forma, pois tudo sendo feito para um fim, tudo é necessariamente feito para o melhor dos fins."

O SUS é um sistema unificado de saúde, que assegura a todos igualmente o direito a tratamento da saúde às expensas do Estado, independentemente de qualquer contribuição do beneficiário. Constitui o mais significativo programa de inclusão social, de democratização dos recursos públicos e tudo de bom.

A Previdência Social constitui um sistema de cobertura contributivo, que beneficia apenas os contribuintes e seus dependentes. Os benefícios da Previdência Social estão previstos na Lei n. 8.213/1991, que assegura aposentadorias, pensões, licenças, benefício acidentário, salário-família etc. aos contribuintes e dependentes da Previdência Social. A Lei Previdenciária protagonizou avanços, como o reconhecimento da união estável entre homem e mulher ou homoafetiva como entidade familiar.

Trabalho e previdência são irmãos siameses. A fonte principal de recursos da Previdência Social é o trabalho: do empregado, do empregador e de todos os trabalhadores autônomos, cf. art. 195, I, *a* e II, da CF. Destarte, a Previdência Social foi instituída em função do trabalho, por este é mantida e em razão deste existe.

A Assistência Social, prevista nos arts. 203 e 204, CF, regulamentada pela Lei de Organização da Assistência Social — LOAS, Lei n. 8.754/1993, é um sistema de cobertura independente de contribuição do beneficiário. Por esse programa, se aposentam todos os que não preenchem as condições para se aposentarem pela Previdência Social em cuja residência a média dos rendimentos não seja superior a ¼ do salário mínimo, amparando idosos e deficientes, além de dar suporte à família, à maternidade, à infância, à adolescência e à velhice, a programa de integração no mercado de trabalho, a habilitação e reabilitação das pessoas portadoras de deficiência e a promoção de sua integração à vida da comunidade. Os recursos provêm do orçamento da Seguridade Social, ou seja, dos trabalhadores e das empresas — cf. art. 195, CF.

2. AVANÇOS SOCIAIS NAS EMENDAS CONSTITUCIONAIS

Apesar das críticas e do discurso neoliberal, está havendo avanço social, tanto na legislação, como nos atos do Executivo e na jurisprudência. A Emenda Constitucional n. 14/1996 alterou o art. 211 da Constituição para instituir o FUNDEF — Fundo Nacional de Educação Fundamental, modificada pela EC n. 53/2006, substituindo o FUNDEF pelo FUNDEB — Fundo Nacional de Educação Básica. A primeira amplia o financiamento público do ensino fundamental; a segunda amplia o financiamento público para abranger também o ensino básico. A consequência imediata desse Fundo da Educação foi o incentivo aos Municípios para aumentarem o número de matrículas na rede municipal. Quanto mais matrícula, mais repasse federal. Também graças a isso, foi garantida a todos os professores municipais remuneração não inferior a um salário mínimo, corrigindo uma grande injustiça para com essa categoria que, na sua grande maioria, percebia apenas entre 20% a 50% do salário mínimo por mês.

A EC n. 26 acrescentou ao rol dos direitos sociais do art. 6º o *direito à moradia*, cuja consequência imediata foi abrir a possibilidade de destinação de verba para programas habitacionais nos orçamentos da União, dos Estados, Distrito Federal e Municípios para a população mais carente.

A EC n. 20/1998 — a 1ª Reforma Previdenciária — alterou o inciso XXXIII do art. 7º para majorar a maioridade relativa trabalhista de 14 para 16 anos. Essa alteração foi considerada positiva, visto que veio proporcionar condições para que os jovens se qualifiquem melhor antes de entrarem no mercado de trabalho.

A EC n. 45 abre várias frentes de atuação do poder público em prol da progressão social. A principal consiste na elevação ao *status* de Emenda Constitucional dos instrumentos internacionais ratificados por maioria de 3/5 de cada Casa do Congresso Nacional em dois turnos (§ 3º do art. 5º). E os direitos dos trabalhadores integram a pirâmide dos direitos humanos, em consequência, as Convenções Internacionais do Trabalho, ratificadas com o *quorum* citado, passam à condição de normas constitucionais; outra alteração de grande significado na política de inclusão social foi a transferência para a competência da Justiça do Trabalho das ações oriundas de todas as relações de trabalho (art. 114, I), haja vista os benefícios da simplicidade processual, a atuação especializada do Ministério Público do Trabalho e a prestação jurisdicional por uma Justiça Especial. Destarte, a Justiça do Trabalho ainda é o maior programa de distribuição de renda do país.

A EC n. 62/2009 mudou as regras do precatório. Alterou o art. 100 da CF, que já dava preferência ao pagamento dos créditos de natureza alimentícia, e ganhou outra preferência: o crédito da pessoa idosa ou portadora de doença grave.

Fundo de Combate e Erradicação da Pobreza — instituído pela EC n. 31/2000, acrescentou às Disposições Constitucionais Transitórias os arts. 79 a 83, destinando percentuais de vários tributos. Uma pesquisa divulgada no ano de 1997 acusou que o Brasil ainda tinha mais de 30 milhões de pessoas na pobreza extrema e passando fome. Em consequência, as lideranças políticas se mobilizaram e, sob o patrocínio do Senador Antônio Carlos Magalhães, aprovou essa Emenda Constitucional, "com o objetivo de viabilizar a todos os brasileiros o acesso a níveis dignos de subsistência, cujos recursos serão aplicados em ações suplementares de nutrição, habitação, educação, saúde, reforço e renda familiar e outros programas de relevante interesse social voltados para melhoria da qualidade de vida".

A Lei Complementar n. 111/2001 regulamenta essa EC e a Lei n. 10.689/2003 cria o Programa Nacional de Acesso à Alimentação — PNAA, mantido com o Fundo de Combate à Pobreza.

Bolsa-família — O Governo FHC, com esteio no Fundo de Combate à Pobreza, desenvolveu vários programas, como o Bolsa-escola, o Vale-gás e outros, unificados no Bolsa-família, pelo Governo Lula, que consiste na concessão de uma renda mínima às famílias desempregadas e sem renda, que possuam menores em idade escolar. O modelo fora tomado do Governo do Distrito Federal, instituído pelo então governador Cristóvão Buarque. Esse deve ser o maior programa social já instituído no Brasil, atendendo a milhões de famílias. No Nordeste, há Estados com 60% de sua população sob a tutela desse Programa. O lado negativo do programa é seu uso como moeda de troca por votos nas campanhas eleitorais. As famílias carentes são induzidas a acreditar que o benefício é uma benesse dos governantes que estão no Poder.

3. *AVANÇOS SOCIAIS NA LEGISLAÇÃO*

No piso infraconstitucional, a legislação afirmativa deste princípio é pródiga, manifesta nos diversos programas sociais, todos com implicações diretas ou transversais no trabalho, valendo pontuar algumas só a título de demonstração do avanço social:

Proteção do portador de deficiência — Lei n. 7.853/1989 e uma série de medidas e políticas públicas de inclusão social e de repressão à discriminação, cf. se exporá nos princípios de 2ª geração. Na aplicação e interpretação desta Lei, serão considerados os valores básicos da igualdade de tratamento e oportunidade, da justiça social, do respeito à dignidade da pessoa humana, do bem-estar, e outros indicados na Constituição.

Seguro-desemprego — Instituído pelo Decreto-Lei n. 2.284/1986 (Plano Cruzado), incorporado no inciso II do art. 7º da CF/1988, mas definitivamente regulamentado pela Lei n. 7.998/1990. Protege o trabalhador em situação de desemprego involuntário que não possua outra fonte de renda.

Os recursos provêm do FAT — Fundo de Amparo ao Trabalhador, regido pela Lei n. 8.352/1991). Tem direito o trabalhador demitido sem justa causa ou por despedida indireta que comprove: a) haver o interessado recebido salários consecutivos de pessoas jurídicas ou equiparadas no período de seis meses anteriores à dispensa; b) ter sido empregado de pessoa jurídica ou física equiparada àquela, durante, pelo menos, seis meses nos últimos 36 meses que antecederem a data da dispensa; c) não estar em gozo de benefício previdenciário de prestação continuada; d) não possuir renda própria; e) não haver aderido a PDV.

Não dura todo o período de desemprego nem paga o valor do salário que a pessoa recebia, garantido, contudo, o salário mínimo. Será assim: a) recebe três cotas se comprovar o vínculo empregatício de 6 a 11 meses no período de 36 meses; b) 4 cotas se trabalhou de 12 a 23 meses nos últimos 36 meses; c) 5 cotas se trabalhou acima de 24 meses nos últimos 36 meses. Detalhes na Resolução n. 467/2005 do CODEFAT.

Programa de Renda Mínima — A Lei n. 10.835/2003 institui o Programa de renda mínima do cidadão. E o art. 201, III, da Constituição, assegura proteção ao trabalhador em situação de desemprego involuntário.

FINSOCIAL/PIS/PASEP — O **PIS** — Programa de Integração Social — e o PASEP — Programa de Formação do Patrimônio do Servidor Público — foram instituídos, respectivamente, pelas Leis Complementares ns. 7 e 8, de 1970. Encontram-se fundidos em PIS/PASEP e regulamentados pela Lei n. 7.894/1989, a mesma lei que instituiu a contribuição FINSOCIAL, paga pelas empresas para custear programas sociais do governo. O sistema PIS/PASEP garante ao trabalhador cadastrado há cinco anos, que perceba até dois salários mínimos mensais, um abono anual equivalente a um salário mínimo (art. 239, § 3º, CF).

Bem de Família Social — Lei n. 8.009/1990. Diz esta Lei: "O imóvel residencial próprio do casal, ou da entidade familiar, é impenhorável e não responderá por qualquer tipo de dívida civil, comercial, fiscal, previdenciária ou de outra natureza, contraída pelos cônjuges ou pelos pais ou filhos que sejam seus proprietários e nele residam, salvo nas hipóteses previstas nesta Lei."

Incluem-se na impenhorabilidade as plantações, as benfeitorias de qualquer natureza e todos os equipamentos, inclusive os de uso profissional, ou móveis que guarnecem a casa, desde que quitados. No caso de imóvel locado, a impenhorabilidade aplica-se aos móveis quitados que guarnecem a residência e que sejam de propriedade do locatário. Diz-se relativa, porque a lei abre várias possibilidades de penhora, conforme abaixo se demonstra.

Quando o casal possuir vários imóveis como residência, a impenhorabilidade só recai sobre o de menor valor, salvo se outro tiver sido inscrito com esse fim no Registro de Imóveis.

Não se beneficiará aquele que, sabendo-se insolvente, adquire de má-fé imóvel mais valioso para transferir a residência familiar, desfazendo-se ou não da anterior.

A impenhorabilidade é oponível em qualquer processo de execução civil, fiscal, previdenciária, trabalhista ou de outra natureza, ressalvados os casos que enumera.

Adotamos há 20 anos o nome "Bem de Família Social" em contraposição ao Bem de Família previsto no art. 1.711 do Código Civil, dirigido às pessoas de posses. Atualmente, a doutrina já incorporou essa denominação.

FGTS — Fundo de Garantia do Tempo de Serviço — Instituído pela Lei n. 5.107/1966, incorporado à Constituição de 1967, como regime trabalhista opcional, apenas para o empregado urbano. A Constituição de 1988 tornou-o obrigatório para empregados urbanos e rurais. Rege-o pela Lei n. 8.036/1990. Toda empresa e equiparados são obrigados a depositar em conta vinculada do empregado 8% das verbas salariais deste, sem descontar. Mesmo na hipótese de contrato nulo, firmado com a Administração Pública sem concurso público (art. 37, § 2º, CF), é devido o depósito, conforme art. 19-A da Lei n. 8.036/1990.

O montante desses valores compõe o Sistema Financeiro da Habitação, que o Governo utiliza nos Programas de Moradia Popular e saneamento básico.

Constitui o principal instrumento concreto do Governo para dirigir a política econômica. Tão significativo é o Fundo que chega a quase 300 bilhões de reais. O saldo individual será utilizado pelo trabalhador em caso de perda involuntária do emprego, na aposentadoria, nas calamidades públicas e em caso de doença grave. Na morte do trabalhador, seu saldo é distribuído entre os herdeiros. Com esse programa, o Governo resolveu o problema da habitação, incrementou a indústria da construção civil, aquecendo a economia e flexibilizou as demissões. Na despedida sem justa causa, o empregado tem direito a sacar o total dos depósitos alusivos ao emprego que está perdendo, com juros e correção monetária, mais 40% desse total, que o empregador deposita no ato da demissão.

Paternidade Responsável — A Lei n. 8.560/1992, da Paternidade Responsável, trata da investigação de paternidade automática pelos poderes públicos, bastando a mãe declarar quem é o suposto pai e os órgãos oficiais afetos ao problema assumirão a investigação.

ECA — Estatuto da Criança e do Adolescente — Instituído pela Lei n. 8.069/1990, constitui um dos mais modernos instrumentos jurídicos de proteção da criança e do adolescente. Avançou mais com a edição da Lei n. 12.010/2009 para, dentre outras providências, facilitar as adoções, removendo barreiras que dificultavam a adoção por solteiros e casais homoafetivos.

Mãe e Pai Adotantes — A Lei n. 10.421/2002 estende à mãe adotante o direito da mãe biológica, no tocante à licença-maternidade, estabilidade e consectários. A Lei n. 12.010/2009, como dito acima, alterou o ECA, revogou o Capítulo do Código Civil atinente à adoção e revogou os §§ 1º a 3º da CLT, que reconheciam para a mãe adotante direito à licença-gestante apenas proporcional à idade do adotado. Com isso, a mãe (e equivalente) adotante de criança passou a ter direito igual à mãe natural.

Já tramita PL no Congresso Nacional para assegurar ao adotante homem solteiro licença de trinta dias. Em verdade, parece muito, mas não é. Com efeito, só quem cuida de criança sabe o quanto ela demanda e por quanto tempo é necessária a assistência pessoal dos pais, civis ou naturais.

Estatuto do Idoso — A Lei n. 10.741/2003 institui o Estatuto do Idoso e dedica os arts. 26 a 28 à profissionalização e ao trabalho do idoso, dispondo que: a) o idoso tem direito ao exercício de atividade profissional, respeitadas suas condições físicas, intelectuais e psíquicas; b) é vedada a discriminação do idoso para admissão a qualquer trabalho ou emprego, sendo proibidas a discriminação e a fixação de limite máximo de idade, inclusive para concurso público, salvo nos casos que a natureza do cargo o exigir; c) o primeiro critério de desempate em concurso público será pela idade, favorecendo-se o mais idoso; d) o Poder Público criará e estimulará programa de: profissionalização especializada para idoso; preparação dos trabalhadores para aposentadoria, com antecedência mínima de um ano; e estímulo às empresas privadas para admissão de idosos. A Lei n. 10.173/2001 prioriza os processos judiciais das pessoas maiores de 65 anos.

Combate ao Trabalho Escravo — a Lei n. 10.803/2003 que deu nova redação ao art. 149 do Código Penal, para tipificar o trabalho sob condições análogas às de escravo. Matéria tratada na Terceira Parte deste livro. Uma PEC já se finaliza no sentido de autorizar o Governo a confiscar a propriedade onde for constatado trabalho escravo.

Empregado Doméstico — A Lei n. 11.324/2006 concedeu ao patrão o direito de deduzir no cálculo do Imposto de Renda o valor da contribuição para a Previdência Social em relação ao empregado doméstico até o ano-calendário de 2012. Essa lei ampliou as férias do doméstico de 20 dias úteis para 30 dias, assegurou-lhe direito à folga nos feriados e concedeu a estabilidade da gestante. Uma Proposta de Emenda Constitucional já foi votada em 1º turno na Câmara dos Deputados (dia 21.11.2012) para equiparar os direitos dos empregados domésticos aos dos demais empregados.

Violência Doméstica — A Lei n. 11.340/2006, Maria da Penha, reprime a violência doméstica contra a mulher. Essa proteção implica manutenção do emprego da vítima, ainda que afastada por até seis meses, por medida de segurança.

Estagiário — A Lei n. 11.788/2008, que regulamenta a relação de estágio, assegura vários direitos aos estagiários, tornando mais digno o trabalho sob essa modalidade.

Licença-maternidade de Seis Meses — A Lei n. 11.770/2008 cria o Programa Empresa Cidadã, facultando às empresas o elastecimento da licença-maternidade para seis meses, às suas expensas, com direito à dedução no Imposto de Renda. O setor público da Administração direta e indireta já aderiu. No setor privado, aos poucos.

Experiência — A Lei n. 11.644/2008 acrescenta à CLT o art. 442-A, proibindo a exigência de tempo de experiência por tempo superior a seis meses para admissão. Com isso, minimiza a dificuldade de inserção dos jovens no mercado de trabalho.

Rural — A Lei n. 11.718/2008 regulamenta o trabalho rural de pequeno prazo, evitando a informalidade e aumentando a base de arrecadação das contribuições sociais, bem como aumentando a teia de proteção social dos rurícolas.

Igualdade Racial — A Lei n. 12.288/2010 institui o Estatuto da Igualdade Racial. Este Estatuto, muito rico, trata fastidiosamente a questão sobre todos os ângulos: social, econômico, trabalhista, político etc.

Repouso Semanal e em Feriados — A Lei n. 12.544/2011, que altera a Lei n. 605/1949, sobre o repouso semanal e em feriados, modifica e radicaliza o valor das multas pelo seu descumprimento, visando a tornar mais efetivo o direito ao descanso hebdomadário.

Aviso Prévio Proporcional — A Lei n. 12.506/2011 regulamentou o aviso prévio proporcional previsto no art. 7º, XXI, da Constituição. Com isso, o trabalhador tem direito a 30 dias de aviso prévio até um ano de empresa, mais três dias por ano, totalizando no máximo 90 dias. Dessa forma, o princípio da continuidade do emprego se torna mais efetivo, em face do aumento do obstáculo às despedidas imotivadas.

Teletrabalho — A Lei n. 12.551/2011 altera o art. 6º da CLT, para reconhecer a relação de emprego no trabalho a distância. Com efeito, a tecnologia da informação encurta espaços e dá ao homem o poder da ubiquidade. Assim, inúmeras tarefas podem ser executadas em qualquer lugar, não sendo necessária a presença física do empregado no estabelecimento do empregador.

PRONATEC — A Lei n. 11.692/2008 instituiu o Programa Nacional de Inclusão de Jovens — Projovem, substituído pelo PRONATEC — Programa Nacional de Acesso ao Ensino Técnico e Emprego, de mais largo alcance social, criado pela Lei n. 12.513/2011.

Medidas Socioeducativas — O art. 80 da Lei n. 12.594/2012, que institui o SINASE, acrescenta o § 2º ao art. 429 da CLT, para incluir nos programas de aprendizagem o jovem sob medidas socioeducativas. Essa Lei altera também o ECA e todo o sistema de aprendizagem.

Motorista — A Lei n. 12.619/2012 dispõe sobre a profissão de motorista, representando grande avanço social, pois fixa a jornada e estabelece os direitos e deveres dessa categoria que trabalhava à mercê da demanda das empresas, quase sem limite de jornada e sem a proteção inerente à profissão.

Justiça do Trabalho — Várias leis alteraram a composição dos Tribunais Regionais do Trabalho e criaram Varas do Trabalho em todos os Estados brasileiros, aumentando, com isso, o acesso dos trabalhadores à Justiça do Trabalho.

Cooperativas de Trabalho, Lei n. 12.690/2012 — Dispõe sobre a organização e o funcionamento das Cooperativas de Trabalho; institui o Programa Nacional de Fomento às Cooperativas de Trabalho — PRONACOOP; e revoga o parágrafo único do art. 442 da CLT. Esse novo corpo legal veio para inviabilizar as falsas cooperativas que, a pretexto do permissivo celetista revogado, eram forjadas com o objetivo de tangenciar os contratos de emprego.

Cotas para Ingresso nas Universidades Públicas — A Lei n. 12.711/2012 instituiu a reserva de até 50% das vagas nas universidades federais para os estudantes pretos, pardos, indígenas ou que cursaram todo o ensino médio na escola pública.

4. PROGRESSÃO SOCIAL NA JURISPRUDÊNCIA

Nos ares da Constituição Cidadã, a Justiça assume papel proativo no sentido de garantir a realização do programa constitucional no interesse da sociedade. Nesse compasso, a Justiça se liberta da estreita clausura das questões só de varejo e passa a atuar, também, no atacado. A Justiça rasga o véu da neutralidade, da indiferença para com os problemas sociais e passa a atuar como verdadeiro Poder republicano, comprometida com as causas sociais.

O STF já pacificou que a gestação tem proteção constitucional incondicional. Assim, a mulher trabalhadora tem direito à estabilidade-gestante em todas as formas de relação de trabalho, público ou privado, contratual ou sob regime administrativo, efetivo ou em comissão, e até nos contratos precários. A propósito, o TST editou em 2012 a Súmula n. 244 para reconhecer essa estabilidade até nos contratos por tempo certo.

Na sua atuação coletiva, as Ações Civis públicas vêm sendo prodigamente utilizadas pelo Ministério Público do Trabalho e pelos sindicatos, valendo destacar algumas ementas que, por sua eloquência, retratam a posição dos tribunais:

a) combate às falsas cooperativas e às contratações fraudulentas por intermédio de cooperativas, muitas das quais utilizadas por alguns gestores públicos para tangenciarem a regra do concurso público:

PRESTAÇÃO DE SERVIÇOS POR COOPERATIVA — AUSÊNCIA DOS PRINCÍPIOS DO COOPERATIVISMO — ATIVIDADE-FIM — FRAUDE TRABALHISTA. Não obstante o parágrafo único do art. 442 da CLT introduzir hipótese de inviabilidade jurídica de vínculo empregatício no contexto de uma relação de prestação de trabalho, por meio das cooperativas de mão de obra, evidenciada a desarmonia da cooperativa reclamada aos dois princípios indissociáveis e obrigatórios do cooperativismo — não se ajustando, pois, à previsão normativa (tipo-legal) das Leis ns. 5.764/70 e 8.949/94, e verificado que a recorrente desempenhava na empresa atribuições relacionadas à sua atividade-fim, em desacordo ao Enunciado n. 331 do TST, não há como deixar de reconhecer conduta ilegal da empresa recorrida ao querer contratar prestadores de serviços para suas atividades-fim, caracterizando uma manifesta terceirização fraudulenta. Mesmo formalizado o contrato de prestação de serviços (fls. 192/193), a avença é considerada inválida ante a reprimenda do art. 9º da CLT, incisiva ao declarar nulos de pleno direito os atos praticados com o fito de desvirtuar, impedir ou fraudar a aplicação dos preceitos protetivos da legislação trabalhista. (RO 00597-2003-001-22-00-0, Rel. Des. Arnaldo Boson Paes. TRT da 22ª Região, Tribunal Pleno, DJT 19.5.2005, p. 03/04.)

b) proteção contra a terceirização abusiva:

Súmula n. 331 do TST:

CONTRATO DE PRESTAÇÃO DE SERVIÇOS. LEGALIDADE (nova redação do item IV e inseridos os itens V e VI à redação) — Res. 174/2011:

I — A contratação de trabalhadores por empresas interpostas é ilegal, formando-se o vínculo diretamente com o tomador dos serviços, salvo no caso de trabalho temporário (Lei n. 6.019, de 3.1.1974);

II — A contratação irregular de trabalhador, mediante empresa interposta, não gera vínculo de emprego com os órgãos da Administração Pública direta, indireta ou fundacional (art. 37, II, CF/1988).

III — Não forma vínculo de emprego com o tomador a contratação dos serviços de vigilância (Lei n. 7.102, de 20.06.1982) e de conservação e limpeza, bem como a de serviços especializados ligados à atividade-meio do tomador, desde que inexistentes a impessoalidade e a subordinação direta.

IV — O inadimplemento das obrigações trabalhistas, por parte do empregador, implica a responsabilidade subsidiária do tomador dos serviços quanto àquelas obrigações, desde que haja participado da relação processual e conste também do título executivo judicial.

V — Os entes da Administração Pública direta e indireta respondem subsidiariamente, nas mesmas condições do item IV, caso evidenciada a sua conduta culposa no cumprimento das obrigações da Lei n. 8.666, de 21.6.1993, especialmente na fiscalização do cumprimento das obrigações contratuais legais da prestadora do serviço como empregadora. A aludida responsabilidade não decorre de mero inadimplemento das obrigações trabalhistas assumidas pela empresa regularmente contratada.

VI — A responsabilidade subsidiária do tomador de serviços abrange todas as verbas decorrentes da condenação referentes ao período da prestação laboral.

c) ao trabalho infantil— proteção da criança e do adolescente, adoção etc.:

REMESSA *EX OFFICIO* E RECURSO ORDINÁRIO. AÇÃO CIVIL PÚBLICA. DEFESA DE INTERESSES DIFUSOS E COLETIVOS. LEGITIMIDADE DO MINISTÉRIO PÚBLICO DO TRABALHO.

Decorre dos arts. 127 e 129 da Constituição da República e do art. 83, V, da Lei Complementar n. 75/1993 a legitimidade do Ministério Público do Trabalho para propor ação civil pública em defesa de interesses difusos e coletivos, tais como o direito à dignidade humana de crianças e adolescentes que exercem atividade laborativa junto ao aterro sanitário municipal, em condições insalubres e degradantes.

TRABALHO INFANTIL. ERRADICAÇÃO. ATERRO SANITÁRIO DE TERESINA. PROPRIEDADE DO MUNICÍPIO. RESPONSABILIDADE QUANTO AO ACESSO DE CRIANÇAS E ADOLESCENTES. OBRIGAÇÃO DE FAZER. MULTA PELO DESCUMPRIMENTO. FITO PEDAGÓGICO. PERTINÊNCIA.

É certo que a erradicação do trabalho do menor envolve diversos fatores, dentre eles a conscientização social, cujo alcance exige um processo longo e demorado. Contudo, na hipótese dos autos, o que se está exigindo do Município de Teresina é a erradicação do trabalho de menores apenas no aterro sanitário, cuja propriedade lhe pertence, sendo, portanto, de sua responsabilidade impedir o acesso de menores àquele local. Bastaria que o Município de Teresina dotasse o aterro sanitário de muros altos e intransponíveis, além de vigilantes permanentes e em número suficiente para evitar o acesso das crianças e adolescentes àquele local, que, dadas as condições insalubres, acarreta danos à saúde daqueles menores, além de ofender a própria dignidade humana, direito fundamental do ser humano e objetivo fundamental da República Federativa do Brasil (CF, art. 1º). (RXOFRO 00980-2005-002-22-00-6, Rel. Des. Fausto Lustosa Neto, TRT Da 22ª Região, Tribunal Pleno, DJT 12.6.2007 p. 26.)

****

APELAÇÃO CÍVEL. **ADOÇÃO**. CASAL FORMADO POR DUAS PESSOAS DE MESMO SEXO. POSSIBILIDADE. Reconhecida como entidade familiar, merecedora da proteção estatal, a união formada por pessoas do mesmo sexo, com características de duração, publicidade, continuidade e intenção de constituir família, decorrência inafastável é a possibilidade de que seus componentes possam adotar. Os estudos especializados não apontam qualquer inconveniente em que crianças sejam adotadas por casais **homossexuais**, mais importando a qualidade do vínculo e do afeto que permeia o meio familiar em que serão inseridas e que as liga aos seus cuidadores. É hora de abandonar de vez preconceitos e atitudes hipócritas desprovidas de base científica, adotando-se uma postura de firme defesa da absoluta prioridade que constitucionalmente é assegurada aos direitos das crianças e dos adolescentes (art. 227 da Constituição Federal). Caso em que o laudo especializado comprova o saudável vínculo existente entre as crianças e as adotantes. NEGARAM PROVIMENTO. UNÂNIME. (SEGREDO DE JUSTIÇA) (Apelação Cível n. 70013801592, Sétima Câmara Cível, Tribunal de Justiça do RS, Relator: Luiz Felipe Brasil Santos, Julgado em 5.4.2006.)

d) defesa da dignidade da pessoa humana:

AGRAVO REGIMENTAL EM PRECATÓRIO — CREDORAS PORTADORAS DE GRAVE ENFERMIDADE — DIREITO À PRECEDÊNCIA NO PAGAMENTO DO CRÉDITO. Não obstante o rigoroso procedimento para liberação dos créditos de responsabilidade das pessoas jurídicas de direito público, erige do texto constitucional como um dos pilares da República a dignidade da pessoa humana, refletida, no âmbito de proteção dos direitos individuais, no direito à vida e à saúde. Nessa vertente, a solução da controvérsia perpassa pelo equacionamento dos direitos em confronto, ressaltando que a simples aplicação dos dispositivos constitucionais que regulamentam o procedimento do precatório requisitório enseja verdadeira injustiça por desprezar direitos constitucionais de relevância inquestionável, sem a qual o resultado do processo é inócuo, garantindo um acesso à justiça meramente formal. Ante a gravidade do estado de saúde das agravantes, a morosidade do processo se converte em ameaça à própria vida, o que justifica a mitigação do rigor do critério exclusivamente cronológico da ordem dos precatórios para assegurar a precedência no pagamento do crédito, aplicando-se o critério da proporcionalidade. Agravo provido. (AG 00128-2004-000-22-00-5, Rel. Des. Arnaldo Boson Paes , TRT Da 22ª Região, Tribunal Pleno, julgado em 29.3.2005, DJT 13.4.2005, p. 02.)

INDENIZAÇÃO POR DANOS MORAIS. **REVISTA ÍNTIMA DE EMPREGADO.** EXCESSO NO USO DOS PODERES DE DIREÇÃO E FISCALIZAÇÃO AFETOS AO EMPREGADOR. VIOLAÇÃO À HONRA E À INTIMIDADE DO RECORRIDO. PRESERVAÇÃO DA DIGNIDADE DA PESSOA HUMANA. Configurados os elementos necessários para a concessão, quais sejam: o ato ilícito, o dano efetivo a terceiro e o nexo de causalidade entre ambos, é devida a indenização por danos morais. O bem jurídico que se pretende indenizar é a dignidade da pessoa humana. Constituição Federal, arts. 5º, V e X; Código Civil, arts. 186, 187 e 927. (RO 01675-2007-004-22--00-6, Rel. Des. Enedina Maria Gomes dos Santos, TRT Da 22ª Região, 1ª Turma, DJT 12.5.2008, p. 09.)

E, assim, o progresso se verifica em todos os quadrantes. Como se vê, o discurso neoliberal vai para um lado enquanto a legislação e a jurisprudência vão para o outro. Esse princípio, portanto, fixa a primeira diretriz interpretativa do direito dos trabalhadores hipossuficientes.

CAPÍTULO III
Princípio da Proteção

1. ALCANCE PRÁTICO DO PRINCÍPIO

Peá Rodriguez[63] decompõe este princípio em três partes: a) *in dubio pro operario;* b) aplicação da norma mais favorável; c) regra da condição mais benéfica. No entanto, preferimos tratar o princípio tutelar como geral e os outros três como princípios de concreção daquele.

Como um manto protetor contra a intempérie da desigualdade social, este princípio deve orientar o aplicador da norma trabalhista em todos os momentos processuais, inspirando-o tanto na apreciação material do Direito como na apreciação instrumental.

O princípio protetor funciona como um moderno instrumento de política de inclusão social, de correção de desigualdades. Diz-se em favor do trabalhador porque este é que forma a grande massa dos desvalidos do país e porque a septuagenária CLT foi o primeiro instrumento jurídico que, sem rodeios nem eufemismos, rompeu com a igualdade meramente formal.

Do Direito do Trabalho, esse princípio vem avançando para todas as situações de desigualdade, funcionando como um princípio compensador, ou de discriminação positiva, em favor dos hipossuficientes. Exemplo bem claro decorre do Estatuto da Igualdade Racial, Lei n. 12.288/2010, que institui uma série de proteção especial ao negro; outra verifica-se no Código de Defesa do Consumidor, cujo art. 6º lista os direitos do consumidor e o art. 8º emprega o termo "Da Proteção à saúde e segurança", invertendo o ônus da prova em favor do consumidor. Seguindo a mesma política, tem-se o Estatuto da Criança e do Adolescente, o Estatuto do Idoso, a proteção do deficiente, a cota racial e social do aluno negro ou egresso da escola pública para ingresso nas universidades públicas.

---

(63) *Princípios do Direito do Trabalho*, p. 23.

No Direito Material do Trabalho, como veremos, a sua manifestação é expressa e inconfundível. No processual, é que encontra opositores. Engano destes! O legislador recheou o processo do trabalho de particularidades qualificáveis como protetoras do hipossuficiente, merecendo destaque:

a) permite o acesso direto do trabalhador à Justiça;

b) sua representação por colega de profissão ou sindicato — arts. 791, § 1º e 843, § 2º da CLT;

c) assistência, representação e substituição processual pelo sindicato da categoria (arts. 8º, III, CF; 513, 195, 791, 843, 872, CLT; Leis ns. 6.708/1979, 7.328/1984, 5.584/1970, 7.788/1989, 8.036/1990, 8.213/1991, 8.073/1990);

d) concessão *ex officio* do benefício da Justiça Gratuita pelo juiz a quem ganha até dois salários mínimos ou esteja desempregado (art. 790, § 3º, CLT);

e) gratuidade processual como regra;

f) simplicidade processual (petição inicial segundo o art. 840 da CLT e não art. 282 do CPC), com reclamação a termo e defesa pessoal e oral em audiência;

g) possibilidade de emenda e adição à petição inicial em audiência;

h) prova testemunhal com valor absoluto, sem teto de valor da causa;

i) irrecorribilidade nos processos de alçada (Lei n. 5.584/1970);

j) possibilidade de reclamação individual plúrima;

k) obrigatoriedade de novo depósito (até o valor total da dívida) pelo empregador a cada novo recurso (Lei n. 8.542/1992 e Súmula n. 128 do TST);

l) irrecorribilidade das decisões interlocutórias (art. 799, § 2º, CLT);

m) recursos com efeito meramente devolutivo (art. 899, CLT);

n) agravo de petição fracionado, mantendo-se o curso da execução quanto à parte não impugnada (Lei n. 8.432/1992);

o) liberdade dos Juízes e Tribunais na direção do processo (art. 765, CLT);

p) perito único (Lei n. 5.584/1970);

q) emprego da Lei dos Executivos Fiscais na execução, donde a possibilidade de o juiz escolher a melhor norma para concretizar a execução em favor do trabalhador.

Essas regras emergentes de normas legais expressas erigem-se como postulados específicos do direito instrumental obreiro. E, como tal, segundo o art. 769 consolidado, não podem ser postergados pela aplicação subsidiária de normas do processo civil.

Comungamos com o Ministro Orlando Teixeira da Costa[64], segundo o qual a aplicação mecânica do CPC, sem a observância dos postulados acima revelados, causou efeito de um abalo sísmico no processo trabalhista, emperrando-o.

---

(64) "Justiça e Paz", discurso de posse na Presidência do TST, 3.2.1993.

2. O PRINCÍPIO TUTELAR NA LEI

No nosso sistema positivo, encontra-se esse princípio a partir da Constituição de 1988 (arts. 6º a 11). A CLT é quase puramente composta de leis de proteção ao trabalhador. Assim, encontramos logo no art. 5º: "A todo trabalho de igual valor corresponderá salário igual, sem distinção de sexo." E no art. 9º: "Serão nulos de pleno direito os atos praticados com o objetivo de desvirtuar, impedir ou fraudar a aplicação dos preceitos contidos na presente Consolidação." Esse art. 9º é invocado a todo instante, quando o empregador vem defender-se exibindo contrato de trabalho assinado pelo empregado, com cláusulas leoninas; não raro, o patrão exibe quitações gerais, com dizeres "declaro que recebi todos os meus direitos trabalhistas e nada tenho a reclamar, no presente ou no futuro".

O Título II da CLT tem a seguinte denominação: "Das Normas Gerais de Tutela do Trabalho." Neste título, se regulam as anotações da Carteira de Trabalho e Previdência Social, duração do trabalho (jornada de trabalho, períodos de descanso, trabalho noturno), salário mínimo, férias, medicina e segurança do trabalho.

O Título III denomina-se: "Das Normas Especiais de tutela do Trabalho." Aqui, traça normas especiais relativas a cada profissão, à racionalização do trabalho, à "Proteção do Trabalho da Mulher" (duração e condições do trabalho, trabalho noturno, períodos de descanso, métodos e locais de trabalho, proteção à maternidade), à "Proteção do Trabalho do Menor".

Isto só para mostrar o emprego na própria lei dos vocábulos proteção e tutela, bem como a adoção expressa do princípio protetor.

Como se vê, a legislação consolidada se preocupa com todos os pontos da proteção devida ao trabalhador, desde os aspectos formais relativos a anotações e registros nos assentamentos próprios, à constituição biológica, aos aspectos físicos e químicos das instalações, aos equipamentos de proteção individual; a mulher e o menor merecem capítulo próprio; proteção ao salário (em caso algum será permitido o pagamento com bebidas alcoólicas ou drogas nocivas — art. 458); condiciona a alteração do contrato de trabalho à não ocorrência de prejuízo ao trabalhador, direta ou indiretamente; os contratos com mais de um ano só podem ser rescindidos mediante assistência do órgão competente. Por isso, Perez Botija[65] diz que toda a legislação do trabalho descansa no princípio protetor.

Revela-se ainda no Direito brasileiro, como corolário do princípio tutelar, a irretroatividade das nulidades contratuais, desde que lícito o objeto de prestação do serviço, surtindo a anulação os mesmos efeitos de uma dispensa imotivada, em face do caráter realidade da relação de trabalho, que não cede à pactuação contratual. Assim, se o trabalhador cumprir jornada de 15 horas por dia, embora constitucionalmente vedada, impõe-se a remuneração correspondente; da mesma

---

(65) BOTIJA, Perez. *Derecho del Trabajo*, p. 87.

forma, é proibido o trabalho do menor de 16 anos, salvo como aprendiz a partir dos 14, o que não obstaculiza o pagamento e as indenizações ao menor que houver trabalhado.

3. FUNDAMENTOS LEGAIS E DE FATO DO PRINCÍPIO PROTETOR

O fundamento desse princípio decorre do art. 5º, *caput*, da CF, segundo o qual todos são iguais perante a lei. Como a desigualdade econômica é um fato, dar tratamento isonômico às partes significa tratar igualmente os iguais e desigualmente os desiguais, na exata medida de suas desigualdades.

Enfim, a Constituição preceitua a igualdade efetiva, de fato, e não somente a igualdade jurídica. E aqui se assenta o fundamento básico do princípio tutelar. Peá Rodriguez leciona que o fundamento desse princípio está ligado à própria razão de ser do Direito do Trabalho, posto que este responde fundamentalmente ao propósito de nivelar desigualdades. E traz-nos o pensamento de Couture: o procedimento lógico de corrigir as desigualdades é o de criar outras desigualdades. Apesar de parecer uma intervenção do Estado na propriedade, em verdade, destina-se a implementar a função social da empresa e da propriedade (art. 170, III, CF/1988).

Este princípio consiste em orientar o intérprete das normas de proteção tendo em vista esse fim. De resto, se a lei tem esse desiderato, o intérprete, seguindo a *ratio legis,* deve velejar no mesmo sentido. Essa mira deve fazer-se presente em todos os momentos da interpretação do Direito do Trabalho e do Processo do Trabalho: lei por lei, título por título, capítulo por capítulo, seção por seção, artigo por artigo, inciso por inciso, alínea por alínea, oração por oração, palavra por palavra, letra por letra, ponto por ponto.

O princípio protetor não é privilégio do trabalhador, já tendo se esticado para o consumidor (Lei n. 8.078/1990), o idoso (Lei n. 10.741/2003), o deficiente (Lei n. 7.853/1989), o adolescente (Lei n. 8.069/1990) e Estatuto da Igualdade Racial (Lei n. 12.288/2010) e outras relações de desigualdade.

Fundamenta-se este princípio na necessidade de proteger o elo fraco da relação contratual. Logo, se o escopo da norma é proteger o trabalhador hipossuficiente, o aplicador está jungido a essa finalidade, conforme elucidativo acórdão do TRT da 1ª Região:

> Se o legislador se propôs a estabelecer, por meio da lei, um sistema de proteção ao trabalhador, o intérprete desse direito deve colocar-se na mesma orientação. (RO 18226195, Rel. Juíza Amália Valadão Lopes, 2ª T. DOERJ, Parte III, Seção II, de 15.1.1998).

Como sói acontecer no campo das ideias, há pontos de vista contrários a este princípio, embora sob argumentos amarelecidos pelo tempo e corroídos pela erosão das mudanças sociais.

O argumento principal dos opositores pode-se resumir da seguinte forma: dentro do sistema econômico capitalista, a empresa constitui a unidade de produção por excelência, portanto, a célula da economia, merecendo, por isso, o máximo de proteção do Estado; decidindo-se, na dúvida, contra o patrão, estar-se-á julgando contra os fundamentos do regime econômico-político, contra a vontade do Estado, contra a lei; o intérprete deve ter sempre em vista a conservação da vida empresarial.

Tal argumento procede até certo ponto, isto é, como exceção ao princípio tutelar, mas nunca como regra. Divergem do princípio da proteção ao trabalhador, por exemplo, J. Pinto Antunes e Alípio Silveira. Délio Maranhão também entende que é ingenuidade invocar os princípios de Direito do Trabalho na interpretação. Todos, porém, lastreados em ultrapassada ordem político-jurídica.

Justificação de fato — ubi aedaem ratio, ibi idem jus statuendum. Com efeito, os fatos denunciam a persistência da concentração de riqueza, de poder e de privilégios, males que persistem como uma chaga aberta, sem sinais de cura. A desigualdade social é incontroversa, e o trabalhador é que engrossa a massa dos credores sociais: os mais pobres, os mais doentes, os menos escolarizados, os menos privilegiados, os sem-teto, os sem-terra. Logo, onde persistir a razão, deve existir o direito.

4. O PRINCÍPIO PROTETOR E A SEGURANÇA

O emprego do princípio protetor requer conhecimento da história passada, do momento corrente e das perspectivas sociais, para que assim se proceda com prudência e não comprometa a segurança jurídica. Aliás, agindo-se nos limites do princípio, não há risco de comprometer o fator segurança. Pelo contrário, a transgressão daquele é que compromete esta, haja vista implicar em denegação de justiça.

Não é possível que os juízes se limitem a ler as palavras que fazem cada dispositivo legal esperando sempre que o legislador venha em socorro completando o que a Justiça se nega a fazer, embora tenha autorização implícita! O legislador não tem condição de minuciar tudo a ponto de nada faltar. Ele delineia a solução e o aplicador da norma a completa, retirando da própria lei o que a ela parece faltar. Temos exemplo desse fenômeno em que os juízes esperam sempre que o legislador diga expressamente. Assim ocorreu o caso do aviso prévio nas despedidas indiretas. Já é tempo de o Judiciário assumir sua verdadeira função de distribuidor de justiça e não de leitor de lei.

CAPÍTULO IV
Princípio da Equidade

1. SEDE TRABALHISTA DA EQUIDADE

O julgamento por equidade está expressamente autorizado no art. 8º da CLT. Aqui, há que se entender a equidade no seu sentido mais amplo, como meio de colmatação da lacuna da lei, fonte da norma e recurso hermenêutico.

A Lei de Introdução às Normas do Direito Brasileiro não inclui a equidade como fonte formal secundária do direito. O art. 127 do Código de Processo Civil é incisivo em ditar que o juiz só decidirá por equidade nos casos expressos em lei. Mas a CLT é mais inovadora, autorizando expressamente o julgamento por equidade. O Código de Defesa do Consumidor também adotou a equidade como fonte formal secundária.

O art. 852-I, § 1º, da CLT, sacramenta o emprego prático da equidade, ao enunciar que *"o juiz adotará em cada caso a decisão que reputar mais justa e equânime, atendendo aos fins sociais da lei e as exigências do bem comum"*.

2. CONCEITO DE EQUIDADE

O conceito de *equidade* envolve considerações tão amplas como o próprio conhecimento das ciências humanas. Pode ser considerado sob enfoques vários. Porém, em todas as investigações, obtém-se a ideia da igualdade, do equalizador, do justo.

Comparando-se a justiça formal com uma superfície plana e a justiça real com uma superfície acidentada, a primeira mede-se com uma régua indobrável — é a justiça geral, a do Estado — e a segunda, com uma régua flexível igual a uma corda — é a equidade, a justiça do caso particular, a justiça do juiz.

Aristóteles forneceu-nos uma compreensão inconfundível da equidade: "A mitigação da lei escrita por circunstâncias que ocorrem em relação às pessoas, às coisas, ao lugar ou aos tempos"; em outra passagem, diz que "o equitativo e o justo são a mesma coisa; e sendo ambos bons, a única diferença que existe entre eles é que o equitativo é melhor ainda. A dificuldade está em que o equitativo, sendo justo, não é o justo legal, mas uma ditosa retificação da justiça rigorosamente legal. A característica do equitativo consiste precisamente em restabelecer a lei nos pontos em que se enganou, em virtude da fórmula geral de que se serviu"[66].

Posteriormente, os romanos viram na equidade um abrandamento da justiça pela misericórdia. Chegou a confundir-se com caridade, a bondade cordial. Batalha diz que foi a responsável pelo desenvolvimento jurídico do Direito Romano, "apagando o rigorismo do direito escrito, através do Direito Pretoriano ou honorário, que supria e corrigia as estreitezas do Direito Civil"[67].

Santo Agostinho elucida que a justiça é a equidade e esta implica certa igualdade. Santo Tomaz define a equidade como *corretivo do direito escrito*. Cujacius ensina que o papel da equidade é suprir e corrigir a lei, mas nunca suprimi-la. O ensinamento de Cujacius continua atual.

Modernamente, a equidade é definida como a justiça do caso particular, segundo Radbruch[68], Puchta, Legaz & Lacambra, Dabin e tantos outros. No momento em que a equidade se transforma em critério de preceito jurídico geral para além dos casos individuais, deixa de ser equidade e converte-se em justiça, leciona Radbruch.

Pacchioni tentou reduzir a equidade a três exigências fundamentais, como propriedade ou qualidade inerente a toda norma de direito:

a) que as coisas e as relações iguais sejam igualmente tratadas, e que não sejam assim tratadas as coisas e as relações desiguais e diversas;

b) que, no julgar acerca de cada relação singular, se tenham em conta escrupulosamente todas as suas particularidades;

c) que entre várias soluções possíveis logicamente, sempre se dê, *in concreto*, a preferência àquela que se revele mais branda e humana[69].

3. RELAÇÃO DA EQUIDADE COM A JUSTIÇA

Tomás de Aquino define a justiça como a vontade constante e perpétua de atribuir a cada um o que é seu. A ideia de equidade associa-se com a de justiça. Aristóteles dizia que as leis são formais, abstratas, esquemáticas: "A justa aplicação delas exige uma adaptação, e esta adaptação é indicada pela equidade, a qual pode

---

(66) ARISTÓTELES. *Ética a Nicômaco*. L.V. Capítulo X, ns. 4 e 6.
(67) BATALHA, Wilson de Souza Campos. *Lei de Introdução ao Código Civil*, p. 366.
(68) RADBRUCH, Gustav. *Filosofia do Direito*, p. 91.
(69) Citado por Eduardo Espínola e Eduardo Espínola Filho (*op. cit.*, p. 440, vol. IV) e por Wilson de Souza Campos Batalha (*op. cit.*, p. 69, vol. 11).

manifestar-se mesmo nas situações ainda não disciplinadas pelo legislador e sugerir normas jurídicas."[70]

Todo direito deve ser equitativo para ser justo; todo direito justo é equitativo — diz Radbruch. Miraglia ensina que "fora da equidade há somente o rigor do Direito, o Direito duro, excessivo, maldoso, a fórmula estreitíssima, a mais alta cruz. A equidade é o Direito benigno, moderado, a justiça natural, a razão humana (isto é, inclinada à benevolência)"[71].

A justiça está intimamente relacionada com o direito natural, direito fundado na natureza humana, a qual atua como autoridade legiferante: Quem observa os seus preceitos, atua justamente[72], registra Kelsen.

Ainda Kelsen ensina que a justiça se distingue do direito porque a norma de justiça indica como deve ser elaborado o direito quanto ao seu conteúdo, ou seja, como deve ser elaborado um sistema de normas de conduta. O direito positivo é pressuposto de uma ideia de justiça anterior e atual, motivo por que deve servi-la. Nessa circunstância, atua a equidade como princípio maior de justiça, porque a traz individualizada a cada pessoa que dela necessita. Del Vecchio averba que a equidade intervém para diminuir a distância entre a norma geral abstrata e sua atuação concreta. Abastece-se nos princípios gerais de direito e constrói a norma pedida pela própria natureza das coisas.

A ideia de justiça não pode ser entendida de maneira absoluta, mas sim relativa, de acordo com cada povo, em determinada época. Aos ocidentais não parece injusto comer carne bovina, mas aos indianos constitui grave ofensa; aos povos árabes, parece-lhes justa a poligenia; a escravidão em algum tempo terá sido considerada justa.

De Plácido e Silva elucida que a equidade acompanha a lei, e jamais pode ir contra ela. Mais correto, porém, seria dizer que a equidade acompanha o direito e não pode ir contra ele.

4. ESPÉCIES DE EQUIDADE

Pelo que se expôs até aqui, deu para perceber que a equidade funciona, ora como critério interpretativo, ora como fonte na integração da norma. Diz Maximiliano que a equidade desempenha "duplo papel de suprir as lacunas dos repositórios de normas, e auxiliar a obter o sentido e alcance das disposições legais. Serve, portanto, à Hermenêutica e à Aplicação do Direito"[73].

---

(70) DEL VECCHIO, Giorgio. *Filosofia do Direito*, p. 57.
(71) Citado por Maximiliano, *Hermenêutica e Aplicação do Direito*, p. 172.
(72) KELSEN, Hans. *A Justiça e o Direito Natural*, p. 94.
(73) MAXIMILIANO, Carlos, *op. cit.*, p. 172.

Como recurso interpretativo, a equidade se faz presente em todo momento do direito, funcionando como a substância vivificadora, atualizadora, adaptadora, purificadora, humanizadora, mitigando o rigor excessivo da norma geral, revelando a verdadeira justiça segundo a consciência da comunidade. A propósito, Del Vecchio leciona que a equidade e as ideias de lei natural atuam como fatores de progresso no campo do Direito[74]. Aqui, o emprego da equidade pode estar ou não autorizado expressamente por lei.

Em raros casos a lei prescreve que o juiz pode decidir por equidade. Porém, encontram-se por todo o sistema positivo pontos em aberto ao arbítrio da autoridade, como, por exemplo, quando a lei confia ao juiz decidir quanto à guarda dos filhos do casal em litígio, quanto ao montante da multa por infrações penais, quanto à comutação de pena de prisão em pagamento de multa, quanto a considerações sobre a vida pregressa do réu para fixar a pena entre a mínima e a máxima prevista em lei, quanto à fixação do percentual de honorários advocatícios, quanto à conversão da reintegração de empregado estável em indenização dobrada, quanto à remissão de crédito tributário (art. 172, IV, CTN) etc.

A equidade como fonte de direito não tem muita acolhida no sistema positivo nacional. Assim é que não figura na LINDB. A Constituição Brasileira de 1934 prescrevia que na ausência da lei o juiz decidiria por analogia, pelos princípios gerais de direito ou por equidade. Essa regra foi incorporada ao Código de Progresso Civil revogado de 1938. O CPC de 1973 determina em seu art. 127 que "o juiz só julgará por equidade nos casos previstos em lei". Contudo, o Código Tributário Nacional determina que na falta de disposição expressa, para aplicação da legislação tributária, a autoridade utilizará, pela ordem, a analogia, os princípios gerais de Direito Tributário, os princípios gerais de direito público, a equidade (art. 108). O art. 8º da CLT prescreve que na ausência de lei ou disposição contratual a autoridade decida pela jurisprudência, por analogia, por equidade... A CLT não estabeleceu hierarquia entre estas fontes secundárias, facultando o emprego de uma ou outra conforme o caso.

Não convém esquecer, contudo, que, a rigor, toda vez que se decide por equidade nos casos autorizados por lei à semelhança dos exemplos citados no parágrafo anterior, está-se suprindo a lei também.

Em outro enfoque, tradicionalmente se têm distinguido duas espécies de equidade: a legal e a judicial. A primeira é a que consta no próprio texto da lei. A segunda compreende aquela que o juiz leva a efeito.

Limongi França sugere como mais completa a classificação em civil, natural, cerebrina e confessional. A primeira tem fundamento exclusivo na lei; a segunda, fundada no direito natural de distribuição equânime da justiça; a cerebrina, baseada no sentimento, faz lembrar o bom Juiz Magnaud; a confessional está afeta

---

(74) DEL VECHIO, Giorgio, *op. cit.* p. 57.

a preconceito de um credo. As duas últimas (cerebrina e confessional) são anticientíficas e devem ser repudiadas[75].

5. EQUIDADE X SEGURANÇA

O conceito de equidade varia no tempo, segundo a orientação filosófica. Inocêncio Rosa, por exemplo, partidário do direito livre, diz que em regra geral, "quando se julga por equidade um texto de lei é posto de lado ... e assim deve acontecer, porque, se o fim da lei é traduzir o direito, ela não merece ser obedecida quando a sua aplicação claramente conduz à negação do direito"[76].

Com base em colocações dessa natureza é que os adversários da equidade a combatem. Pontes de Miranda, comentando a respeito da equidade e da livre apreciação da prova, elucida que a "vaguidade serve sempre quando se quer o arbítrio, ou quando se pretende deixar a alguém determinar a norma, sem se confessar que se deu a alguém tal poder". Adiante, afirma que o inconveniente dessa faculdade, sem limites claros, é de aumentar a responsabilidade do juiz[77].

Batalha argumenta que cada vez mais se exige segurança nas relações jurídicas, por isso, não se admite hoje a interferência da equidade, à feição pretoriana, para abrandar, suprir ou corrigir o direito legislado, ou o direito consuetudinário. E a segurança das relações jurídicas, consectário natural da inflexibilidade no julgar, estaria visceralmente comprometida se a tarefa de dirimir conflitos se confiasse ao sentimento íntimo do juiz, aos seus critérios subjetivos e personalíssimos de equidade[78]. Continuando seus argumentos contra a equidade, entende que o legislador pode errar, mas confiar à justiça, aberta ou disfarçadamente, a correção da lei abre campo a todas as incertezas e arbitrariedades. E transcreve a seguinte frase de efeito de José Homem Correia Telles escrita em 1865: "Na verdade, são mais temíveis os ministros aferrados à âncora da equidade, do que os rigorosos executores das leis."[79]

Em verdade, o posicionamento do eminente Batalha não encontra ressonância nas teorias mais atuais de hermenêutica. Com efeito, não se recomenda a equidade *contra legem*, porém, inegavelmente, admite-se a *secundum legem* e a *praeter legem*. Admite-se a equidade segundo o princípio *jus est ars bani et aequi* — justiça (direito) é a arte do bom e do justo. Antes de comprometer a segurança jurídica, a equidade hoje invocada tem a missão de materializar a certeza do direito. O princípio *summum jus, summa injuria*, isto é — do excesso de direito resulta suprema

---

(75) FRANÇA, Rubens Limongi. *Elementos de Hermenêutica e Aplicação do Direito*, p. 73.
(76) ROSA, Inocêncio. Lei e jurisprudência. In: Justiça (Revista Rio-grandense), vol. 4º, p. 197, 1934.
(77) MIRANDA, Pontes de. *Comentário ao art. 127 do Código de Processo Civil*.
(78) BATALHA, Wilson de Souza Campos, *op. cit.* p. 373.
(79) *Idem*, p. 374.

injustiça, justifica a equidade, porque a lei sem a devida injeção dos elementos atualizadores, particularizadores, antes de tornar certo o direito, torna-o incerto.

A equidade é o bom-senso, aplica-se até à lei clara, dado que o brocardo *in claris cessat interpretatia* não mais tem acolhida. A equidade supre e tempera a lei, chegando a modificar-lhe o sentido sem alterar o texto. Tudo segundo os princípios extraídos do próprio sistema positivo nacional. Ora é comparável ao microscópio, que permite ver no texto muito mais do que aparece a olho nu; ora funcionando como uma substância que amolece a dureza da lei, permitindo-lhe o encolhimento, o elastecimento, ou dobramento de acordo com a superfície acidentada do caso concreto.

Maximiliano, conquanto tenha escrito sua obra em 1924, manifesta pontos de atualidade ímpar. Leciona que hoje, com a socialização do direito, despreza-se mais do que nunca o *fiat justitia, pereat mundus* — faça-se justiça ainda que pereça o mundo — e se orienta pelas consequências prováveis da decisão a que friamente chegou[80].

Miguel Reale enuncia que não é necessária autorização legal expressa para o juiz decidir por equidade, pois a permissão já existe implícita[81]. A propósito, já dizia o Digesto: "Por certo, em todas as coisas, mas principalmente em direito, deve-se ter em vista a equidade." Também é despiciendo mencionar na decisão o seu emprego, o qual se depreende do raciocínio expendido.

6. A EQUIDADE NO DIREITO DO TRABALHO

O art. 8º da CLT autoriza expressamente seu emprego na ausência da lei e do contrato. O art. 852-I, § 1º, determina que o juiz solucione o caso de modo equitativo, tendo em vista o interesse das partes e o bem comum.

O Ministro Castro Nunes ponderava que a Justiça do Trabalho exerce uma *jurisdição de equidade*. "Nas contestações individuais, a equidade tende a uma retificação das desigualdades sociais (...), no interesse do trabalhador, princípio que informa toda a legislação social." Adverte, porém, que o seu emprego pressupõe lei preexistente a aplicar que comporte o princípio como temperamento na interpretação, isto é, ele não admite a equidade como fonte normativa[82].

No mesmo sentido, Miguel Reale diz: "O certo é que, de uma forma ou de outra, o Direito do Trabalho é animado pelo sentido de ajuste a situações humanas concretas, atuando a equidade como critério construtivo da interpretação."[83] Adverte, porém, que não pode ir contra a lei porque compromete a certeza jurídica.

---

(80) MAXIMILIANO, Carlos, *op. cit.*, p. 175.
(81) REALE, Miguel. *Estudos de Filosofia e Ciência do Direito*, p. 99.
(82) Citado por Eduardo Espínola (*op. cit.*, v. 3, p. 49) e por Russomano no comentário ao art. 8º da CLT, *in op. cit*.
(83) Miguel Reale, *op. cit.*, p. 99.

Certo que a equidade tem aplicação em todos os ramos do Direito, mais em uns, menos em outros. O Direito do Trabalho, por destinar-se a solucionar questões eminentemente práticas das multicentenas formas de relações de trabalho, abriga a equidade com ênfase ímpar. Isto se deve também ao seu caráter multinormativo — lei, contrato individual, contrato coletivo, sentença coletiva, convenção internacional e ainda as fontes secundárias.

Nos dissídios coletivos, a equidade ganha ainda maior realce, em face das situações novas que se criam ao arbítrio dos tribunais. Acentua Carnelutti que a equidade tem destaque superior, porque aí o tribunal não é somente declarador do direito, mas também criador da norma — *juiz legislador do caso-espécie.*

7. A EQUIDADE NA INTERPRETAÇÃO GRAMATICAL

A equidade "não se revela somente pelas inspirações da consciência e da razão natural, mas, também, e principalmente, pelo estudo atento, pela apreciação inteligente dos textos da lei, dos princípios da ciência jurídica e das necessidades da sociedade" — segundo Demolombe, citado por Carlos Maximiliano.

A língua, mesmo tratando-se de um elemento conservador, sofre mudanças. O tempo se encarrega de suprimir da fala corrente determinados termos e de acrescentar outros, bem como de mudar-lhes o sentido. Mesmo o progresso tecnológico traz consigo inúmeros neologismos e nomes novos das novas conquistas.

As palavras têm significado diferente para cada profissão e em cada região. O que em determinada região pode representar um sentido chulo ou pejorativo, em outra região pode não ter essa conotação. O que em determinadas classes operárias constitui palavrão, em outras representa o linguajar comum. O que em 1940 era imoral pode hoje ser procedimento comum; o que era obsceno nessa década pode hoje representar comportamento normal, haja vista, por exemplo, os beijos e abraços apaixonados, bem como a nudez que a televisão exibe e introduz na intimidade dos lares.

Quando se aprecia uma justa causa do empregado (configura-se nas hipóteses relacionadas no art. 482 consolidado), vêm à tona vocábulos como desídia, embriaguez habitual, prática constante de jogos de azar, ato de improbidade, agressão. Mesmo neutralizando-se os fatores temporal e geográfico, cada expressão dessas toma significado diverso para cada caso, graças ao bom-senso do intérprete, senso de justiça.

Eis alguns exemplos de fatos mais correntes: o empregado se deixou levar pelo conto do vigário e causou prejuízo ao patrão, até que ponto configura a desídia? O empregado necessitou de dinheiro urgente para tratamento de saúde e retirou do caixa em que trabalhava quantia inferior ao seu salário, emitindo recibo imediatamente, deixando este junto aos demais papéis para prestação de contas — até que ponto ocorreu a improbidade? O trabalhador se embriaga todos os fins de semana e feriados, mas não no serviço — será a embriaguez habitual? Mas, se a empresa ou instituição empregadora mantém-se pelo alto padrão moral perante o público? E se o empregado já tinha esse comportamento por ocasião da admissão? A própria definição de falta grave está no encargo do juiz: "Constitui falta grave a prática de qualquer dos fatos a que se refere o art. 482, quando por sua repetição ou natureza representem séria violação dos deveres e obrigações do empregado" — art. 493 da CLT. Ora, como identificar se houve a repetição, sabendo-se que faltas de natureza diferente não tipificam repetição? A repetição uma única vez de pequena falta identificada como desídia pode tipificar a falta grave que conspurca o emprego do empregado estável? Um simples palavrão pronunciado por um empregado de igreja perante seus ministros ou fiéis pode ser considerado justa causa e sua repetição falta grave; o mesmo vocábulo pronunciado numa construção civil, sem tom interjectivo, representa o linguajar daquela categoria profissional.

8. *PONTOS BÁSICOS QUE JUSTIFICAM O EMPREGO DA EQUIDADE*

O direito positivo é nacional, mas cada região e mesmo cada cidade tem suas peculiaridades, suas praxes trabalhistas, levando-nos à constante adaptação da lei. Em apenas três Estados da Federação, onde exercemos nossa judicatura, deparamos com essas fraturas legais. As normas são editadas com caráter geral, como se todos os empregados e empregadores do Brasil tivessem o mesmo suporte econômico. A legislação é igual para todos, desde os grandes conglomerados multinacionais até as bancas de praia. Do lado obreiro, abrange desde o profissionista, de elevados salários, até o miserável servente; desde o analfabeto até o PHD; desde o trabalho mais refinado, ao som ambiente, até o mais macabro. O princípio da equidade aplaina essas diferenças.

As obrigações impostas aos grandes grupos econômicos são iguais às impostas aos míseros botecos de ponta de rua, doceiras, sapateiros artesanais e costureiras, ou seja, a lei trabalhista é muito leve para as grandes empresas e muito pesada para as pequenas empresas e equiparadas. O aplicador do direito será sensível a tudo isso.

O nível de instrução das partes merece considerações, quer no tocante ao direito material — na avaliação de justa causa, de cláusulas contratuais, do direito disciplinar, das obrigações de ambos etc. — quer no direito instrumental — por exemplo, não se indeferindo requerimentos em desacordo com a forma e requisitos legais preconizados no direito comum, recebendo os requerimentos meramente verbais.

A personalidade das partes litigantes fornece impressões para o julgador. Um patrão conhecido como mau pagador e explorador de empregados é sempre malvisto aos olhos da Justiça. Um operário agressivo deixa a impressão de haver dado motivo para a despedida. Um reclamante desidioso com o próprio processo presume-se desidioso no emprego. Todas são, porém, presunções relativas.

O ambiente de trabalho pode levar a conclusões aparentemente não legais. Este ambiente se traduz sob os aspectos físico, social e psicológico. Diferente a situação dos empregados dos motéis, hotéis e casas noturnas da fina flor da sociedade e a dos que trabalham no baixo meretrício, botecos e pensões humildes. Uns trabalham em alto-mar, outros no topo da montanha, uns no espaço e outros nos porões da terra; uns ao sol e à chuva e outros sob ar-condicionado; uns braçais e outros intelectuais; uns em trabalho descontraído, som ambiente, cascata e outros em ambiente tenso, policioso, doentio, mal-assombrado, que inspira pessimismo (instituto médico legal, hospital, penitenciária, funerária, cemitério); uns trabalham ao gelo e outros ao fogo...

O fator idade também tem seu peso: a justa causa cometida por um menor de 18 anos deve ser apreciada sob critérios diferentes dos utilizados na apreciação de casos semelhantes envolvendo ancião ou pessoa madura.

As circunstâncias qualificam os fatos. O motorista bateu o ônibus: porém após uma jornada excessiva de trabalho, não houve imperícia, negligência ou imprudência de sua parte; defeito súbito no veículo; má visibilidade dos cruzamentos.

Pesa igualmente o estado patológico das pessoas: falta muito ao trabalho por motivo de doença, dessas que matam, mas não aparecem o suficiente para merecer licença previdenciária. A gravidez, por exemplo, não constitui patologia, mas amofina a mulher, tornando-a menos disposta para o trabalho. A TPM e a simples menstruação em algumas mulheres causam-lhes sérias alterações de humor.

Enfim, a equidade reúne os elementos: princípio, virtude e direito. Por isso, não pode ser sentimental ou arbitrária, devendo observar a elaboração científica e os princípios informadores do instituto onde se está dando o conflito. Outrossim, ainda que a respeito do objeto em litígio haja norma expressa, a equidade tem lugar, desde que a norma se apresente defeituosa, obscura, demasiadamente geral, ou de resultado desastroso se aplicada friamente ao caso.

9. MANIFESTAÇÕES DA EQUIDADE NA JURISPRUDÊNCIA

Toda decisão judicial contém velada dose de equidade; algumas, porém, são ostensivamente equitativas. Vejamos alguns exemplos:

> Se a falta grave foi cometida igualmente por todos os empregados e por isto demitidos, constitui odiosa discriminação a readmissão sem causa de alguns ao emprego. Ao assim agir estará a empregadora minimizando a falta grave, o que leva à absolvição daqueles que não foram readmitidos e, por isto, devidas a estes as indenizações da lei como se demitidos sem justa causa. (TRT-1ª Reg., 5.444/80, Ac. 1ª T. 991/1981, 22.4.1981, Rel. Juiz José Teófilo V. Clementino.)[84]

---

(84) *Legislação do Trabalho*, 1982, vol. 1, 46-3/303.

Não constitui ato punível por pena máxima um beijo dado por um empregado numa companheira de trabalho, fato somente presenciado por uma testemunha, por conseguinte, sem ocorrência de escândalo público. (TST-RR 1.249/74. Ac. 1ª T. 1.507/74, 17.10.1974 — ReI. Min. Coqueijo Costa.)[85]

É abusiva a recusa individual do trabalhador a acatar compensação de horário com a qual concordou a maioria no intuito de suprimir o trabalho em sábado e/ou segunda-feira, a fim de obter folga mais duradoura com a ocorrência de feriados próximos ao fim ou início da semana.

A recusa, nessas condições, é abusiva porque não baseada em qualquer interesse e porque não seria possível à empresa funcionar nos dias de descanso geral apenas para atender aos caprichos de poucos empregados. (TRT, 2ª Região, 8.353/1972, Ac. 3ª T. 4.803/1973, 6.8.1973. ReI. Juiz Wilson de Souza Campos Batalha) — Ementário LTr — Dir. do Trab. e Prev. Social — vol. II, 1970/74. São Paulo: LTr, 1976.

O direito sumular forma uma justiça dos tribunais, aurida da justiça legal. Assim, as súmulas traduzem uma justiça de equidade. A Súmula do TST é riquíssima na equalização de direito de situações factualmente iguais. A propósito, veja-se a jurisprudência consolidada do TST só sobre o tema "equiparação": a Súmula n. 6, com 10 incisos, trata da equiparação salarial; a n. 55 equipara a bancário o empregado de financeira; a OJ n. 353 admite a equiparação salarial entre empregados de empresa de sociedade de economia mista. Consta da Súmula n. 81 que "Os dias de férias, gozados após o período legal de concessão, deverão ser remunerados em dobro".

O TRT da 22ª Região tem deferido pedido de dispensa das custas processuais formulado só na peça de ingresso do recurso ordinário, por entender que, uma vez declarado o estado de pobreza, o benefício da Justiça gratuita é imposição constitucional e legal e não faculdade do juiz.

---

(85) *Ementário LTr de Direito do Trabalho e Previdência Social*, vol. I, 1975/77.

CAPÍTULO V
Princípio da Autodeterminação Coletiva

1. SIGNIFICADOS E ALCANCE DO PRINCÍPIO

Este é o princípio básico do direito coletivo do trabalho. Significa que os sindicatos de empregados, de trabalhadores autônomos, de trabalhadores rurais e de empregadores têm poderes para estabelecer regras gerais de cumprimento obrigatório, mediante negociação coletiva do trabalho. As regras estabelecidas em Contrato Coletivo do Trabalho, em Convenção e em Acordo Coletivo de Trabalho obrigam todos os trabalhadores e patrões, integrantes da categoria, filiados ou não do sindicato. Dos estudos de Mazzoni, exsurgem as seguintes espressões deste princípio:

1) o sindicato representa toda a categoria e não apenas os associados;

2) autonomia para negociação coletiva;

3) obrigatoriedade das normas produzidas nas negociações coletivas;

4) a greve não implica descumprimento, pelo empregado, do contrato individual;

5) obrigação de empregado e empregador adicionarem ao contrato individual as conquistas coletivas — substituição automática das cláusulas contratuais;

6) substituição processual da categoria pelo sindicato;

7) liberdade de criação e extinção de sindicatos, sem interferência do governo.

Krotoschin leciona que a evolução do Direito do Trabalho não brota só da ação do Estado, do legislador ou do juiz. O trabalhador de um lado e o empregador do outro tomam parte ativa. O operário organizou-se para ser forte (1950, p. 10).

Evaristo de Moraes Filho observa que "não há questão individual em Direito do Trabalho, de vez que, do mais mínimo caso concreto, se irradia toda uma reação em cadeia sobre a interpretação e aplicação da norma" (1982, p. 117).

A importância deste princípio está no fato de permitir que o trabalhador reivindique sem se confrontar diretamente com seu empregador — esconde-se por detrás do coletivo, poupando-se de confrontos pessoais e de retaliações.

2. FUNDAMENTOS LEGAL E DOUTRINÁRIO

Esse princípio foi bastante prestigiado a partir da nova ordem institucional inaugurada pela Constituição de 1988. Neste sentido, priorizou as ações coletivas, instituiu o mandado de segurança coletivo, realçou a ação civil pública pelo Ministério Público (arts. 5º, LXX, e 129, III). A CF/1988 dedica os arts. 8º ao 11 ao Direito Coletivo do Trabalho, principiando pela liberdade sindical, coletiva e individual. No art. 114, §§ 1º a 3º, trata da negociação coletiva do trabalho e do dissídio coletivo do trabalho.

Em seu art. 8º, III, prescreve: "ao sindicato cabe a defesa dos direitos e interesses coletivos ou individuais da categoria, inclusive em questões judiciais ou administrativas."

O art. 7º prestigia os instrumentos de negociação coletiva, nos incisos VI, XIII, XIV e XXXVI, que permitem, mediante negociação coletiva, respectivamente: redução salarial, compensação de horários e a redução da jornada de trabalho, a alteração da jornada de seis horas para o turno ininterrupto de revezamento e o reconhecimento dos acordos e das convenções coletivas do trabalho; o art. 8º, VIII, veda a despedida do dirigente sindical; o art. 10 do ADCT veda a despedida arbitrária ou sem justa causa dos dirigentes da CIPA; o art. 114, § 2º, privilegia as disposições convencionais anteriores.

No plano legal, a CLT, no art. 513 confere ao sindicato a prerrogativa de representar perante as autoridades administrativas e judiciais, de celebrar Acordo e Convenção Coletiva de Trabalho; os arts. 872 e 195 prerrogam ao sindicato atuar como substituto processual da categoria. As Leis ns. 8.036/1990 (FGTS), 8.212 e 8.213/1991 (custeio e benefício da Previdência Social), 7.783/1989 (de Greve), 8.984/1995 (ação de cumprimento de Acordo e Convenção), 8.073/1990 (ampla substituição processual), 8.078/1990 (Código de Defesa do Consumidor), 10.288/2001 (Assistência judiciária pelo sindicato), são afirmações deste princípio.

No plano internacional, a OIT tem dedicado longos estudos ao tema sindical e negociação coletiva do trabalho, valendo citar as Convenções Internacionais ns. 98 e 135. Como a constituição de sindicato não é privilégio dos empregados, este princípio é compatível com as outras relações de trabalho.

O Código de Defesa do Consumidor, Lei n. 8.078/1990, opera milagres neste campo: no art. 28, autoriza a desconsideração da personalidade jurídica da empresa; no 81, autoriza defesa da vítima e do consumidor individual ou coletivamente; o 82 legitima para agir em nome próprio, mas na defesa de direitos das vítimas, a União, os Estados, os Municípios, as entidades da administração pública direta ou indireta, ainda que sem personalidade jurídica, o Ministério Público e as associações legalmente constituídas.

A CLT dedica todo o Título VI à negociação coletiva de trabalho, do arts. 611 ao 625, e do 856 ao 875 trata dos dissídios coletivos. Nesses artigos consolidados, encontram-se as regras fundamentais da negociação coletiva de trabalho e do processo judicial de dissídio coletivo de trabalho. O art. 195, § 1º, autoriza o sindicato a postular em favor dos associados (entenda-se membros da categoria) adicionais de insalubridade ou de periculosidade.

A Lei n. 8.984/1995 atribuiu competência à Justiça do Trabalho para julgar ação de cumprimento de convenção e acordo coletivo do trabalho.

A Lei do FGTS (n. 8.036/1990) abriga várias disposições afirmativas do princípio coletivo ao incluir seis representantes dos trabalhadores indicados pelas centrais sindicais no Conselho Curador e seis representantes patronais indicados pelas confederações (cf. art. 3º da Lei n. 8.036 e Dec. n. 6.827/2009) e permitir (art. 25) que o sindicato acione a empresa para compeli-la a depositar o FGTS dos seus empregados.

A Lei de Greve (n. 7.783/1989), como é natural, trata do assunto todo à luz do direito coletivo, realçando a participação e responsabilidade do sindicato.

No mesmo sentido, a Lei de Benefícios da Previdência Social (n. 8.213/1991), no seu art. 3º, compõe o Conselho Nacional de Seguridade Social com quinze membros, sendo seis do Governo e nove representantes da sociedade civil, sendo três de empregados, três dos aposentados e três dos empregadores, indicados pelas respectivas centrais sindicais e confederações.

A partir da Lei n. 6.708/1979, que instituiu a correção semestral automática dos salários, todas as leis de política salarial permitem ao sindicato agir como substituto processual dos associados no que tange à cobrança de diferenças salariais decorrentes da aplicação da lei salarial. A regra repetiu-se na Lei n. 7.238/1984. A partir da Constituição de 1988, a regra vem se ampliando. Assim, o art. 8º da Lei n. 7.788/1989, autorizava o sindicato a agir como substituto processual da categoria, nos termos do art. 8º, III, da Constituição. A Lei n. 8.073/1990, também contém idêntica autorização, em seu art. 3º, que escapou do veto presidencial.

A Lei n. 8.542/1992 preceitua:

> Art. 1º A política nacional de salários, respeitado o princípio da irredutibilidade, tem por fundamento a livre negociação coletiva e reger-se-á pelas normas estabelecidas nesta Lei.
>
> § 1º As cláusulas dos acordos, convenções ou contratos coletivos de trabalho integram os contratos individuais de trabalho e somente poderão ser reduzidas ou suprimidas por posterior acordo, convenção ou contrato coletivo de trabalho.

§ 2º As condições de trabalho, bem como as cláusulas salariais, inclusive os aumentos reais, ganhos de produtividade do trabalho e pisos salariais proporcionais à extensão e à complexidade do trabalho, serão fixados em contrato, convenção ou acordo coletivo de trabalho, laudo arbitral ou sentença normativa, observadas dentre outros fatores, a produtividade e a lucratividade do setor ou da empresa.

Essa Lei teve revogados os arts. 2º, 3º, 4º, 5º, 7º, 9º e 10 pela Lei n. 8.800/1994.

Uma das Comissões de Modernização da Consolidação das Leis do Trabalho, composta de renomados juristas, como Amauri Mascaro Nascimento, João de Lima Teixeira Filho, Almir Pazzianotto, Arion Sayão Romita e Cássio Mesquita Barros Júnior (Arnaldo Süssekind pediu desligamento), apresentou dois anteprojetos, um tratando das relações individuais do trabalho e outro das relações coletivas. Neste, destaca a figura do contrato coletivo de trabalho e dos contratos nacionais, firmados pelas centrais sindicais e pelas confederações, traçando regras gerais a serem seguidas pelas convenções e pelos acordos coletivos de trabalho.

Por natureza, as relações de produção brotam da mão coletiva, e só raramente de indivíduos isolados. Assim, é o método de trabalho por série, por especialidade; cada operário desenvolvendo um determinado item da peça, para, ao final, obter-se o todo. Numa fábrica de roupas, cada indivíduo incumbe-se de um item, de maneira que várias mãos empenham o seu labor para obter-se a peça totalmente pronta. Numa construção civil, jamais um pedreiro inicia e termina a edificação sozinho. Em verdade, há um projeto, vários mestres de obra comandando determinadas etapas.

Em segundo lugar, o princípio coletivo deriva do princípio protetor. O trabalhador individual não dispõe de barganha contra o empregador, não tem voz, não tem força. Sozinho, sem uma organização, o trabalhador não consegue nada para si nem para a categoria e sofre perseguições. Assim, o indivíduo esconde-se por detrás de uma associação, somando sua força à de outros companheiros, sem, entretanto, aparecer como sujeito ativo das reivindicações coletivas. Aparece a entidade e com isso salvaguarda a pessoa individual do empregado reivindicante.

Interpreta-se o Direito do Trabalho à luz deste princípio. Consequentemente, dá-se preferência à vontade coletiva, salvaguardando o trabalhador singular de acusações de insuflação etc. Vejamos as ementas abaixo, que são bastante contundentes no reconhecimento da autonomia coletiva do trabalho:

AÇÃO CAUTELAR DE ARRESTO PROPOSTA PELO SINDICATO EM FAVOR DE TODA A CATEGORIA PROFISSIONAL. IGUALDADE DE CONDIÇÕES ENTRE EMPREGADOS ASSISTIDOS OU NÃO PELO ADVOGADO DO SINDICATO. RATEIO PROPORCIONAL DOS VALORES ARRECADADOS. Se a cautelar de arresto foi proposta pelo sindicato em favor da categoria profissional (ação coletiva), o valor arrecadado com os bens penhorados devem ser rateados, proporcionalmente, entre todos os empregados da categoria profissional, sem distinção entre os mesmos em razão de estarem ou não assistidos por advogados do sindicato.

(AC 214/202, AP 0042002-11-2005.5.17.0131, 17ª Região-Es. Rel. Des. Carmem Vilma Garisto, DJ/ES de 31.01.2012, p. 40. In: *Revista de Decisório Trabalhista*, n. 213, p. 29.)

ISONOMIA SALARIAL. SALÁRIOS FIXADOS EM NORMAS COLETIVAS. A desigualdade salarial entre empregados da mesma empresa em razão incidência de normas coletivas e seu âmbito territorial de aplicação segundo as regras de representação sindical, encontra um fundamento de validade no art. 7º, XXVI, da Constituição da República, que valoriza a autonomia coletiva e as normas coletivas que a expressam. É válida a atribuição salarial distinta, e não há ato patronal ofensivo do preceito da isonomia quanto aos empregados da empresa, que, por se ativarem em outros Estados da Federação, não têm aplicação da mesma norma coletiva. RO improvido. (TRT 21ª R., 2ª T., Rel. Des. Maria do Perpétuo Socorro Wanderley de Castro, DJE n. 1019, de 12.7.2012. Proc. RO n. 121000-69/2010.5.21.0013. In: *Revista do Direito Trabalhista*, n. 08/2012, p. 62.)

DIREITO MATERIAL DO TRABALHO. MOTORISTA CARRETEIRO. ART. 62, I DA CLT. VALIDADE DA NEGOCIAÇÃO COLETIVA. Se através de negociação coletiva do trabalho fora estipulado que os motoristas integrantes da categoria dos trabalhadores representados pelo sindicato convenente se enquadram na exceção do art. 62, I da CLT, deve ser respeitado o que fora negociado, diante do que dispõe o art. 7º, inc. XXVI e o art. 8º, inc. III, ambos da CF. Além disso, a realidade do trabalho dos motoristas que realizam viagens interestaduais ordinariamente não se afasta da hipótese prevista no dispositivo celetista supramencionado, além do que, não há prova de que o reclamante efetivamente sofresse, por qualquer meio, controle de sua jornada de trabalho. (TRT 8ª Região, RO 0000804-60.2010.5.08.0009, Rel. Des. Mary Anne Acataussú Camelier Medrado, DEJT 5.9.2011.)

3. A HISTÓRIA NOS PRECEDENTES LEGAIS E JURISPRUDENCIAIS

A história do Direito do Trabalho demonstra com clareza a fonte material das normas trabalhistas: os movimentos coletivistas, os embates de rua, os movimentos paredistas. Esta consideração revela por si só a vocação coletivista do Direito do Trabalho.

Evaristo de Moraes já escrevia em 1905: "Dia virá em que o sindicato não será somente o porta-voz das reclamações e das reivindicações operárias; será o *contratador do trabalho*."[86]

O art. 7º do Dec. n. 19.770/1931 determina: "Como pessoas jurídicas, assiste aos sindicatos a faculdade de firmarem ou sancionarem convenções ou contratos de trabalho dos seus associados, com outros sindicatos profissionais, com empresas e patrões nos termos da legislação que, a respeito, for decretada."

O Dec. n. 24.694/1934 manteve a mesma faculdade dos sindicatos em seu art. 2º, § 1º: "Como órgão de defesa profissional, é facultado aos sindicatos:

---

(86) *Apud* Evaristo de Moraes Filho, *Direito do Trabalho*, p. 117.

a) representar perante as autoridades administrativas e judiciárias, não só os próprios interesses e os dos seus associados, como também os interesses da profissão respectiva."

O mesmo autor registra que a Justiça do Trabalho persistia em ignorar o fato sindical, para preponderar a exigência formal do processo; contudo, a Suprema Corte reconheceu em muitas oportunidades o *patrão-classe* e o *operário-classe*, como denominava Lindolfo Collor[87].

O próprio TST proferiu decisões em pleno acordo com o princípio coletivo, mas foi apertando o cerco em favor da processualística formal e da interpretação gramatical do art. 872 da Consolidação, pondo um dique à representatividade sindical, através da Súmula n. 310, felizmente cancelada em 2003, até porque já se havia pronunciado o STF em favor da prerrogativa sindical, nos autos do MS n. 3.475/400 — DJU 8.4.1994).

Como lembrança dos bons tempos, registramos o seguinte verbete da lavra dos Ministros Astolfo Serra e Oliveira Lima, respectivamente:

> Em face da prerrogativa conferida aos sindicatos pelo art. 513, alínea *a*, da CLT, certo que a representação de associado, individualmente, no foro trabalhista, independe de mandato específico. Tal representação só não poderá prevalecer quando houver manifestação inequívoca, em contrário, do próprio interessado. (TST, 21.10.1953)

> O sindicato tem, por força da chamada teoria de representação legal ou teoria do mandato inominado, a representação do indivíduo ou do grupo para o qual foi constituído. Mas ele não a tem quando o indivíduo se manifesta expressamente em contrário, dado o princípio maior e mais poderoso, porque consignado na Constituição Federal, da liberdade sindical. (TST, Pleno, 20.8.1958)

A doutrina vacilou muito, chegando a ser majoritária pela não aceitação da ampla substituição pelo sindicato.

Conquanto a matéria já esteja pacificada, é importante manter os registros, para fins históricos. Assim, pinçamos as referências doutrinárias mais representativas de cada corrente de pensamento, limitadas aos escritos posteriores a outubrode 1988.

Classificamos os posicionamentos em três linhas: a primeira na contramão da história; a segunda, no centro da pista; e a terceira de acordo com a norma constitucional.

Os primeiros praticam a interpretação *contra legem*, negando vigência imediata ao art. 8º, III, da CF. Nesse grupo, incluem-se, por exemplo, Antônio Lamarca, segundo o qual só há substituição processual no direito coletivo (*Representação e Substituição, Processo do Trabalho, Estudos em Memória de Coqueijo Costa*, p. 58, LTr, 1989); Gabriel Saad, comentando em 10 linhas o inciso III do art. 8º, diz que

---

(87) MORAES FILHO, Evaristo de. *Direito do Trabalho* (Páginas de história e outros ensaios), p. 123.

a Constituição deixa ao legislador ordinário a tarefa de relacionar os casos de substituição processual ou de simples representação mediante mandato (*Constituição e Direito do Trabalho*, p. 181, LTr, 1989); Amauri Mascaro Nascimento tem o mesmo entendimento (*Direito do Trabalho na Constituição de 1988* e *Curso de Direito Processual do Trabalho*, ambas as obras editadas em 1989 pela Editora Saraiva); no mesmo sentido, Clemente Salomão de Oliveira Filho (Legitimação Extraordinária dos Sindicatos em face à Nova Constituição, *Revista LTr* de setembro de 1990); Oswaldo Moreira Antunes (Os Direitos Coletivos e a Substituição Processual do Sindicato nas Reclamações Individuais na Nova Constituição, *Revista LTr* de abril de 1990); culminando na ação demolitória da Constituição Celso Neves que, respondendo à consulta empresarial, conclui que o sindicato não tem legitimidade para a persecução de direito individual de seus associados (*Revista LTr* de agosto de 1990); e José da Fonseca Martins Júnior que impropera ao afirmar que o art. 8º, III, simplesmente repete o art. 513 da CLT.

No centro, enquadram-se os autores que admitem a substituição processual autorizada pela Constituição, porém, inventam uma série de restrições (sim, porque nenhuma delas está prevista em lei). Valentin Carrion, por exemplo, diz que o sindicato representa sem procuração associado ou não, mas deve nominar, sob pena de inépcia da inicial, os representados, bem como é necessária a presença destes na audiência inaugural. Assim também, podem os titulares do direito individual desistir (*Revista LTr* de maio de 1990). Em verdade, as conclusões do respeitado jurista carecem de precisão terminológica, pois quem substitui não necessita levar à audiência o substituído, age em nome próprio.

Arion Sayão Romita escreveu:

> "O certo é que a controvérsia está hoje superada pela promulgação da Carta Magna de 1988. (...) Desnecessária será, em consequência, a outorga de mandato pelos substituídos quando o sindicato demandar em juízo o cumprimento de preceito legal, sentença normativa ou convenção coletiva. Por exigência processual, há de ser exigida apenas a individualização dos trabalhadores substituídos, interessados no litígio, pois caso contrário inviável será a defesa do réu, além de ser impossível a execução do julgado (...). Cabe, no entanto, resguardar a liberdade individual desses interessados: poderão eles não concordar com o ajuizamento da reclamatória. A liberdade individual é um valor coustitucionalmente consagrado (art. 5º). Por tal motivo, mantém-se incólume a regra estampada na Súmula n. 255 do TST: 'O substituído processualmente pode, antes da sentença de primeiro grau, desistir da ação'" (O Sindicato perante a Justiça do Trabalho. In: *Relações Coletivas de Trabalho, estudos em homenagem ao Ministro Arnaldo Süssekind*, LTr, 1989).

Entre os que enxergam na norma constitucional o direito irrestrito do sindicato, destacamos: Celso Bastos e Ives Gandra Martins, segundo os quais os sindicatos, processualmente falando, são os substitutos processuais (*Comentários à Constituição do Brasil*); Ophir Cavalcante Jr., segundo o qual a substituição emergente do art. 8º, III, é ampla e não comporta desistência nem renúncia do substituído (A substituição processual no direito do trabalho. In: *Revista LTr* de outubro de 1989).

Ben-Hur Claus enfrenta o problema da relação dos substituídos, chamando a atenção para o fato de que o sindicato não está obrigado a isso, pois a lei não exige e só por lei se é obrigado a fazer ou deixar de fazer algo, ao passo que o empregador dispõe das folhas de pagamento, cuja juntada o juiz pode exigir, no uso do seu poder diretivo do processo e a parte não pode se omitir, pois todos estão obrigados a colaborar com a Justiça no esclarecimento da verdade; o Juiz José Pitas, para quem a relação nominal dos substituídos não é essencial, salvo na execução (Da intangibilidade da eficácia do direito coletivo pelas eedidas emergenciais do governo. *In Suplemento LTr* n. 133/90); nós mesmos escrevemos desde a 1ª edição do nosso livro *Elementos de Direito do Trabalho e Processo Trabalhista*, editado pela LTr no início de 1989, que, em face do art. 8º, III, da CF/1988, indubitavelmente o sindicato pode agir como substituto processual; e no *Suplemento LTr* n. 91/90 escrevemos o artigo "Por que o Sindicato representa e substitui processualmente a categoria e não só os Associados"; por fim, o festejado Wagner D. Giglio, em brilhante artigo, conclui:

> Já se disse que uma frase do legislador pode derrubar toda uma estante de livros doutrinários e na verdade não faz sentido invocar a lição dos juristas para contrariar a disposição legal. Se as considerações dos doutos destoam das disposições legais clama-se necessário refazer a doutrina, e não mudar as leis. E se a Lei n. 8.073 autorizou os sindicatos a substituir processualmente os integrantes da categoria, sem limitações, a lei deve ser cumprida, sem reservas, formulando-se nova doutrina. (A Substituição Processual Trabalhista e a Lei n. 8.073. In: *Revista LTr* de fevereiro de 1991).

Atualmente, a jurisprudência já é pacífica quanto à ampla atuação do sindicato.

4. *REPRESENTAÇÃO SINDICAL*

O sindicato pode representar o trabalhador, associado ou não, na negociação coletiva de trabalho e em pleito judicial visando a reajuste salarial, como substituto processual, consoante o art. 3º da Lei n. 8.073/1990. Representa ainda o operário perante os órgãos da Administração Pública ou legislativos, perante a sociedade em geral e a empresa, na defesa dos interesses e direitos da categoria.

Todavia, o ponto saliente da representação sindical demora-se nas negociações coletivas de trabalho. O acordo coletivo tem de um lado a entidade sindical representando a categoria profissional e, do outro, uma ou mais empresas; a convenção coletiva celebra-se entre duas entidades sindicais — de um lado a representante da categoria econômica e, do outro, a representante da categoria profissional.

O dissídio coletivo instaura-se perante o tribunal do trabalho quando a negociação extrajudicial falha. A prerrogativa sindical da representação está prevista no art. 513 da CLT.

5. SUBSTITUIÇÃO PROCESSUAL PELO SINDICATO

5.1. Noções conceituais

Para Pedro Batista Martins, "a substituição processual ocorre nas hipóteses em que não coincidem os sujeitos da relação substancial e os da relação processual, isto é, naqueles casos em que alguém comparece em juízo para exercitar em nome próprio um direito alheio" (*Comentários ao Código de Processo Civil*, 1942, vol. III, p. 312, por indicação de Frederico Marques, *Instituições de Direito Processual Civil*, vol. II, p. 175, 4. ed., Forense). Trata-se de legitimação extraordinária. São exemplos de substituição processual: defesa dos bens dotais da mulher pelo marido; quando o chamado à autoria defende o *jus in re* do comprador; ação popular; vários casos em que o Ministério Público atua como substituto processual.

Em verdade, o substituto defende um direito alheio, mas a ele mantém ligação mediata ou imediata de interesses; portanto, defende um interesse também próprio. Por esse motivo, os conceitos apontados revelam-se insuficientes para transmitir a realidade do fenômeno.

De fato, o inciso II do art. 8º da CF/1988 assim preceitua:

> Cabe ao sindicato a defesa dos interesses e direitos, individuais e coletivos da categoria, no âmbito judicial e administrativo.

Dissecando este texto, temos: CABE significa que é *atribuição* do sindicato; é *dever* do sindicato; é *direito* do sindicato; é *poder* do sindicato; é *privativo* do sindicato; é *ônus* do sindicato; é *prerrogativa* do sindicato... CATEGORIA é o substantivo coletivo dos integrantes do grupo profissional ou econômico representado.

É de se ver que a representatividade diz respeito aos trabalhadores e aos empregadores, pois há entidades sindicais das duas classes.

A rigor, a figura jurídica instituída pelo art. 8º, III, da CF, difere do instituto previsto no art. 6º do CPC. O primeiro tem natureza eminentemente coletivista e nasceu para atender às necessidades coletivas da ação sindical na defesa dos trabalhadores; o segundo, de natureza individualista e caráter extraordinário. Em Direito do Trabalho, na feliz observação de Evaristo de Moraes Filho, não há questão individual, "de vez que, no mais mínimo caso concreto, se irradia toda uma reação em cadeia sobre a interpretação da norma". A propósito, diz Arion Sayão Romita: "As hipóteses em que o sindicato supostamente agiria como 'substituto processual' não configuram autêntica modalidade de 'substituição processual', como tal estudada por Chiovenda e, hoje em dia, exposta, entre nós, por todos os compêndios de Direito Processual Civil. Quando muito, tratar-se-ia de uma substituição processual imprópria, ou *sui generis,* como a apelidou Coqueijo Costa" (O Sindicato perante a Justiça do Trabalho. In: *Relações Coletivas de Trabalho, estudos em homenagem ao Ministro Arnaldo Süssekind,* LTr, 1989, p. 202/210).

Precisamente à falta dessa compreensão nova do instituto novo, juristas de renome enganaram-se na sua análise, pois o fazem à luz do *ancien régime,* baseados no art. 6º do CPC, cujo destinatário e finalidade são outros, definidos em lei.

Em verdade, não se trata de substituição processual nos moldes conhecidos, mas sim de um direito próprio conferido ao sindicato de defender direitos individuais e coletivos da categoria que representa.

5.2. *Abrangência da substituição*

Como a própria Constituição e a Lei n. 8.073 especificam, a substituição abrange toda a categoria e não só os associados do sindicato. A categoria profissional constitui uma realidade social, fato notório, plenamente identificável o destinatário das conquistas do sindicato.

A expressão "interesses individuais e coletivos da categoria", inserta no art. 8º, III, da CF, deve ser compreendida como o direito de o sindicato defender, por meio de dissídio coletivo, o que constituir matéria própria desse instituto, por meio de ação civil pública o que for compatível com esta, e por meio de reclamação individual o que for necessário, quer como substituto processual, quer como assistente, ou utilizando a reclamação individual plúrima, isto é, individual é o interesse que, apesar de abranger a grande parte da categoria, como o cumprimento de uma sentença normativa por determinada empresa, pode ser exercitado individualmente por cada empregado da empresa.

Assim, mesmo tratando-se de um direito individual, se o sindicato agir em nome da categoria, cada titular originário não poderá desistir nem transigir, porque resultará prejuízo para terceiro, que, no caso, no sábio ensinamento de Inojosa, seriam os familiares do desistente e os seus colegas. A sentença na ação proposta pelo sindicato faz coisa julgada para o substituído até certo ponto. Contudo, não gera litispendência, porque o substituído não perde o direito de ação, situação que autoriza a exclusão do seu nome da ação coletiva[88].

---

(88) A propósito, Francisco Gérson Marques de Lima escreveu que o art. 769 celetista remete o aplicador do Direito do Trabalho ao processo comum, nos casos omissos. Ocorre que o processo comum não significa necessariamente o CPC. Cita Carrion e Ada Pellegrini. Segundo os quais processo civil é o que não é processo penal. Como o CPC não oferece soluções compatíveis com o direito de natureza coletivista, é racional que se colmate a lacuna da Lei Adjetiva Trabalhista com as normas de natureza coletiva, como a que rege a ação civil pública (n. 7.347/1985) e o Código de Defesa do Consumidor (n. 8.078/1990). Conclui no sentido de que a litispendência e a *res judicata,* nesses casos, rege-se pelo art. 104 do CDC. "Ações Coletivas Sindicais e Litispendência", *Supl. LTr* n. 079/1993).

O sindicato é uma associação acrescida de um *plus,* uma qualificação que o credencia a representar mais que uma simples associação, tem mais prerrogativas e deveres. Por isso, a associação representa só os associados (art. 5º, XXI, CF), enquanto o sindicato representa a categoria (art. 8º, III, CF). Por que assim? Porque a nossa organização sindical é por categoria; ainda praticamos a unicidade sindical e mantemos o imposto sindical, que incide sobre o salário de todos, associados ou não, isto é, por imperativo legal, todos os trabalhadores contribuem para o sindicato e são por ele representados.

"Note-se que no caso dos sindicatos não é necessária a expressa autorização, requerida das associações em geral" (Celso Ribeiro Bastos e Ives Gandra Martiins. *Comentários à Constituição do Brasil.* 2º vol., Saraiva, 1989, p. 518).

O art. 872 da CLT, que versa sobre a ação de cumprimento, ante a amplitude da ação sindical, perdeu a razão de ser do ponto de vista processual. Com a prerrogativa insculpida no art. 8º, III, da CF e na Lei n. 8.073/1990, o sindicato pode acionar a Justiça visando ao cumprimento de sentença normativa, acordo ou convenção coletiva de trabalho.

Com relação ao cumprimento de acordo ou convenção, inexplicavelmente os tribunais vinham rejeitando, extinguindo os processos sem resolução do mérito, por entenderem que o art. 872 ceiletário é de interpretação restrita. Sempre, desde 1ª edição do nosso livro *Elementos de Direito do Trabalho e Processo Trabalhista,* LTr Editora, 13ª ed., 2010, combatemos essa postura dos tribunais. A Lei n. 8.984/1995 resolveu pela competência da Justiça do Trabalho para conhecer e julgar ação de cumprimento de convenção e acordo coletivo.

A jurisprudência majoritária posicionou-se na contramão do progresso, negando efetividade ao preceito constitucional, ressoando no TST, que editou a malsinada Súmula n. 310, frustrando todo o movimento sindical:

RESOLUÇÃO N. 01/1993 — ENUNCIADO N. 310:

I) O art. 8º, inc. III, da Constituição da República, não assegura a substituição processual pelo sindicato.

II) A substituição processual autorizada ao sindicato pelas Leis ns. 6.708, de 30.10.1979 e 7.238, de 29.10.1984, limitada aos associados, restringe-se às demandas que visem aos reajustes salariais previstos em lei, ajuizados até 3 de julho de 1989, data em que entrou em vigor a Lei n. 7.788.

III) A Lei n. 7.788/89, em seu art. 82, assegurou, durante sua vigência, a legitimidade do sindicato como substituto processual da categoria.

IV) A substituição processual autorizada pela Lei n. 8.073, de 30 de julho de 1990, ao sindicato alcança todos os integrantes da categoria e é restrita às demandas que visem à satisfação de reajustes salariais específicos resultantes de disposição prevista em lei de política salarial.

V) Em qualquer ação proposta pelo sindicato como substituto processual, todos os substituídos serão individualizados na petição inicial e, para o início da execução, devidamente identificados, pelo número da Carteira de Trabalho e Previdência Social ou de qualquer documento de identidade.

VI) É lícito aos substituídos integrar a lide como assistente litisconsorcial, acordar, transigir e renunciar, independentemente de autorização ou anuência do substituto.

VII) Na liquidação da sentença exequenda, promovida pelo substituto, serão individualizados os valores devidos a cada substituído, cujos depósitos para quitação serão levantados através de guias expedidas em seu nome ou de procurador com poderes especiais para esse fim, inclusive nas ações de cumprimento.

VIII) Quando o Sindicato for o autor da ação na condição de substituto processual, não serão devidos honorários advocatícios.

Esse Enunciado foi emitido precipitadamente, fadado a não dar certo, como não deu, porque veleja contra todo o novo ordenamento jurídico e a finalidade social da lei. Atenta contra os princípios de Direito do Trabalho e contra a vontade popular.

Veja-se que o citado Enunciado n. 310 afronta a literal disposição constitucional, dizendo que o inciso III do art. 8º não vale nada. Feriu a lei, restringindo o disposto na Lei n. 8.073, a qual se resume a um artigo, justo o que dá a prerrogativa sindical.

Com efeito, o Código do Consumidor, cuja lei é fonte subsidiária de todo processo de natureza coletiva, redimensionou a teoria processual, de modo que a ação coletiva não faz litispendência nem coisa julgada com a ação individual; permite que qualquer interessado ingresse no feito já em andamento e inverteu o ônus da prova em favor do consumidor, que é a parte frágil na relação.

Graças a Deus, o STF apreciando posteriormente a matéria, embora de forma reflexa, através do MI n. 3.475/400 (DJU de 8.4.1994), reconheceu a prerrogativa sindical de substituição ampla, conforme o seguinte excerto do voto do Ministro Néri da Silveira:

> "Estipulando o art. 8º, III, da Constituição, que ao sindicato cabe a defesa dos interesses individuais ou coletivos da categoria, inclusive em questões judiciais ou administrativas, não parece, efetivamente, possível, na espécie, deixar de reconhecer-lhe legitimidade para pleitear, como o faz, na defesa do direito da categoria a que se refere."

Felizmente, a Súmula n. 310 foi cancelada no ano de 2003, a partir de quando o TST consagrou a ampla substituição processual, como mais uma das manifestações do princípio da Autodeterminação Coletiva.

6. *PRINCÍPIOS DO DIREITO COLETIVO DO TRABALHO*

Por fim, como corolário do princípio da autodeterminação coletiva, deduzem-se os princípios da liberdade sindical, autonomia sindical, coletivismo, solidariedade, representatividade sindical, direito de greve, garantias do mandatário sindical etc.

CAPÍTULO VI
Princípio da Irretroatividade das Nulidades Contratuais

1. NULIDADE E ANULABILIDADE

Para sua validade, o ato jurídico requer a concomitância de: agente capaz, objeto lícito e forma legal ou não proibida por lei (art. 104 do Código Civil). São pressupostos do ato jurídico a capacidade, a idoneidade do objeto e a legitimação (posição do sujeito em relação ao objeto). Constituem requisitos do ato jurídico a declaração de vontade, a causa e a forma[89].

A ausência de um pressuposto ou requisitos torna o ato totalmente nulo. E o ato nulo não gera efeitos jurídicos, ou melhor, não gera os efeitos próprios do ato, mas sim outros, os indesejados pelos policitantes.

A falta de vontade não se confunde com a vontade viciada. Ocorre ausência de vontade quando o sujeito não quis a declaração, verificada nos seguintes casos: a) a falsidade; b) a violência física; e c) a incapacidade natural. *A ausência da vontade torna o ato nulo.*

A vontade viciada (vício de consentimento) torna o ato *anulável*. Ocorre quando a vontade foi emitida, porém, a declaração saiu na forma não pretendida ou de maneira enganosa à sociedade. São os vícios psíquicos e os sociais. Psíquicos são o *erro* ou a ignorância, o *dolo*, a *coação*, o estado de perigo e a lesão (arts. 138/157 do Código Civil). Os vícios sociais são a fraude contra credores (art. 158, CC) e a simulação (art. 167). Também torna anulável o ato a incapacidade relativa do agente (art. 171, I).

A nulidade se *declara,* com efeito *ex tunc;* não pode o ato nulo ser convalidado nem ratificado, nem com a vontade das partes; pode ser alegada pelos interessados, pelo Ministério Público e até conhecida de ofício pelo juiz.

---

(89) GOMES, Orlando. *Introdução ao Direito Civil.* Rio de Janeiro: Forense, 1986, 6º vol. p. 322.

A anulabilidade se *decreta*, com efeito *ex nunc*, isto é, produz efeitos até a sua efetiva decretação. O ato pode ser ratificado, convalidado e só pode ser a nulidade alegada pelos interessados, não podendo ser pronunciada de ofício (art. 152, CC), e aproveita apenas aos que a alegarem, salvo o caso de solidariedade (art. 177 do CC).

Em resumo, o ato anulável gera todos os efeitos normais até a decretação da sua nulidade; o nulo não gera, desde o início, nenhum dos efeitos normais do ato e a sua declaração restitui as partes ao estado anterior. Isto, no Direito Civil. A preterição de elementos essenciais gera a nulidade absoluta e a de elementos acidentais gera a anulabilidade ou nulidade relativa. A nulidade absoluta se **declara**; a relativa se **decreta**.

2. AS NULIDADES CONTRATUAIS NO DIREITO DO TRABALHO

No Direito do Trabalho, a regra civilista é mitigada. Tanto na nulidade quanto na anulabilidade, em regra, o efeito é apenas *ex tunc*. A propósito, é relevante o seguinte excerto da decisão do Excelso Supremo Tribunal Federal nos autos do RE n. 596478, em 13.6.2012:

> *Contratação sem concurso público e direito ao FGTS — 3*
>
> O art. 19-A da Lei n. 8.036/90, acrescido pelo art. 9º da Medida Provisória 2.164--41/2001, que assegura direito ao FGTS à pessoa que tenha sido contratada sem concurso público não afronta a Constituição. Essa a orientação do Plenário que, em conclusão de julgamento, desproveu recurso extraordinário no qual se discutia a constitucionalidade, ou não, do dispositivo — v. Informativo 609. Salientou-se tratar-se, na espécie, de efeitos residuais de fato jurídico que existira, não obstante reconhecida sua nulidade com fundamento no próprio § 2º do art. 37 da CF. Mencionou-se que o Tribunal tem levado em consideração essa necessidade de se garantir a fatos nulos, mas existentes juridicamente, os seus efeitos. **Consignou-se a impossibilidade de se aplicar, no caso, a teoria civilista das nulidades de modo a retroagir todos os efeitos desconstitutivos dessa relação.** Ressaltou-se, ainda, que a manutenção desse preceito legal como norma compatível com a Constituição consistiria, inclusive, em desestímulo aos Estados que quisessem burlar concurso público. Aludiu-se ao fato de que, se houvesse irregularidade na contratação de servidor sem concurso público, o responsável, comprovado dolo ou culpa, responderia regressivamente nos termos do art. 37 da CF. Portanto, inexistiria prejuízo para os cofres públicos. (RE 596478/RR, Rel. orig. Min. Ellen Gracie, red. p/ o acórdão Min. Dias Toffoli, 13.6.2012.) (sem negritos no original)

Em relação ao contrato de trabalho, porém, compõem-lhe a essência três requisitos: agente capaz, idoneidade do objeto e consenso. Os dois primeiros constituem pressupostos do contrato; o último, requisito intrínseco.

A forma não é da essência do contrato de trabalho, mas é caracterizadora de algumas espécies de contratos de trabalho, e, neste caso, é essencial para a espécie. A ausência de forma lança o contrato na regra geral da informalidade contratual.

A nulidade absoluta só retroage (*ex tunc*) se o objeto da prestação do serviço for ilícito. No mais não retroage, dada a impossibilidade de restituir as partes ao *status quo ante,* posto que a energia de trabalho é acíclica, irrecuperável.

Exemplificando, a capacidade trabalhista implementa-se aos 18 anos e a capacidade relativa aos 16 anos. O art. 7º, XXXIII, da CF proíbe o trabalho ao menor de 16 anos, salvo como aprendiz a partir dos 14 anos. Porém, pesquisas apontam que o menor brasileiro está trabalhando para sobreviver. Pois bem, contra fatos não há argumentos e a necessidade desconhece a lei. Por isso, apesar da vedação constitucional, constatado o trabalho do menor, são devidos todos os direitos emergentes do contrato de trabalho havido. Esta seria, no Direito Comum, a maior nulidade possível (ausência da vontade) e ensejaria a total nulidade do ato. Mas no Trabalho essa nulidade plena não expunge os efeitos do negócio jurídico:

> Embora a Constituição Federal vede o trabalho a menores de 14 anos, deve-se admitir a existência de relação de emprego quando demonstrados os elementos caracterizadores da mesma, eis que o não reconhecimento dos direitos decorrentes do pacto laboral importaria em gratificar o empregador infrator, que se locupletaria com a ilegalidade cometida (TRT 4ª Reg., RO 6.928/90, Ac. 2ª T. 3.2.1992. Rel. Juiz Conv. André Avelino Ribeiro Neto.) In: *Revista. LTr* de julho de 1993.

Outro exemplo é o do trabalho escravo. Alguém trabalha sob coação para outrem. Reivindicados os direitos normais emergentes do contrato de trabalho, o tomador do serviço não pode eximir-se da obrigação sob negação do vínculo de emprego por nulidade do pacto em virtude do vício de consentimento. Entretanto, são devidos todos os títulos trabalhistas próprios de um contrato de trabalho válido, mais os danos morais. É proibido o trabalho noturno, perigoso ou insalubre ao menor de 18 anos (art. 7º, XXXIII, CF). Entretanto, constatado o trabalho sob essas condições há que se determinar a imediata cessação, com o pagamento dos consectários legais (adicional de insalubridade ou de periculosidade, bem como os efeitos previdenciários próprios).

Quanto ao objeto, há que se distinguir o objeto econômico do empregador e o da prestação do serviço. O objeto econômico ilícito nem sempre torna ilícito o objeto do trabalho. O jogo do bicho é ilícito, mas o trabalhador que presta serviço de zelador, copeiro, vigia não pode ser acusado de praticar ilícito. Já o que trabalha vendendo as apostas, sim, está diretamente ligado à ilicitude. Os que prestam serviço lícito têm, indubitavelmente, a proteção legal, porque aí não incide o art. 166, II do CC. Já em relação ao vendedor de aposta (banqueiro, cambista), a jurisprudência oscila. Senão, vejamos:

> Constatada a ilicitude do objeto do contrato de trabalho forçoso é concluir pela pertinência do art. 82 do CC. O autor mostra-se carecedor da demanda que visa o

reconhecimento do vínculo empregatício e condenação do tomador dos serviços à satisfação de verbas resilitórias, de férias e gratificação natalina. (TST-RR-2.309/88.0, Ac. 1ª T. 1.176/89, 11.4.1989. Rel. Min. Marco Aurélio Mendes de Farias Mello.) *In: Revista LTr* de dezembro/89.

Se o objeto do contrato mostra-se ilícito face à atividade desenvolvida — prestação de serviço em banca de jogo do bicho (contravenção penal), impossível é afastar o preceito do art. 82 do CC. Por outro lado, a parcimônia das autoridades policiais no tocante ao combate à contravenção não conduz ao reconhecimento do vínculo empregatício, sob pena de colocar-se em plano secundário a ordem jurídica, com insegurança para toda a sociedade. A impossibilidade de fazer com que as partes retornem ao *status quo ante* apenas autoriza o pagamento dos salários, deixando de levar a outros reflexos trabalhistas. (TST-RR 1.909/87.6, Ac. 1ª T. 2.295/89, 26.6.1989, Rel. Min. Marco Aurélio Mendes de Farias Mello.) *In: Ementário LTr*, vol. VIII, p. 232.

Se o jogo do bicho é uma contravenção penal amplamente tolerada pelas autoridades governamentais, nada mais justo que não se negue a tutela jurisdicional às pessoas que prestam serviços aos banqueiros desse tipo de loteria, pois o contrário seria beneficiar-se duplamente seus proprietários. (TRT 8ª R. 586/89, Ac. 876/89, 26.6.1989, Rel. Juiz Nazer Leite Nassar.) *In: Revista LTr* de dezembro/89.

Como se vê, há um prestigiamento do trabalho prestado, mesmo nas atividades de objeto econômico ilícito. E a repressão diz respeito só ao trabalho ligado diretamente ao ilícito. Quanto ao trabalho lícito (como de garçom, faxineira, vigia, motorista), embora contravencional a empresa, o contrato de trabalho deve ser reconhecido, quando o trabalhador não tem plena ciência da ilicitude da empresa.

No tocante às nulidades decorrentes de expressa determinação legal, da mesma forma, o tratamento deve ser igual: a nulidade não retroage.

3. NULIDADE DA CONTRATAÇÃO SEM CONCURSO PÚBLICO

O caso mais aflitivo que se instalou desde a promulgação da Constituição de 1988, como uma avalanche incontrolável, é o da contratação de servidores públicos sem concurso público. O ingresso em emprego público na administração pública direta, autárquica, fundacional, empresa pública e sociedade de economia mista dar-se-á mediante concurso público, conforme o art. 37, II, da Constituição, cuja preterição implica a nulidade do ato e a punição da autoridade responsável (§ 2º do art. 37):

> A não observância dos incisos I e II implicará a nulidade do ato e a punição da autoridade responsável, nos termos da lei.

Neste caso, três soluções se delinearam: uma extremada restringindo o direito dos trabalhadores apenas ao salário vencido; outra no outro extremo, reconhecendo todos os efeitos do contrato; e a equitativa, declarando apenas os efeitos alusivos à execução já consumada do contrato, mas negando os efeitos rescisórios, em face da justa causa legal.

A regra em Direito do Trabalho é da irretroatividade das nulidades. No entanto, o Tribunal Superior do Trabalho, em 2002, consolidou na Súmula n. 363 a posição extrema contra o operário, reconhece direito apenas ao salário contratado dos dias efetivamente trabalhados, *verbis*:

> **CONTRATO NULO — EFEITOS**
>
> A contratação de servidor público, após a CF/1988, sem prévia aprovação em concurso público, encontra óbice no respectivo art. 37, II e § 2º, somente lhe conferindo direito ao pagamento da contraprestação pactuada, em relação ao número de horas trabalhadas, respeitado o valor da hora do salário mínimo.

Veja-se que o preceito constitucional comina duas sanções: a) a nulidade da contratação, o que não implica apagar os efeitos do contrato já executado; b) a punição das autoridades responsáveis. E a Súmula n. 363 inverte os valores: a) pune os trabalhadores ao negar-lhes os direitos decorrentes do contrato já transcorrido; b) e não esboça nenhuma punição das autoridades (ir)responsáveis.

Por isso, essa posição da Eg. Corte Superior é redondamente equivocada, pois a relação de emprego envolve duas partes: a contratual e a institucional. Nulo é o contrato, não gerando direito aos enquadramentos funcionais, à estabilidade, à promoção, às proteções contra despedida etc. Mas a relação de emprego, cujo objeto não é ilícito, gera todos os consectários imperativos do art. 7º, que constituem direito fundamental do trabalhador, inderrogáveis por qualquer norma de qualquer natureza, mesmo da Constituição.

A partir dessa Súmula, a maioria dos Tribunais e o próprio TST passaram a decidir pelo não cabimento do registro do contrato havido na Carteira de Trabalho e Previdência Social do trabalhador. Veja-se que a Súmula já é reducionista de direitos constitucionais do trabalhador. Nega-lhe os direitos básicos da relação de emprego, imperativos, indisponíveis, institucionais, independentes da vontade dos contratantes. E sua interpretação beira ao absurdo, surrupiando até o registro na CTPS. Senão, vejamos.

Primeiro é que isso está errado, inconstitucional, injusto e inaceitável. Com efeito, fere a dignidade do cidadão o trabalho lícito sem o registro nos seus assentamentos para efeito de previdência social. Por isso, esse é o primeiro direito-dever de todos os que trabalham mediante remuneração, segundo o art. 13 da CLT.

De fato, é nulo o contrato, mas os efeitos havidos não. É como um casamento nulo que gerou filhos. A nulidade do casamento não invalida a filiação.

No entanto, vamos lá.

Tudo deve ser visto sob a ótica da evolução. Ninguém se banha duas vezes na mesma água do rio, diz Heráclito de Éfesos, porque a água está em constante circulação. A citada Súmula, na sua origem, só reconhecia o direito aos salários vencidos. Mais nada. Isto, fundada em falso pressuposto, aquele que deferia aos trabalhadores do jogo do bicho apenas os salários, conforme transcrito acima, o que já fora uma evolução. Ora, no caso do jogo, o objeto é ilícito. Não serve de paradigma para a nulidade sob comento.

A Medida Provisória n. 2.164-41, de 24.8.2001 acrescentou à Lei n. 8.036/1990 o art. 19-A, com a seguinte redação:

> É devido o depósito do FGTS na conta vinculada do Trabalhador cujo contrato de trabalho seja declarado nulo nas hipóteses previstas no art. 37, § 2º, da Constituição Federal, quando mantido o direito ao salário.

Para abrigar esse novo comando legal, o TST, que já fizera a Súmula n. 363 desatualizada, alterou-a em 2003, dando-lhe a redação atual, para dizer que nos contratos nulos são devidos apenas os salários e os depósitos do FGTS:

> **CONTRATO NULO — EFEITOS — NOVA REDAÇÃO** (Res. 121/2003)
>
> A contratação de servidor público, após a CF/1988, sem prévia aprovação em concurso público, encontra óbice no respectivo art. 37, I e § 2º, somente lhe conferindo direito ao pagamento da contraprestação pactuada, em relação ao número de horas trabalhadas, respeitado o valor da hora do salário mínimo, e dos valores referentes aos depósitos do FGTS.

Ora, **Fundo de Garantia do Tempo de Serviço**, esse é o seu nome, ou seja, o **Fundo garante o Tempo** de Serviço. E, uma vez reconhecido e garantido o Tempo de Serviço, o registro deste nos assentamentos funcionais do trabalhador impõe-se como mera consequência. Aliás, consta da CLT que a prova principal do contrato de emprego é o registro na CTPS do empregado.

Registre-se que FGTS é um direito privativo do empregado. De mais ninguém. E não existe emprego sem registro na carteira, é óbvio. A propósito, a Circular n. 450/2008, da Caixa Econômica Federal, já com várias alterações, regulamentando o procedimento dos depósitos, no seu item 2, vincula-o à GFIP — Guia de Recolhimento do FGTS e Informações à Previdência Social. No item 4, assim dispõe:

> 4. DAS GUIAS DE RECOLHIMENTO DO FGTS. Os recolhimentos do FGTS devem ser efetuados utilizando-se das seguintes guias: Guia de Recolhimento do FGTS — GRF; Guia de Rescisório do FGTS — GRRF; Guia de Recolhimento para fins de recurso junto à Justiça do Trabalho; Guia de Recolhimento do FGTS para Empresas Filantrópicas; Guia de Recolhimento do FGTS e Informações à Previdência Social — GFIP; Guia de Regularização de Débitos do FGTS — GRDE; Documentos Específicos de Recolhimento do FGTS — DERF.

Destarte, a GFIP é obrigatória para o procedimento do depósito. E o seu pressuposto é o registro previdenciário. Só se admite a GFIP avulsa para depósito recursal e empregadores domésticos, conforme item 5 da Circular n. 450/2008, da CEF.

Pois bem. Se, na sua redação originária de 11.4.2002, a Súmula conduzia à interpretação reducionista de que não cabia no contrato nulo o registro do contrato havido na CTPS do trabalhador, da redação posterior não se pode tirar tal ilação, porque nesta se incluiu o Fundo de **Garantia do Tempo** de Serviço. E não existe garantia sem o registro do ocorrido.

Prossigamos.

No entanto, digamos que a inclusão, por Medida Provisória, do FGTS nos contratos nulos era matéria de constitucionalidade controvertida. Isso, porém, foi superado. Nos autos do RE n. 596.478, o Supremo Tribunal Federal, negara a liminar e, no julgamento final, ocorrido no dia 13.6.2012, rejeitou a tese da inconstitucionalidade do art. 19-A da Lei n. 8.036/1990.

Esse julgamento do STF, conquanto enfrentasse apenas a tese alusiva ao FGTS do contrato nulo, resultou em reconhecer todos os efeitos do contrato consumado, resgatando a opção equitativa do Eg. Tribunal Regional da 22ª Região, que reconhecia aos trabalhadores contratados sem concurso público todas as verbas vencidas, como férias não gozadas, 13º salário, FGTS e registro na CTPS; e indeferia aviso prévio, proporções de férias e 13º, indenizações de 40% do FGTS.

A propósito, veja-se trechos do voto vencido do Exmo. Min. Gilmar Mendes, que **rejeitou** a tese da inconstitucionalidade:

> VOTO
>
> O Senhor Ministro Gilmar Mendes — Senhor Presidente, [...].
>
> Lembro-me que fiz um parecer, já em décadas passadas, em 85, no qual se discutia a nulidade do contrato de trabalho, e a sua repercussão na Previdência Social. No caso de menor que está proibido até mesmo de exercer atividade laboral. [...].
>
> Uma coisa é combater o contrato irregular — para isso o Ministério Público deve fazer todos os esforços, e todos os órgãos de fiscalização também. **Agora, não reconhecer, minimamente, este direito ao FGTS me parece realmente onerar em demasia a parte mais fraca.**
>
> [...].
>
> Também entre nós **não parece existir razão para que se atribua efeito retroativo à decretação de nulidade do contrato de trabalho.** Na ausência de disposição expressa, como a do Direito italiano, e à falta de um desenvolvimento doutrinário, no tocante às "Relações Contratuais Fáticas", **há de se admitir a legitimidade das pretensões decorrentes da relação de emprego, ainda que esta venha a ser declarada inválida.** Do contrário, ter-se-ia a norma protetiva aplicada contra os interesses daqueles a quem visa proteger. Esta constitui sem dúvida a única solução compatível com a natureza tutelar do Direito do Trabalho. (grifos nossos)

Ora, o julgamento do STF, em sede de Recurso Extraordinário, com repercussão geral, possui força expansiva, posto que assegurado na singular prerrogativa de guarda da Constituição, tendo aquela Corte o monopólio da última palavra em matéria de interpretação constitucional. Assim, se o STF validou o tempo de serviço, os direitos básicos consumados durante a execução do contrato são meras consequências, principalmente os registros na Carteira de Trabalho e Previdência Social (CTPS) do trabalhador.

De outra parte, a nulidade comandada pelo art. 37, § 2º, CF não é absoluta, tanto que a Súmula já reconhece ao contrato nulo direito a salários e FGTS. E o STF já reconhece também direito a estabilidade-gestante.

SERVIDORA PÚBLICA GESTANTE OCUPANTE DE CARGO EM COMISSÃO — ESTABILIDADE PROVISÓRIA (ADCT/88, ART. 10, II, "B") — CONVENÇÃO OIT N. 103/1952 — INCORPORAÇÃO FORMAL AO ORDENAMENTO POSITIVO BRASILEIRO (DECRETO N. 58.821/66) — PROTEÇÃO À MATERNIDADE E AO NASCITURO — DESNECESSIDADE DE PRÉVIA COMUNICAÇÃO DO ESTADO DE GRAVIDEZ AO ÓRGÃO PÚBLICO COMPETENTE — RECURSO DE AGRAVO IMPROVIDO. [...] — As gestantes — quer se trate de servidoras públicas, quer se cuide de trabalhadoras, qualquer que seja o regime jurídico a elas aplicável, não importando se de caráter administrativo ou de natureza contratual (CLT), mesmo aquelas ocupantes de cargo em comissão ou exercentes de função de confiança ou, ainda, as contratadas por prazo determinado, inclusive na hipótese prevista no inciso IX do art. 37 da Constituição, ou admitidas a título precário — têm direito público subjetivo à estabilidade provisória, desde a confirmação do estado fisiológico de gravidez até cinco (5) meses após o parto (ADCT, art. 10, II, "b"), e, também, à licença-maternidade de 120 dias (CF, art. 7º, XVIII, c/c o art. 39, § 3º), sendo-lhes preservada, em consequência, nesse período, a integridade do vínculo jurídico que as une à Administração Pública ou ao empregador, sem prejuízo da integral percepção do estipêndio funcional ou da remuneração laboral. Doutrina. Precedentes. Convenção OIT n. 103/1952. (STF, 2ª T., AgRg no RE 634093/DF, Rel. Min. Celso de Mello, p. 7.12.2011.)

Com base nesse julgado do STF, o próprio TST proclamou:

RECURSO DE REVISTA. PROCEDIMENTO SUMARÍSSIMO. CONTRATO DE EXPERIÊNCIA. ESTABILIDADE DE GESTANTE. DIREITO CONSTITUCIONAL ASSEGURADO INDEPENDENTEMENTE DO REGIME JURÍDICO. PRECEDENTES DO SUPREMO TRIBUNAL FEDERAL. 1. Estabelece o art. 10, II, "b", do ADCT/88 que é vedada a dispensa arbitrária ou sem justa causa da empregada gestante, desde a confirmação da gravidez até cinco meses após o parto, não impondo qualquer restrição quanto à modalidade de contrato de trabalho, mesmo porque a garantia visa, em última análise, à tutela do nascituro. 2. O entendimento vertido na Súmula n. 244, III, do TST encontra-se superado pela atual jurisprudência do Supremo Tribunal Federal, no sentido de que as empregadas gestantes, inclusive as contratadas a título precário, independentemente do regime de trabalho, têm direito à licença-maternidade de 120 dias e à estabilidade provisória desde a confirmação da gravidez até cinco meses após o parto. 3. Dessa orientação dissentiu o acórdão recorrido, em afronta ao art. 10, II, *b*, do ADCT/88. (RR-107-20.2011.5.18.0006, 1ª T., Rel. Min. Walmir Oliveira da Costa, Publicação DEJT em 15.12.2012.)

Ora, como gerar salários, Fundo de Garantia do Tempo de Serviço, estabilidade--gestante sem os registros na CTPS?

Para confirmar a tese de que os efeitos da nulidade do contrato de emprego não é *ex tunc*, não retroage ao início, transcrevemos abaixo os excertos das teses vencedora e vencida, respectivamente, a primeira rejeitando a teoria civilista das nulidades com efeito retroativo-desconstitutivo, e a segunda, a vencida, na linha da Súmula do TST.

Contratação sem concurso público e direito ao FGTS — 3

O art. 19-A da Lei n. 8.036/90, acrescido pelo art. 9º da Medida Provisória n. 2.164--41/2001, que assegura direito ao FGTS à pessoa que tenha sido contratada sem concurso público não afronta a Constituição. Essa a orientação do Plenário que, em conclusão de julgamento, desproveu recurso extraordinário no qual se discutia a constitucionalidade, ou não, do dispositivo — v. Informativo 609. Salientou-se tratar--se, na espécie, de efeitos residuais de fato jurídico que existira, não obstante reconhecida sua nulidade com fundamento no próprio § 2º do art. 37 da CF. Mencionou-se que o Tribunal tem levado em consideração essa necessidade de se garantir a fatos nulos, mas existentes juridicamente, os seus efeitos. Consignou-se a impossibilidade de se aplicar, no caso, a teoria civilista das nulidades de modo a retroagir todos os efeitos desconstitutivos dessa relação. Ressaltou-se, ainda, que a manutenção desse preceito legal como norma compatível com a Constituição consistiria, inclusive, em desestímulo aos Estados que quisessem burlar concurso público. Aludiu-se ao fato de que, se houvesse irregularidade na contratação de servidor sem concurso público, o responsável, comprovado dolo ou culpa, responderia regressivamente nos termos do art. 37 da CF. Portanto, inexistiria prejuízo para os cofres públicos. (RE 596478/RR, Rel. orig. Min. Ellen Gracie, red. p/ o acórdão Min. Dias Toffoli, 13.6.2012.) (RE-596478) (Informativo n. 670, Plenário, Repercussão Geral).

Contratação sem concurso público e direito ao FGTS — 4

Vencidos os Ministros Ellen Gracie, relatora, Cármen Lúcia, Joaquim Barbosa, Luiz Fux e Marco Aurélio, que davam provimento ao recurso para assentar a inconstitucionalidade do artigo adversado. Sublinhavam que a nulidade da investidura impediria o surgimento de direitos trabalhistas — resguardado, como único efeito jurídico válido resultante do pacto celebrado, o direito à percepção do salário referente ao período efetivamente trabalhado, para evitar o enriquecimento sem causa do Estado —, não tendo o empregado, por conseguinte, jus aos depósitos em conta vinculada a título de FGTS. O Min. Joaquim Barbosa afirmava que a exigência de prévia aprovação em concurso público para provimento de cargo seria incompatível com o objetivo essencial para a qual o FGTS fora criado. O Min. Marco Aurélio asseverava vício formal da aludida medida provisória por não vislumbrar os pressupostos de urgência e relevância. (RE 596478/RR, rel. orig. Min. Ellen Gracie, red. p/ o acórdão Min. Dias Toffoli, 13.6.2012.) (RE-596478) (Informativo 670, Plenário, Repercussão Geral)

Com efeito, parece ocorrer uma antinomia entre o art. 7º e o 37, § 2º, da CF. E as antinomias de princípios constitucionais resolvem-se segundo a ponderação de valores e a razoabilidade, de modo que se encontre a justa medida que assegure a eficácia de ambos e nenhum suplante o outro.

Destarte, a relação de emprego é fato, independe da vontade das partes, e os efeitos são imperativos do art. 7º da CF, que põe o trabalho como um dos componentes da dignidade humana; já o art. 37, da CF, conquanto vise à igualdade de oportunidade do emprego público, não tem o condão de frustrar os efeitos da relação de fato já havida. Tanto que o § 2º do art. 37 determina a punição da autoridade responsável e não do trabalhador, até porque as regras de administração são impostas àquele.

O argumento que sustentou a construção da combatida Súmula foi o de que o trabalhador cometeu ilícito ao aceitar o emprego público sem haver feito concurso. Ora, exigir de um cidadão convidado para assumir o emprego de Gari que ele recuse, argumentando que é inconstitucional, é surreal, é ignorar a natureza agônica da alma humana, como diz Nietzsche.

A jurisprudência consolidada da Egrégia Corte Superior é bem coronelista, baixa o bastão sobre o desgraçado, para que ele se exemple e não cometa mais ilícitos; aos abastados da Administração Pública, o passaporte para continuar profanando a Constituição. Continua o trabalhador a pagar por todos os vícios sociais, na bigorna do sistema coronelista.

Por fim, nunca foi constitucional, legal nem justa a subtração dos direitos básicos do trabalhador havidos durante a execução do contrato de emprego, inclusive e principalmente os registros do contrato de emprego dos contratados pela Administração Pública sem prévia aprovação em concurso público. Porém, depois da edição da MP n. 2.164-41/2001, o registro tornou-se compulsório. E, com o julgamento do RE n. 596478 pelo STF, nada mais ampara o reducionismo da Súmula n. 363 do TST, muito menos a interpretação mais miserável desta no que diz respeito ao solapamento do registro na CTPS. Isto porque a interpretação que o STF dá à Constituição tem efeito expansivo, vinculando todos os demais intérpretes, em virtude de seu monopólio da última palavra sobre os temas constitucionais.

No direito comparado, e este integra as fontes do Direito do Trabalho, conforme art. 8º da CLT, o Código do Trabalho português, de 2003, é enfático:

Art. 115. Efeitos da invalidade do contrato

1 — O contrato de trabalho nulo ou anulado produz efeitos como se fosse válido em relação ao tempo durante o qual esteve em execução.

2 — Aos actos modificativos inválidos do contrato de trabalho aplica-se o disposto no número anterior, desde que não afectem as garantias do trabalhador.

Art. 116. Invalidade e cessação do contrato

1 — Aos factos extintivos ocorridos antes da declaração de nulidade ou anulação do contrato de trabalho aplicam-se as normas sobre cessação do contrato.

2 — Se, porém, for declarado nulo ou anulado o contrato celebrado a termo e já extinto, a indemnização a que haja lugar tem por limite o valor estabelecido nos arts. 440º e 448º, respectivamente para os casos de despedimento ilícito ou de denúncia sem aviso prévio.

3 — A invocação de invalidade pela parte de má-fé, estando a outra de boa-fé, seguida de imediata cessação da prestação de trabalho, aplica-se o regime da indenização prevista no número 1 do art. 439º ou no art. 448º para o despedimento ilícito ou para denúncia sem aviso prévio, conforme os casos.

4 — A má fé consiste na celebração do contrato ou na manutenção deste com o conhecimento da causa de invalidade.

Não sejamos tartufos, assumamos os erros e curvemo-nos à verdade, pois, como diz Rui Barbosa, só não muda de ideias quem não as tem, e só o rio não recua, mas morre afogado no mar, diz o Barão de Itararé.

Urge, pois, uma nova redação da Súmula n. 363 do TST para incluir em seu texto o direito do trabalhador a férias vencidas e proporcionais (Convenção Internecional do Trabalho 132 da OIT), 13os salários vencidos e proporcionais, depósitos do FGTS e registro do contrato na CTPS, além da estabilidade-gestante, restabelecendo, com isso, o Direito, a Justiça e a Paz.

PRINCÍPIOS DE CONCREÇÃO DO DIREITO DO TRABALHO

PARTE 3

CAPÍTULO I
Princípio da Norma Favorável ao Empregado

1. SIGNIFICADO DO PRECEITO

Perez Botija diz que esse princípio resume-se no seguinte enunciado: "En caso de pluralidad de normas aplicables a una relación de trabajo, se ha de optar por la que sea más favorable ao trabajador."[90]

Esta regra é um desdobramento do princípio protetor, ou seja, é um subprincípio deste ou, como preferimos, um princípio de concreção.

O princípio da norma mais favorável significa que, havendo pluralidade de normas aplicáveis a uma relação de trabalho, opta-se pela mais favorável ao operário. E o Direito do Trabalho caracteriza-se pela cumulação de vários instrumentos normativos sobre o mesmo tema, oriundos de variadas fontes. Como diz Amauri Mascaro Nascimento, o Direito do Trabalho é pluricêntrico e multinormativo.

Por este princípio, a hierarquia formal das normas, aparentemente, cai por terra, porque na dúvida entre várias normas aplicáveis ao mesmo fato aplica-se aquela mais benéfica para o empregado, pouco importando se está em jogo uma norma constitucional com um simples regulamento de empresa.

A norma mais favorável, na realidade, não contraria a hierarquia das leis, porque as normas trabalhistas conferem um mínimo de garantias ao trabalhador e quando estipulam um máximo o fazem expressamente. E, neste caso, não se aplica o princípio. Por outro lado, a simples proteção constitucional do trabalhador consagra o princípio, autorizando valoração da norma de acordo com o progresso social.

Clássica indagação aflora quanto a como determinar o que é mais favorável ao empregado, diante do imperativo legal de que o interesse individual ou coletivo esbarra no interesse social (art. 8º, CLT).

---

(90) *Derecho del Trabajo*, p. 88.

Resolve-se esse impasse na observância da hierarquia dos interesses: primeiro o social, que diz respeito a toda a sociedade; segundo o coletivo, que alcança toda a categoria profissional do trabalhador em dissídio e, por fim, o individual. A norma mais favorável ao trabalhador individualmente não pode resultar desfavorável à sua categoria profissional. Mais uma vez, entra em ação o senso político do juiz. Ocorre de o empregador premiar os empregados com determinadas gratificações anuais; por ocasião das rescisões contratuais, essas gratificações não integram o salário para efeito dos cálculos indenizatórios; o despedido reclama na Justiça; a procedência da reclamação resultará em dano irreparável para os demais, porque o empregador suprimirá tais gratificações em prevenção a futuras rescisões.

Diante de um leque de normas sobre o caso em tela, o juiz elege aquela que for mais favorável ao operário, respeitando, contudo, o interesse social e, em seguida, o de classe. Por exemplo, se o regulamento da empresa ou o contrato estipulam direito a dois meses de férias por ano, tem que ser concedido segundo o regulamento ou o contrato, não obstante a CLT assegurar apenas trinta dias.

Um ponto que merece atenção e, por isso, se recomenda cautela no emprego do princípio, relaciona-se com as normas de caráter proibitivo, as quais não podem ser melindradas senão por outra de hierarquia superior. É o que ocorre com as regras limitativas de salário mínimo e de aumento salarial por motivo de política econômico-financeira do País.

2. *FUNDAMENTOS*

O Código do Trabalho português, instituído pela Lei n. 99/2003, cujo Título I, do Livro I, que vai dos arts. 1º ao 9º que trata das fontes e aplicação do direito do trabalho, dedica o art. 4º expressamente ao "Princípio do tratamento mais favorável":

> 1 — As normas deste Código podem, sem prejuízo do disposto no número seguinte, ser afastadas por instrumento de regulação coletiva de trabalho, salvo quando delas resultar o contrário.
>
> 2 — As normas deste Código não podem ser afastadas por regulamento de condições mínimas.
>
> 3 — As normas deste Código só podem ser afastadas por contrato de trabalho quando este estabeleça condições mais favoráveis para o trabalhador e se delas não resultar o contrário.

Importante fazer este registro porque provém da Europa já unificada e da era neoliberal, e, no entanto, o princípio continua com esse vigor.

O fundamento básico desse princípio pode ser resumido em três colocações:

> 1. o Direito do Trabalho é pluricêntrico e multinormativo (como leciona Amauri Mascaro Nascimento), isto é, possui vários órgãos emissores de

normas e, por consequência, há várias normas disciplinando a mesma matéria;

2. o Direito do Trabalho é multinormativo, ou seja, vigem paralelamente vários instrumentos normativos, como a lei em sentido amplo, as Convenções da OIT, as Convenções Coletivas do Trabalho, os Acordos Coletivos do Trabalho, Sentença Normativa, Regulamento de Empresa e contrato individual;

3. o Direito do Trabalho privilegia a ascensão social do trabalhador, significando que não há conflito de normas trabalhistas, mas sim vigência paralela, uma completando a outra (diz Amauri), e a mais favorável, em regra, afastando a menos benéfica ao operário, acrescentamos.

Na ordem internacional, é exemplar o art. 9º da Convenção n. 52 da OIT: *"Nada em esta Convenção afetará qualquer lei, qualquer sentença, costume ou acordo entre empregadores e trabalhadores que assegure condições mais favoráveis do que as previstas pela presente Convenção."* Outro exemplo expresso encontra-se no art. 620 da CLT: *"As condições estabelecidas em Convenção, quando mais favoráveis, prevalecerão sobre as estipuladas em Acordo."*

Na Constituição, encontramos embasamento nos arts. 1º, IV, 7º, *caput*, e 193: "A ordem social tem como base o primado do trabalho, e como objetivo o bem-estar e a justiça sociais."

Este princípio encontra limites nas normas proibitivas do Estado. Deve-se também observar a determinação legal de preservar o interesse social acima do interesse coletivo e este acima do individual, conforme art. 8º, *in fine*, CLT.

3. *IDENTIFICAÇÃO DA NORMA MAIS BENÉFICA*

A primeira operação consiste em procurar solução para o caso no contexto das fontes formais primárias (lei em sentido amplo, contrato, acordo coletivo, convenção coletiva, sentença normativa e regulamento de empresa), buscando entre elas a que for mais favorável ao trabalhador, independentemente da hierarquia das normas preconizadas pelo direito comum, porque no Direito do Trabalho a hierarquia se firma, como regra, sob o critério valorativo e não sob o formal. Situa-se no ápice aquela norma que denota maior progresso social. Diante do caso concreto, é que identificamos qual a mais progressista, socialmente falando. A mesma norma em um caso vai ao cume e em outro volta à base. E assim sucessivamente.

Os fatos também definem a posição hierárquica da norma. Da mesma forma, se deve proceder em relação às fontes secundárias, quando invocadas.

A segunda operação consiste em obter a norma mais favorável mediante a interpretação de várias normas em conjunto. Aliás, a mesma norma pode oferecer mais de um sentido e o mais favorável deve ter preferência.

E a terceira operação se faz, também, por meio da interpretação, segundo a lição de Kelsen, de acordo com a qual, do fato posto diante da lei, o juiz obtém um leque de soluções possíveis, todas legais, dentre as quais escolhe uma consoante a sua concepção de justiça.

Discute-se qual o procedimento correto na escolha, entre duas ou mais normas, da mais favorável. Uma corrente sustenta que as normas em opção devem ser comparadas em seu conjunto; outra corrente entende que se deve separar de cada norma em comparação a parte que seja mais benéfica ao trabalhador. A primeira corrente denomina-se teoria da incindibilidade ou do conglobamento; a segunda denomina-se teoria da acumulação. Filiam-se à primeira Greco, Barassi, Perez Botija e Bayón Chacón, entre outros; à segunda filiam-se Pergolesi, Caldera, Mazzoni e outros[91]. Alfredo J. Ruprecht (*Princípios Normativos do Direito Trabalhista*) filia-se à teoria do conglobamento, por entender que o caráter unitário de cada norma deve ser respeitado.

Em verdade, as duas teorias têm aplicabilidade, desde que moderadamente. Contudo, não se pode chegar ao extremo, como recomenda Barassi, como se fosse uma abelha escolhendo uma flor entre as flores. Plá Rodriguez (*op. cit.*, p. 58) prefere a teoria do conjunto: o conjunto que se leva em conta para estabelecer a comparação é o integrado pelas normas referentes à mesma matéria, que não se pode dissociar sem perda de sua harmonia inteira. Não se pode, porém, levar a preocupação de harmonia além desse âmbito.

Na realidade, a preocupação teórica vai além da preocupação prática, tornando a matéria de difícil compreensão ou até mesmo inaplicável. O que se tem de observar é que o interesse social está acima do coletivo e este acima do individual, motivo pelo qual a determinação da norma mais favorável partirá desse limite e se firmará, consequentemente, em base objetiva e não com suporte no interesse subjetivo do postulante, seja singular, plúrimo ou coletivo.

4. CONGLOBAMENTO

É a regra segundo a qual o instrumento jurídico invocado em favor do trabalhador deve sê-lo por inteiro e não por partes. Não se deve, segundo esta teoria, sair pinçando de cada instituto o que houver de melhor para o operário em determinado caso, como a abelha catando o mel das flores. Essa cata do melhor é defendida pela *teoria da acumulação*. Assim, se aplico a um caso uma Convenção Coletiva, não posso descartar regras da mesma, salvo se ferir norma imperativa do Estado ou direito adquirido. O conglobamento é majoritário entre os juristas.

---

(91) Paolo Greco, *Il Contrato di Luvoro*. Turim, 1939; Giuliano Mazzoni. *Il Contrato di Lovoro nel Sistema dei Diritto Italiano del Lavoro*. Florença, 1952; Ferrucio Pergolesi. Nozione, Sistema e Fonti del Diritto del Lavoro. In: *Tratado di Diritto del Lovaro*, por Borsi e Pergolesi, Pádua, 1939.

O TST placita a teoria do conglobamento, conforme Súmula n. 51, atualizada em 2005:

> **NORMA REGULAMENTAR. VANTAGENS E OPÇÃO PELO NOVO REGULAMENTO.**
>
> I — As cláusulas regulamentares, que revoguem ou alterem vantagens deferidas anteriormente, só atingirão os trabalhadores admitidos após a revogação ou alteração do regulamento.
>
> II — Havendo a coexistência de dois regulamentos da empresa, a opção do empregado por um deles tem efeito de renúncia às regras do sistema do outro.

Ou seja, a norma mais favorável anterior vai prevalecer. Contudo, se dois regulamentos forem mantidos, a opção por um deles será em caráter integral, e não apenas em parte, em face da regra do conglobamento.

De antemão, destaque-se que normas específicas de institutos diferentes não cumulam em questão relacionada a um deles especificamente. Por exemplo, não faz sentido pôr-se em comparação para extrair a norma mais favorável a Lei n. 4.090 (que institui a gratificação natalina) com a 4.622 (que institui o salário-família). Contudo, a acumulação tem assento nos seguintes exemplos, dentre muitos: comportam interpretação conjunta para extrair-se a norma mais favorável a Lei n. 4.090 acima mencionada e as Leis ns. 6.019 (institui o trabalho temporário), 5.859 (institui o trabalho doméstico) e 5.889 (regulamenta o emprego rural). Resulta daí que os empregados doméstico, temporário e rural têm direito a 13º salário.

5. MANIFESTAÇÕES LEGAIS E PRETORIANAS

A observância deste princípio poupa o julgador de injustiças inconscientemente cometidas, muitas vezes, levado pelos bons argumentos dos causídicos; outras vezes, o volume de leis o confunde; outras, a pobreza técnica dos textos o engana.

Todo o Programa da Constituição é no sentido de valorizar a norma que represente melhoria da condição social do trabalhador. O art. 170 da Constituição preceitua que "a ordem econômica, fundada na valorização do trabalho humano e na livre-iniciativa, tem por fim assegurar a todos existência digna, conforme os ditames da justiça social, ..." e que "a ordem social tem como base o primado do trabalho, e como objetivo o bem-estar e a justiça sociais" — art. 193. E no art. 7º, *caput*, anuncia a relação dos direitos dos trabalhadores e acrescenta: "além de outros que visem à melhoria de sua condição social."

Quando tudo parecia teorético, o legislador implantou no Código de Defesa do Consumidor o princípio oriundo da doutrina trabalhista: "As cláusulas contratuais serão interpretadas de maneira mais favorável ao consumidor" — art. 47.

O art. 620 da CLT preceitua que "As condições estabelecidas em Convenção, quando mais favoráveis, prevalecerão sobre as estipuladas em Acordo". No art. 622, comina pena de multa ao empregador que celebrar contrato individual menos favorável ao trabalhador do que a Convenção ou o Acordo.

A propósito do trabalho brasileiro no estrangeiro ou para empresa estrangeira no Brasil, a dúvida sobre qual cláusula aplicar, se a da *lex loci executionis* ou da *locus regit actum*, a lei brasileira, n. 11.962/2009, optou pela regra mais favorável.

A Lei n. 7.064/1982, com art. 1º alterado pela Lei n. 11.962/2009, dispõe sobre a situação do trabalhador contratado ou transferido para prestar serviço no exterior, estipulando os direitos dos trabalhadores e as obrigações das empresas. Há duas situações: a) do transferido para o exterior; e b) do contratado por empresa estrangeira para prestar serviço no exterior. Transferido é o que fora contratado para trabalhar no Brasil e depois transferido para o exterior; ou o empregado cedido a empresa sediada no exterior para trabalhar a serviço desta no exterior; empregado contratado por empresa sediada no Brasil para prestar serviço a esta no exterior. Contratado é o trabalhador admitido por empresa estrangeira para trabalhar no exterior.

O art. 3º dessa Lei dispõe que a empresa responsável pelo contrato de trabalho do empregado transferido assegurar-lhe-á, independentemente da observância da legislação do local da execução dos serviços:

> II — aplicação da legislação brasileira de proteção ao trabalho, naquilo que não for incompatível com o disposto nesta Lei, quando mais favoráveis do que a legislação territorial, no conjunto de normas e em relação a cada matéria.

Aqui, o legislador optou pela lei brasileira, salvo se a estrangeira for mais favorável. Outrossim, adotou a teoria do *conglobamento* e não da *acumulação*, ao referir-se ao conjunto de normas sobre cada matéria. No entanto, prevalecerá sempre a legislação brasileira do FGTS, da Previdência Social e do PIS/Pasep.

Em relação ao trabalhador brasileiro contratado por empresa estrangeira para ir trabalhar no exterior, dispõe o art. 14 da Lei n. 7.064/1982:

> Sem prejuízo da aplicação das leis do país da prestação dos serviços, no que respeita a direitos, vantagens e garantias trabalhistas e previdenciárias, a empresa estrangeira assegurará ao trabalhador os direitos a ele conferidos neste Capítulo.

Na jurisprudência, de longa data este princípio encontra abrigo, conforme aresto do colendo TST, publicado no DJ de 3.5.1952:

> A hierarquia das fontes do Direito do Trabalho deve ser respeitada, vindo a lei em primeiro lugar, como o mínimo que se oferece ao hipossuficiente, dado o caráter tutelar do novo Direito. Permite-se uma alteração nessa hierarquia unicamente quando

as outras fontes (convenções coletivas etc.) favorecem o empregado, dando-lhe mais do que a lei. São inteiramente nulos os fatos que, contrariando a lei, diminuem as vantagens nela estabelecidas. (Rel. Min. Delfim Moreira Júnior)[92]

Após vinte anos sob a ditadura, os pretórios retomam o bom direito:

O acordo coletivo de trabalho pode complementar a sentença normativa transitada em julgado, mas não desconstitui os seus efeitos, pois as normas por esta constituídas são de maior hierarquia. No caso de concorrência de suas normas, aplicar-se-á a mais favorável segundo o princípio pertinente que informa o Direito do Trabalho. (TRT, 12ª Reg., 1ª T., Ac. 2.562/90, Rel. Juiz J. F. Câmara Rufino.)

Em expressa obediência a esse princípio, o colendo TST editou a Súmula n. 288:

A complementação dos proventos da aposentadoria é regida pelas normas em vigor na data da admissão do empregado, observando-se as alterações posteriores desde que mais favoráveis ao beneficiário do direito.

---

(92) Extraímos a indicação de Luiz de Pinho Pedreira da Silva, *Princípios Jurídicos Específicos do Direito do Trabalho*.

CAPÍTULO II
Princípio *in Dubio pro Operario*

1. SIGNIFICADOS E ÂMBITO DE APLICAÇÃO

Cesarino Jr. sintetiza-lhe o alcance: "Sendo o Direito Social, em última análise, o sistema legal de proteção dos economicamente fracos (hipossuficientes), é claro que, em caso de dúvida, a interpretação deve ser sempre a favor do economicamente fraco, que é o empregado, se em litígio com o empregador"[93].

O limite deste princípio esbarra na real existência da dúvida. Sua importância prende-se ao fato de operar por ocasião da apreciação das provas. Ora, as dúvidas puramente de direito representam uma gota d'água no oceano em comparação com as dúvidas vertentes na apuração de cada fato, de cada alegação, de cada valor, de cada prova. Sua aplicação deve ser comedida, analisada, desapaixonada e ponderada, mas nunca às cegas.

A tendência do Direito, mormente do Direito do Trabalho, é tirar a venda dos olhos da Justiça, para esta ver as coisas como estão sendo e não como alguém disse que são. Com base nisso, se quer dizer que nem sempre o empregado é parte mais fraca. Ocorre de um bom técnico servir a uma empresa iniciante cuja renda é inferior ao salário do técnico e as instalações estão garantindo empréstimos bancários.

Passou-se comigo na Vara do Trabalho de Quixadá-CE, no ano de 1984: diante do pretório, o empregado e o patrão, ambos com sintoma de infinita pobreza; o primeiro reclama soma elevada de diferença salarial, indenização de estabilidade em dobro, 13º, férias, horas extras, salário-família, anotações de CTPS; o reclamado não sabe sequer se manifestar em contestação, limita-se a dizer que não tem condição financeira para pagar qualquer indenização, que não tem nem para ele e sua família; o juiz propõe a conciliação e, para surpresa de todos, o reclamado oferece a bodega ao reclamante na condição de este o empregar com carteira assinada e

---

(93) Princípios fundamentais na Consolidação das Leis do Trabalho. In: *Revista LTr*, n. 47, 11, p. 447 e segs. 1983.

salário mínimo. O reclamante rejeitou a proposta, dizendo que a bodega (contra a qual reclamava) não suportava tal encargo. Diante de idêntica situação, o princípio deve ser esquecido, porque a hipossuficiência é de ambos. A saída, nestes casos, deve recorrer à equidade, de maneira que haja uma partilha de direitos (para não dizer de misérias).

A quase unanimidade dos autores reconhece este princípio. Entre os mais acatados nos nossos tribunais, o Ministro Mozart Victor Russomano oferece a seguinte posição: o princípio *in dubio pro operario* é muito amplo e deve ser aplicado sempre que o juiz se sentir em dúvida razoável. Não se trata de um gesto salomônico. É a saída natural aberta pelo Direito do Trabalho ao juiz, em face de sua perplexidade.

Em decorrência desse princípio, o juiz deve decidir em favor do empregado sempre que estiver, com fundados motivos, hesitante entre duas soluções opostas. E quer essa dúvida resulte da *interpretação da lei,* quer resulte da *avaliação crítica da prova,* a conclusão do magistrado deve ser a mesma.

Nem teria sentido outra solução. Se o princípio *in dubio pro operario* está embebido no espírito do Direito do Trabalho, esse *mesmo* espírito deve conduzir o juiz, na exegese da norma ou na apreciação da prova (*Comentários à CLT*, p. 44).

O intérprete identifica o princípio *in dubio pro operario* por ocasião da aplicação do direito. Primeiro, ele interpreta a norma; segundo, identifica a lacuna; e, por fim, procede à sua integração. Daí a afirmação de que o princípio se aplica diante da ocorrência de dúvida razoável. Com efeito, no momento de solucionar um caso, por mais simples que pareça, um leque de soluções se extrai da lei posta diante do fato. Desse leque de soluções, o juiz elege aquela que mais justa lhe pareça. Neste ponto, de acordo com a doutrina de Kelsen na sua teoria da moldura. E essa justiça que o julgador vislumbra deve ter em vista o princípio protetor.

Luiz Pedreira da Silva (*Princípios Jurídicos Específicos do Direito do Trabalho*) e Alfredo J. Ruprecht, igualmente a Russomano, são de opinião que se aplique o princípio tanto na interpretação da norma quanto na apreciação da prova. Ruprecht justifica que geralmente o empregador prepara de antemão os elementos que vão ser logo utilizados numa disputa judicial, já que dispõe de recursos e meios para tal, enquanto o trabalhador carece dessas possibilidades ou as tem em menor proporção (*Princípios Normativos do Direito do Trabalho*).

Campos Batalha ensina que a interpretação da norma processual trabalhista deve obedecer aos critérios genéricos interpretativos: "O caráter instrumental das normas processuais não obsta a que a interpretação de ditas normas permaneça em contínua adequação às renovadas circunstâncias" (*Tratado de Direito Judiciário*, p. 124).

Da mesma forma, Manoel Antonio Teixeira Filho (*A Prova no Processo do Trabalho*, p. 107/108) admite a aplicação do princípio, em caso de dúvida, na interpretação de norma legal, seja substancial ou processual. Porém, no tocante à apreciação da prova, coloca-se em posição oposta, sob o argumento de que a dúvida há de ser resolvida segundo o ônus da prova, que a cada litigante incumbia sem prejuízo da possibilidade de o juiz determinar a reabertura da instrução para a coleta complementar de provas, com o propósito de melhor formar a sua convicção.

Data venia, o eminente jurista engana-se esfericamente, porque a prova nem sempre pode ser apreciada mecanicamente segundo o *onus probandi*. Aliamo-nos às razões acima expostas pelo professor Ruprecht. Os tribunais e juízes de primeira instância aplicam-no cotidianamente, embora sem mencioná-lo, o que é de prudência. A seguinte decisão do TRT da 7ª Região retrata com precisão esse posicionamento.

> Justa causa. Improbidade. Não há improbidade na emissão de cheques sem fundos destinados ao pagamento de bens pela empresa a funcionários, e que devem permanecer em carteira até o seu oportuno resgate pelo emitente. A não apresentação deles aos bancos sacados, após realização de dois controles mensais das atividades financeiras do estabelecimento por parte dos gerentes, induzem o conhecimento do fato e a sua aprovação pelos órgãos da empresa. Improbidade também inexiste no retardo da prestação de contas, que feitas, afinal, mereceram aprovação — notadamente quando o retardamento era tolerado e até consentido pelos superiores hierárquicos do servidor. De resto, a improbidade somente deve ser reconhecida quando lhe for inoponível qualquer dúvida razoável. (Proc. TRT, RO 217/83, Ac. 443/83, Rel. Juiz Antonio Marques Cavalcante, DJ de 2.8.1983.)

2. *EMBASAMENTO LEGAL E JURISPRUDENCIAL*

Historicamente, o princípio da dúvida opera em favor daquele que está mais fragilizado na relação jurídica. Não é privilégio do Direito do Trabalho, para onde veio como uma das variantes do *in dubio pro reo* do Direito Penal, do *favor debitoris*, desenvolvido do Direito Civil, segundo o qual interpretam-se as cláusulas contratuais contra quem as elaborou. Atualmente, o Código de Defesa do Consumidor incorporou, nos princípios cristalizados no art. 6º, a inversão do ônus da prova, como corolário do princípio da dúvida, em favor do consumidor.

Na relação de trabalho, ordinariamente, o trabalhador é a parte mais frágil, encontrando-se sob o comando do empregador. Este detém o monopólio dos registros funcionais e das provas formais do contrato. Até na fase de execução trabalhista, a parte presumidamente fraca é o credor, ou seja, o trabalhador. Por isso, o princípio do direito comum se aplica inversamente.

Como se disse alhures, a jurisprudência aplica rotineiramente os princípios sem fazer-lhes referência expressa. Assim, nos julgados que invertem o ônus da prova em favor do trabalhador, em verdade, estão aplicando o princípio da dúvida. Neste sentido, exemplar a Súmula n. 338 do TST, *verbis*:

JORNADA DE TRABALHO. REGISTRO. ÔNUS DA PROVA (Res. n. 129/2005)

I — É ônus do empregador que conta com mais de 10 (dez) empregados o registro da jornada de trabalho na forma do art. 74, § 2º, da CLT. A não apresentação injustificada dos controles de frequência gera presunção relativa de veracidade da jornada de trabalho, a qual pode ser elidida por prova em contrário.

II — A presunção de veracidade da jornada de trabalho, ainda que prevista em instrumento normativo, pode ser elidida por prova em contrário.

III — Os cartões de ponto que demonstram horários de entrada e saída uniformes são inválidos como meio de prova, invertendo-se o ônus da prova, relativo às horas extras, que passa a ser do empregador, prevalecendo a jornada da inicial se dele não se desincumbir.

Neste outro julgado, a Corte Trabalhista Regional também firmou seu convencimento em favor do operário no princípio da desconfiança.

DESCONTO NO SALÁRIO. NECESSIDADE DE AUTORIZAÇÃO. TRABALHADOR NÃO ALFABETIZADO. FALTA DE VALIDADE DO DOCUMENTO IMPRESSO QUE CONSTA SOMENTE COM A DIGITAL DO TRABALHADOR. RESTITUIÇÃO DEVIDA. ARTIGO 462 DA CLT. Em se tratando de trabalhador não alfabetizado, não faz prova da autorização para realização de descontos no seu salário, documento impresso no qual consta, além das informações a respeito do desconto, a marca digital do dedo polegar do trabalhador. (Proc. RO 0094200-11.2008.5.15.0055, 15ª Região, Campinas/SP, Des. Relator Edmundo Fraga Lopes. DEJT de 13.4.2012.) In: *Decisório Trabalhista* n. 215, p. 39.

Capítulo III
Princípio da Condição mais Benéfica

1. EM QUE CONSISTE

Este princípio consiste em assegurar ao trabalhador a condição mais benéfica objetivamente reconhecida. Assim, o empregado não pode ser rebaixado na função e as condições melhores adicionadas ao seu contrato, em regra, não podem ser suprimidas.

Três são os fundamentos deste princípio: a) a modificação das regras contratuais não pode operar em prejuízo do trabalhador — art. 468 da CLT; b) o rebaixamento fere direito adquirido, constitucionalmente protegido; c) a regressão esbarra no princípio constitucional do não retrocesso.

Esse princípio tem estreita relação com os dois anteriores. Aliás, os três se completam, sendo mesmo indivisas as fronteiras. Assim, entre as várias normas aplicáveis ao caso, dá-se preferência àquela que prescreve condição mais benéfica.

Encontra seu limite na real beneficência da condição. Da mesma forma que nas duas regras anteriores, convém lembrar que o interesse social sobrepõe-se ao coletivo e este ao individual. É de interesse social a segurança do trabalho, a proteção dos salários, a previdência social, a saúde do trabalhador etc.; é de interesse coletivo a condição própria de cada categoria — entre as costureiras da indústria de confecção, prorroga-se o horário de segunda a sexta para folgar o dia do sábado; é de interesse individual a condição que assegura ao trabalhador ganhar por produção ou salário fixo. Deduz-se, pois, que a condição mais benéfica é verificável por categorias profissionais: as condições peculiares à construção civil, à indústria de confecção, à metalúrgica etc.

O interesse coletivo deve sempre suplantar o interesse individual, como reconhece a jurisprudência corrente. Assim, a alteração das condições de trabalho em uma empresa, com o que concordou a maioria, não pode, em princípio, ser recusada por um empregado individualmente, porque resultou mais benéfica para o todo. Contudo, não se há de dar abrigo a absurdos.

Finalmente, a condição mais benéfica fixada em virtude de uma situação transitória e para fazer face a ela extingue-se tão logo cesse sua motivação. Entretanto, nem todos os benefícios que seriam periódicos cessam no final de cada período. Existem os que atravessam determinado período limitativo de sua vigência e, então, neste caso, incorporam-se às vantagens permanentes.

De la Lama Rivera, citado por Plá Rodriguez (*op. cit.*, p. 63), leciona que as vantagens de caráter provisório, tácita ou expressamente, não podem ser invocadas, sob pena de ocasionar dois inconvenientes:

a) econômico, que pode significar encargo muito pesado para a empresa, levando-a à ruína, com todas as consequências maléficas;

b) psicológico, manifesto no ato do empregador, que não concederá mais qualquer benefício por liberalidade aos demais empregados. Adverte-se, de antemão, que a regra é da incorporação da condição mais benéfica. O seu caráter transitório e, portanto, a inaplicabilidade da regra será sempre exceção.

2. BASE LEGAL DO PRINCÍPIO

O art. 114, § 2º, da Constituição, ao estipular o poder normativo da Justiça do Trabalho, fixa seu limite no resguardo às normas de proteção mínima e as conquistas anteriores.

A Constituição da Organização Internacional do Trabalho, em seu art. 19, alínea 8ª, estabelece: "Em nenhum caso se poderá admitir que a adoção de uma convenção ou de uma recomendação pela Conferência, ou a ratificação de uma convenção por qualquer membro, torne sem efeito qualquer lei, sentença, costume ou acordo que garanta aos trabalhadores condições mais favoráveis que as que figuram na convenção ou na recomendação."

O art. 468 da CLT dispõe: "Nos contratos individuais de trabalho só é lícita a alteração das respectivas condições por mútuo consentimento, e, ainda assim, desde que não resultem, direta ou indiretamente, prejuízos ao empregado, sob pena de nulidade da cláusula infringente desta garantia."

A Súmula n. 51 do TST explicita a inteligência desse dispositivo: "As cláusulas regulamentares, que revoguem ou alterem vantagens deferidas anteriormente, só atingirão os trabalhadores admitidos após a revogação ou alteração do regulamento."

Como o regulamento de empresa integra o contrato de trabalho, as alterações benéficas ao empregado aderem imediatamente ao contrato, em face da sua característica de trato sucessivo.

Constitui costume geral a inclusão de cláusulas nos acordos, convenções coletivas e sentença normativa de trabalho ressalvando que o instrumento coletivo não prejudica as relações de trabalho que ofereçam melhores condições que as ali estipuladas. Aliás, desnecessárias. Com base nesse princípio, decidiu o egrégio TRT da 9ª Região, *in verbis:*

> O empregador tem a faculdade de legislar, internamente, dispondo acerca de aspectos disciplinares de produção, de condições gerais e especiais dentro da empresa, devendo sua atuação legiferante no âmbito da empresa atuar no vazio de ordenamento estatal e coletivo condicionado à concessão de condições mais vantajosas a seus empregados. A portaria interna, *in casu,* assegura o direito do obreiro não ser dispensado arbitrariamente, razão pela qual faz jus à sua reintegração no emprego, com o pagamento dos salários e outras vantagens havidas no período de afastamento. (Ac. 760/90, Rel. Juiz A. G. Moura.) *In:* Verbete n. 2.837 — Vade Mécum Trabalhista.

Segundo o art. 620 da CLT, o acordo coletivo, por ser específico, prevalece sobre a convenção coletiva de trabalho. Porém, se as condições desta forem mais benéficas, prevalecerão, suplantando o acordo.

CAPÍTULO IV
Princípio da Irrenunciabilidade dos Direitos Trabalhistas

1. SITUAÇÃO DO TEMA

Em síntese, este princípio consiste em que o trabalhador não pode renunciar aos direitos a ele assegurados pela legislação do trabalho. Compreende no conceito irrenunciabilidade também a intransigibilidade. Essa é a regra. Veremos a seguir que há exceções.

De Plácido e Silva assim define: "Renúncia. Ou renunciação, do latim *renuntiatio,* de *renuntiare* (declarar ou anunciar que deixa, desistir, abdicar), no sentido jurídico designa o abandono ou a desistência do direito que se tem sobre alguma coisa" (in: *Vocabulário jurídico*).

Pedreira da Silva *(op. cit.)* define renúncia como sendo o "ato unilateral da abdicação de um direito por parte do seu titular". O direito privado comum admite renúncia tácita ou expressa. No Direito do Trabalho, de regra, a renúncia é ilícita e em muitos casos ilegal mesmo. E nos casos em que é admissível tem que ser expressa e inconfundível. Portanto, não se admite a renúncia tácita.

No direito comparado, encontramos, em geral, a proibição de renúncia, pelo trabalhador, de direitos derivados de disposições inderrogáveis — Itália, Argentina e Uruguai — ou só a admite em casos expressamente permitidos por lei — Venezuela. Na França, não é admitida na vigência do contrato e, no México, a legislação a respeito é rigorosa[94]. Especialmente no direito argentino, a LCT (Lei do Contrato de Trabalho) trata do assunto expressamente há longos anos, pela Lei n. 20.744, cujo art. 12, já alterado pela Ley n. 26.574, vigente desde 8 de janeiro de

---

(94) A propósito, recomenda-se a leitura de "A Renúncia e o Direito Tutelar do Trabalho". Tese de Pós-Graduação da Faculdade de Direito da Universidade de São Paulo, de Zélia Maria Antunes Alves Magliori, publicada em *Revista LTr*, vol. 46, n. 5, maio/1982.

2010, proíbe a renúncia nos três tempos, no ato da contratação, na execução do contrato e na rescisão:

> Será nula y sin ningún valor toda convención de partes que suprima o reduzca los derechos previstos en esta ley, los estatutos profesionales, las convenciones colectivas o los contratos individuales de trabajo, ya sea al tiempo de su celebración o de su ejecución, o del ejercicio de derechos provenientes de su extinción.[95]

O comportamento inerte do titular imediato do direito não se há de confundir com renúncia. Dizemos *titular imediato* do direito o trabalhador individualizado. Nessa ordem, a sociedade tem a titularidade mediata e como tal pode exercitar o direito que o titular imediato, por qualquer motivo, deixa perecer. Assim, o trabalhador que acorda com o empregador para trabalhar sem carteira assinada a fim de receber seu salário sem o desconto previdenciário ou por qualquer outro motivo não impede que o Ministério do Trabalho chame o empregador para cumprir essa obrigação de ordem pública.

A prescrição e a decadência são institutos próprios que não equivalem à renúncia, embora tenham efeito semelhante a uma renúncia tácita validada pelo decurso do tempo.

Vale esclarecer que o nosso sistema positivo não veda renúncia pelo empregador, porque a parte presumidamente mais forte prescinde da tutela legal neste ponto.

2. FUNDAMENTOS

Cesarino Jr.[96] leciona, sucintamente, que a aplicação deste princípio decorre da imperatividade das normas trabalhistas, o que ocasiona a indisponibilidade dos direitos. Por imperatividade entenda-se *jus cogens,* em oposição ao *jus dispositivum.*

Russomano, comentando o art. 9º da CLT (*op. cit.*), filia-se à corrente que fundamenta este princípio na *ordem pública:* "Quando as normas da Consolidação sofrem a ofensa de uma violação, quem sente, na própria carne, os efeitos desse gesto é a sociedade. A alta relevância econômica, política e moral dos princípios trabalhistas transforma-os — apesar de alguns de seus institutos serem de natureza essencialmente privada — em objetos de interesse público e, como tal, defendidos pelo Estado."

---

(95) MAZA, Miguel Ângelo. La irrenunciabilidad de los créditos laborales — alcances e interpretación de artículo 12 de La Lei de Contrato de Trabajo. Buenos Ayres: Rubnizal — Culzoni Editores, 2010. Aqui, apesar de a lei expressamente vedar a renúncia a direitos trabalhistas de qualquer procedência, o autor, que é juiz do trabalho, argumenta que se entende como irrenunciáveis somente os direitos oriundos de normas imperativas e aqueles que já se incorporaram ao patrimônio do trabalhador.
(96) *Princípios Fundamentais da Consolidação das Leis do Trabalho, op. cit.*

Ruprecht (*Princípios Normativos do Direito do Trabalho*) defende que o fundamento deste princípio assenta no *vício presumido do consentimento*. Entende que sempre o trabalhador é constrangido ao renunciar a um direito, em virtude da desigualdade econômica em que se encontra, situação essa que lhe inibe a livre determinação.

Outras correntes recorrem à limitação da autonomia da vontade e até ao princípio da indisponibilidade.

Em verdade, o surgimento do Direito do Trabalho com natureza tutelar representa o mais poderoso instrumento de intervenção do Estado na ordem privada, visando à paz social. Dessa forma, o fundamento do princípio em estudo assenta um pouco em cada uma das correntes acima mencionadas; como, porém, todas as correntes, com exceção da do vício presumido do consentimento, se explicam por elementos peculiares ao fundamento do próprio Direito do Trabalho, é razoável que nos filiemos a esta última, porque se desprende do fundamento geral do Direito Obreiro para preocupar-se com aspectos mais imediatos.

Dessa forma, a irrenunciabilidade tem por fundamento imediato a *presunção de vício de consentimento*. Presume-se, com efeito, que o trabalhador já dispõe de muito pouco para, sem motivo, renunciar vantagens. Com isso, quer-se dizer que, ao renunciar, a vontade dele não está totalmente desanuviada. Alguma coisa o leva a tomar atitude desvantajosa: ou coação psicológica e econômica, ou desconhecimento dos seus reais direitos. Muitas vezes, inexiste má-fé visível do beneficiário. Quantas vezes o trabalhador concorda em receber menos para se poupar de demanda judicial, ou porque necessita retornar à terra natal, ou porque a família está passando necessidade e ele não pode esperar mais, ou porque necessita de referência para outro emprego, ou porque teme perder o emprego.

Parece-nos que o art. 9º consolidado segue essa corrente: "Serão nulos de pleno direito os atos praticados com o objetivo de desvirtuar, impedir ou fraudar a aplicação dos preceitos contidos na presente Consolidação." Como depois da CLT uma série de outras normas trabalhistas foi editada, leia-se que *serão nulos os atos tendentes a desvirtuar a aplicação da legislação do trabalho*.

Tratando sobre a "Proteção do Trabalho da Mulher", o art. 401 da CLT estipula as penalidades pela desobediência às determinações legais. E no § 1º preceitua:

> A penalidade será sempre aplicada no grau máximo:
>
> a) se ficar apurado o emprego de artifício ou simulação para fraudar a aplicação dos dispositivos deste Capítulo.

Krotoschin filia-se entre os que fundamentam a irrenunciabilidade na imperatividade das normas trabalhistas, conforme a seguinte passagem: "Sin embargo, la característica de ese derecho contractual del trabajo consiste en que sus disposiciones, por lo general, son de caracter *forzoso e irrenunciable*." Mas ao mesmo tempo reconhece a teoria do vício de consentimento, aduzindo que a irrenunciabilidade se explica porque o estado de dependência do trabalhador poderia facilmente induzi-lo a fazer concessões em seu detrimento, tornando "ilusoria de este modo la protección que las leyes del trabajo quieren darle"[97].

Perez Botija, com apoio em Inojosa, fundamenta a irrenunciabilidade no princípio de Direito Civil que veda a renúncia em prejuízo de terceiro, que no caso seriam os familiares dos trabalhadores e seus colegas, que se veriam obrigados a aceitar condições inferiores em face da claudicação do renunciante[98]. Na jurisprudência, é eloquente o seguinte aresto:

> PEDIDO DE DEMISSÃO — VÍCIO DE CONSENTIMENTO — PLEITOS DE RESCISÃO SEM JUSTA CAUSA E MULTA DO ART. 479 DA CLT.
>
> Demonstrado que o pedido de demissão do autor decorreu de coações exercidas pelo empregador, faz jus o obreiro ao pleito de rescisão sem justa causa/indireta. Havendo despedida sem justa causa e tratando-se de contrato por prazo determinado, revela-se devido o pedido de multa do art. 479 da CLT, diante da comprovação da rescisão antecipada. (TRT 22ª Região, RO n. 0002499-34.2011.5.22.0001, Rel. Des. Laércio Domiciano, Sessão do dia 7.8.2012.)

3. JUSTIFICAÇÃO DO PRINCÍPIO

Justifica-se o princípio na necessidade de efetivar o Direito Social. Se este foi criado para compensar a desigualdade econômica normalmente verificada entre o empregado e o empregador, não podia permitir sua renúncia por quem está sob a dependência de outro em favor deste. Fatalmente, se permitida fosse a renúncia, o Direito do Trabalho em muito pouco teria eficácia, porque o trabalhador seria "convencido" a assiná-la antes mesmo de ingressar no emprego.

Justifica-se porque o trabalhador não tem total liberdade para emitir a sua vontade, posto que se encontra em estado de inferioridade em relação ao empregador. Justifica-se porque a sociedade, maior interessada na justiça social, tem interesse na efetividade do Direito Operário, que rende dividendos à saúde do corpo social.

Portanto, dois elementos justificam a adoção do princípio:

a) o estado de inferioridade do trabalhador perante o beneficiário da renúncia; e

b) o interesse da sociedade em ver efetivado o direito tutelar, para o seu próprio bem. Ainda hoje, a prática mostra a utilidade dessa regra. Inúmeras vezes, o empregador comparece ao pretório trabalhista contestando todos os itens da recla-

---

(97) KROTOSCHIN, Ernesto. *Curso de Legislación del Trabajo*, p. 8.
(98) Botija, Perez E. *Derecho del Trabajo*, p. 85 e 86.

mação sob o fundamento de havê-los pago. E exibe um papelucho com os seguintes dizeres: "Recebi todos os meus direitos da empresa, referentes ao meu tempo de serviço, nada mais tendo a reclamar, no presente ou no futuro."

No entanto, a maior justificativa está no fato de que os direitos conferidos por lei ao trabalhador representam um mínimo necessário à sua sobrevivência com dignidade, seja por motivo alimentar, de saúde ou de participação social. Sob essa colocação, a renúncia de parte de um mínimo equivale ao rebaixamento da condição do empregado para aquém da divisória crítica de suportabilidade. Logicamente, se uma coisa se compõe de um mínimo de elementos, a subtração de um deles a desnatura.

4. DIFERENÇA ENTRE RENÚNCIA E TRANSAÇÃO

A renúncia se prende a direito já reconhecido, sobre o qual não pesa dúvida, em que o renunciante tem clara desvantagem pelo fato de abdicar de algo que lhe pertence em troca de nada.

A transigência presume uma dúvida; a incerteza do direito caracteriza-se pela *res dubia*. Na transigência, cada parte abre mão de algo que julga lhe pertencer. Na *res dubia*, há disposição de uma das partes de ir a juízo ou já se encontra em juízo e paira incerteza de êxito na causa (Pedreira da Silva, *op. cit.*).

Por isso, mesmo nos acordos judiciais, o juiz deve ficar atento para os direitos incontroversos do trabalhador. Sobre estes não deve haver transigência, mas sim pagamento. O acordo deve levar em conta o direito incontroverso e o direito duvidoso. Sobre o último se permite a transigência; sobre o primeiro, não. José Soares Filho[99], entre as dez recomendações que faz ao juiz a respeito do acordo judicial, alinha esta: deve o juiz, usando seus bons ofícios, evitar acordos sobre as verbas de direitos trabalhistas incontroversos e, de um modo geral, os que importem em dano para o trabalhador.

5. DIREITOS DISPONÍVEIS

Em Direito do Trabalho, a regra é da irrenunciabilidade dos direitos pelo trabalhador. Porém, há inúmeras exceções. A disponibilidade e a indisponibilidade dos direitos decorrem do conteúdo do contrato de trabalho e das regras de medicina e segurança do trabalho.

Destarte, o contrato de emprego alberga obrigações patronais de duas naturezas: a) contratuais; e b) legais. Discute-se apenas a renúncia de direitos oriundos

---

(99) "Acordo trabalhista, fator de injustiça", In: *Revista ANAMATRA*, n. 6, ago./1985. O autor é juiz na 6ª Região do Trabalho. Entende que "o acordo judicial em processo trabalhista é desvantajoso para o empregado, ao qual falta suporte econômico para resistir à proposta do empregador, motivo pelo qual aceita o acordo, mas no seu íntimo o repudia".

das obrigações contratuais. As legais são absolutamente irrenunciáveis, até mesmo no nível de conciliação judicial, salvo se entrarem na conta de outras parcelas controvertidas. São obrigações legais o registro na Carteira de Trabalho e Previdência Social, a jornada legal ou convencional, os repousos, as férias, o 13º salário, os recolhimentos sociais etc.

A renúncia pelo trabalhador não se presume, há de vir expressa, inconfundível e isenta de vícios.

Se um operário começa a trabalhar numa construção civil, sem nada ajustar com o empreendedor, mas recebe ordens e no fim da semana recebe salário, sem dúvida, nasceu um contrato de trabalho e, apesar de não ter havido discussão de cláusulas, um conteúdo de natureza legal o ampara, de maneira que o trabalhador tem direito a registros na CTPS, salário mínimo, descanso semanal, jornada legal de trabalho, previdência social, salário-família, 13º salário, FGTS, segurança no trabalho etc. Todas essas vantagens são irrenunciáveis. Porém, as vantagens ajustadas a mais, ou mesmo aquelas previstas no regulamento da empresa, comportam renúncia.

Os direitos irrenunciáveis são também intransigíveis. Todavia, no nosso sistema, o instituto da *conciliação* vem desnaturando o princípio, porque, na ânsia por números conciliados, os juízes vêm aceitando a transação em juízo de quase todos os direitos. Dizemos quase todos porque alguns nem mesmo no âmbito judicial. Em verdade, não se pode homologar acordo isentando o empregador de cumprir as obrigações alusivas à segurança e higiene do trabalho, assinatura de carteira, direitos sindicais etc. Daí concluir-se que três espécies de normas se vislumbram no Direito do Trabalho:

1. as que reúnem conteúdo imperativo, impositivo, de alcance geral, de interesse mais social do que individual, cuja infração acarreta ao infrator punição pecuniária ou não, formando uma relação entre o dito infrator e a Administração Pública, como nas multas pela não assinatura de carteira de trabalho, embargo de obra por problema de segurança dos operários;

2. as de natureza imperativa (*jus cogens*) que compõem o conteúdo do contrato individual de trabalho, cuja infração acarreta, além de punição administrativa, indenização ou simples reparação, que vai direto para o bolso do trabalhador lesado;

3. as dispositivas ou supletivas, que podem ser derrogadas pelo contrato.

As primeiras são irrenunciáveis e intransigíveis, não podendo ser objeto de acordo entre empregado e patrão nem em nível de processo já em juízo; as segundas também são indisponíveis, contudo, em nível de ação em juízo podem ser transigidas, por força do instituto da conciliação, embora sob muitas reservas; as terceiras são livremente transigíveis, observadas as exigências legais e a total ausência de vício de consentimento.

HOMOLOGAÇÃO DE ACORDO. RECUSA.

I — "Na Justiça do Trabalho, toda conciliação, para ter validade, deve ser homologada pelo juiz, o qual verificará a real vontade das partes, especialmente a do trabalhador, cabendo-lhe apreciar as condições em que foi firmada a havença, a existência de algum vício ou defeito, bem como a compatibilidade com a fase em que se deu a transação. Por vezes, o trabalhador não se encontra em condições psicológicas e econômicas para manifestar livremente sua vontade, submetendo-se a acordos excessivamente lesivos aos seus interesses, cabendo ao magistrado, especialmente na fase de execução, recusar a homologação." (Ac. TRT-8ª/1ª T./AP 0009300-37-2004.5.08.0118, Des. Francisco Sérgio Silva Rocha, publ. 18.5.2006.)

II — O juiz não é mero homologador de papéis que lhe são submetidos à apreciação. O ato de homologação depende do exame consciente e responsável do magistrado, conforme a sua livre e independente convicção fundamentada. A garantia da autonomia da vontade do trabalhador, sobretudo após a decisão judicial, deve ser cuidadosamente sopesada pelo juiz, segundo preconizam a doutrina e a jurisprudência. Hipótese de proposta de acordo no valor de R$ 5.000,00 (cinco mil reais), depois alterado para R$ 10.000,00 (dez mil reais), apresentada após a publicação do acórdão do E. Tribunal Regional, que estabeleceu a condenação a título de indenização por danos morais e estéticos, em R$ 50.000,00 (cinquenta mil reais). (TRT-8ª/2ª T./AP 0067400-70-2008.5.08.0206, Rel. Des. Vicente José Malheiros da Fonseca, DEJT de 26.9.2011.)

Do exposto, conclui-se que nenhum direito trabalhista, mesmo o decorrente de livre pacto entre as partes, pode ser renunciado e transigido incondicionalmente.

6. *CONDIÇÕES DA RENÚNCIA*

Para a legitimidade da renúncia, há que se observar as condições gerais previstas no art. 104 do CC: agente capaz, objeto lícito, possível, determinado ou determinável e forma prescrita ou não defesa em lei; a ausência de vícios de consentimento, como erro ou ignorância, dolo, coação, estado de perigo, lesão; e as condições específicas assentadas no art. 468 consolidado, segundo o qual a alteração contratual só será válida com a anuência do trabalhador e não lhe resulte prejuízo, direta ou indiretamente. Como o regulamento da empresa integra o contrato de trabalho, suas alterações no tocante a pessoal admitido sob sua vigência dependerá das condições acima enumeradas.

Nesse contexto, torna-se difícil a averiguação de ausência de um dos vícios de consentimento ou de prejuízo do empregado, porque, superadas as questões de capacidade, licitude do objeto e forma legal, raramente inocorrerá vício de consentimento ou prejuízo para o trabalhador. Rotineiramente, o empregado é levado a assinar documento por erro ou ignorância, pensando que é para ganhar um direito quando na verdade está renunciando: assina pedido de demissão consciente de estar assinando aviso prévio, assina aviso e recibo de férias julgando que vai gozá-las e muitas vezes não lhe são concedidas. Mas o mais dificultoso é demonstrar a ausência de coação, porque o trabalhador sempre sofre pressões, senão de natureza psicológica, mas certamente de natureza econômica, porque a necessidade alimentar do empregado e de sua família o leva a aceitar uma quantia muito aquém do devido para não amargar a demora de uma demanda judicial.

7. MOMENTO DA RENÚNCIA

A renúncia pode ocorrer antes, durante e depois do contrato.

Antes, quer dizer no ato da contratação. Neste momento, o empregado pode renunciar direitos renunciáveis já previstos, por exemplo, no regulamento da empresa, dado que integrariam automaticamente as disposições contratuais. Plá Rodriguez (*op. cit.*, 9:93) entende que a renúncia antecipada é nula de pleno direito, salvo se a lei a admitir expressamente; e acrescenta que a rigor não se pode admitir renúncia antecipada, que gera uma presunção *jure et de jure* de que o trabalhador foi constrangido a fazê-lo para ingressar ou permanecer na empresa. E colige opiniões de autores vários nesse sentido, tais como Sinzheimer, Egon Gottschalk, Ojeda Avilés e Diez-Picasso, sendo que os dois últimos admitem que a renúncia antecipada a rigor não é renúncia, mas sim um pacto. Cesarino Jr. diz que a "renúncia antecipada é nula de pleno direito, salvo os casos excepcionalíssimos de a própria lei o admitir".

Certo que todos os autores que se posicionam contra a renúncia antecipada o fazem em relação aos direitos instituídos por *preceito de ordem pública*, para utilizar a terminologia de Plá. Ora, esses direitos são irrenunciáveis a todo momento, como já frisamos e reprisamos. Contudo, não podemos discordar de Diez-Picasso de que a renúncia antecipada daqueles direitos que integrariam o contrato de trabalho, logicamente da categoria dos renunciáveis, constitui mais um pacto do que renúncia, como ocorria com a opção pelo FGTS, que retirava a possibilidade de o empregado adquirir estabilidade.

Já durante a vigência do contrato de trabalho é praticamente inadmissível a renúncia, por vários motivos: a) gera presunção de vício de consentimento, porque o empregado encontra-se, de regra, em estado de sujeição ao empregador; b) perante o direito positivo brasileiro, é nula a alteração contratual, mesmo consentida pelo empregado quando lhe resulte prejuízo direta ou indiretamente, conforme art. 468 da CLT; c) o estado econômico do empregado pode levá-lo a fazer transações que implicam autêntica renúncia em favor do empregador a fim de ter antecipada uma vantagem. Entretanto, vislumbram-se alguns exemplos de renúncia: é legítima e legal a renúncia do trabalhador à moradia a que faz jus em virtude da relação empregatícia, desde que tenha causa — adquiriu uma casa, não simpatiza com o local do imóvel ofertado pelo empregador etc.

A renúncia posterior à extinção do vínculo empregatício é a mais aceita, porque o empregado, em tese, já está fora da sujeição perante o empregador. Contudo, na prática, vem-se observando que nesse momento o trabalhador encontra se igualmente genuflexo:

1. inferiorizado pelo estado de desemprego;

2. necessitando de recurso imediato para continuar se mantendo enquanto encontra novo emprego, levando-o a receber qualquer quantia por conta dos direitos que a lei lhe confere, temendo a demora de uma demanda judicial;

3. necessita de uma carta de referência para outro emprego, costumeira no meio trabalhista. Por isso, mesmo com menos rigor, deve ser vista com desconfiança a renúncia depois de cessado o contrato de emprego, posto que alguns dos efeitos persistentes mantêm o estado de sujeição do empregado.

8. A RENÚNCIA NO DIREITO POSITIVO BRASILEIRO

O art. 9º da CLT tacha de nulos os atos praticados com objetivo de desvirtuar, impedir ou fraudar a aplicação dos preceitos contidos na Consolidação. Aqui está a base da irrenunciabilidade dos direitos decorrentes de preceitos de ordem pública. O art. 468 da CLT não admite a alteração contratual com prejuízo para o empregado, ainda que ele concorde. O art. 477, § 1º, do mesmo Diploma Legal, determina que o pedido de demissão e o recibo de quitação de empregado com mais de um ano de serviço só têm validade quando feitos com assistência do sindicato ou perante autoridade do Ministério do Trabalho. Aqui, a lei permite a renúncia ao emprego, portanto, renúncia no curso da relação empregatícia, porém, impõe formalidade, pela qual o renunciante encontrar-se-á protegido e consequentemente emitirá sua vontade livremente; o mesmo ocorre com o recibo de quitação.

Discute-se a princípio sobre o valor dos recibos de quitação dos direitos rescisórios assinados perante o órgão competente. Insistiram algumas empresas na validade da quitação geral, tornando ato jurídico perfeito, não podendo mais o empregado reclamar direitos alusivos à extinta relação de emprego. A jurisprudência rejeitou essa tese e a Súmula n. 330 do TST, que substituiu a 41, reconhece efeito liberatório das parcelas discriminadas no recibo de rescisão homologado pelo sindicato da categoria. Como é exigida a discriminação de cada parcela com o respectivo valor no documento de quitação, entende-se que o valor correspondente de determinada parcela não se aproveita para cobrir outra. Isto porque, na prática, tem-se verificado a seguinte inventiva: o empregado reclama na Justiça verbas alusivas a horas extras, férias, 13º salário, repouso remunerado, importando em R$ 5.000,00, alegando que nunca as recebeu; o empregador aduz em sua defesa que pagou por ocasião da despedida quantia superior a título de indenização dos direitos do reclamante, e apresenta um recibo de pagamento de R$ 5.000,00 alusivo a horas extras; logicamente, esse recibo, contra o qual nada foi provado, será acatado como quitação só das horas extras e não como quitação do total reclamado, mesmo sendo equivalentes a quantia do total pleiteado e a quantia representada no recibo.

O art. 500 da mesma Consolidação admite renúncia à estabilidade: "O pedido de demissão do empregado estável só será válido quando feito com a assistência do respectivo sindicato e, se não houver, perante a autoridade competente do Ministério do Trabalho ou da Justiça do Trabalho."

A Lei n. 5.107/1966, que criou o Fundo de Garantia do Tempo de Serviço, e a de n. 5.958/1973, que possibilitou as opções com efeito retroativo, abriram permissivo à renúncia da estabilidade. O art. 17 da última permite que o contrato do empregado estável seja rescindido por livre acordo, devendo o empregado receber diretamente do empregador a quantia que for convencionada a título de indenização, não podendo ser inferior a 60% da indenização devida na despedida sem justa causa em dobro. Atualmente, nos mesmos termos dessas leis, a matéria está disciplinada no art. 14 da Lei n. 8.036/1990. O TST, por meio da Súmula n. 54, esclareceu esse dispositivo:

"Rescindido por acordo seu contrato de trabalho, o empregado estável optante tem direito ao mínimo de 60% do total da indenização em dobro, calculada sobre o maior salário percebido no emprego. Se houver recebido menos do que esse total, qualquer que tenha sido a forma de transação, assegura-se-lhe a complementação até aquele limite."

A Súmula n. 276 do TST, cristaliza esse princípio no tocante ao aviso prévio:

O direito ao aviso prévio é irrenunciável pelo empregado. O pedido de dispensa do cumprimento não exime o empregador de pagar o valor respectivo, salvo comprovação de haver o prestador dos serviços obtido novo emprego.

Conclui-se do exposto que a renúncia dos direitos, de regra irrenunciáveis, só é possível mediante autorização legal e mesmo assim sob a observância das formalidades exigidas, sob pena de nulidade.

Dentro da sujeição contratual do empregado diante do empregador, a irrenunciabilidade constitui regra, para que a lei seja efetiva, porque, do contrário, o direito conferido por lei ou instrumento coletivo seria esvaziado com a renúncia compulsiva do empregado para manter o emprego.

A jurisprudência é pródiga no tocante à irrenunciabilidade de direitos pelo obreiro, valendo transcrever, por demais elucidativa, a seguinte ementa de uma decisão proferida pelo egrégio TRT da 11ª Região:

PAGAMENTO — RENÚNCIA. Não possui qualquer valor jurídico o documento assinado pelo empregado, onde este renuncia pagamento de verba salarial, por ser este irrenunciável. Poder de império. As pessoas jurídicas de direito público interno não gozam de tal prerrogativa quando contratam sob a égide da CLT, igualando-se ao empregador comum. (TRT 11ª Reg., Ac. 620/91, Rel. Juiz Antenor M. da Silva, DJAM de 5.6.1991)

A OJ n. 30 da SDC do TST é contundente em não permitir a renúncia de direitos protegidos pela Constituição:

> OJ-SDC-30: ESTABILIDADE DA GESTANTE. RENÚNCIA OU TRANSAÇÃO DE DIREITOS CONSTITUCIONAIS. IMPOSSIBILIDADE. DJET divulgado em 19, 20 e 21.9.2011.
>
> Nos termos do art. 10, II, *b*, do ADCT, a proteção à maternidade foi erigida à hierarquia constitucional, pois retirou do âmbito do direito potestativo do empregador a possibilidade de despedir arbitrariamente a empregada em estado gravídico. Portanto, a teor do art. 9º da CLT, torna-se nula de pleno direito a cláusula que estabelece a possibilidade de renúncia ou transação, pela gestante das garantias referentes à manutenção do emprego e salário.

CAPÍTULO V
Princípio da Primazia da Realidade

1. CONTRATO-REALIDADE

O contrato real de trabalho é comparável a uma nuvem — muda a todo instante sua configuração, para melhor, pior, maior, menor, mais espessa ou mais delgada, até desaparecer de acordo com os ventos.

O contrato **real** de trabalho, segundo a Lei Trabalhista, é impossível fraudar. O que se frauda é o contrato **formal**.

Afirmamos isto de primeira mão, e baseamo-nos no art. 442 da Consolidação das Leis do Trabalho, segundo o qual "o contrato individual de trabalho é o acordo tácito ou expresso, correspondente à relação de emprego".

Veja-se que o contrato de trabalho descrito no texto legal é **dinâmico**, é um constante ajustamento. Diz-se que é de trato sucessivo na sua execução, porque se vai cumprindo no curso do tempo, dia a dia. Ousamos dizer que é também de trato sucessivo a sua pactuação.

O legislador distinguiu duas coisas: o contrato que se ajusta e o que de fato se realiza. O primeiro opera-se no campo formal; o segundo, no fático — FORMA X FATO. O primeiro é o contrato formal — escrito ou verbal; o segundo, o contrato real, que é tácito.

A relação de emprego diz respeito à execução continuada, dia a dia, do contrato. E o artigo citado considera contrato tudo que de fato se executa. A lei considera que, neste caso, houve um ajuste tácito. Ex.: fui contratado como revisor de jornal no dia 6.12.1979 e, de fato, comecei a trabalhar nesse dia, na função contratada. Entretanto, o contrato foi registrado na minha CTPS só a partir de 2.1.1980, na função de auxiliar de escritório. Ora, para os efeitos do art. 442 da CLT, a relação de emprego foi a primeira e, por consequência, o contrato real, o que a lei considera. A parte formal seria passível de desconstituição e a empresa, de punição.

Destarte, o princípio da realidade se faz presente em todas as fases do contrato: na contratação, na execução do contrato e na rescisão.

O Código do Trabalho português, instituído pela Lei n. 19/2003, positiva esse princípio, em relação ao contrato informal de emprego, no seguinte texto:

> Artigo 12º Presunção
>
> Presume-se que as partes celebraram um contrato de trabalho sempre que, cumulativamente:
>
> a) O prestador de trabalho esteja inserido na estrutura organizacional do beneficiário da actividade e realiza sua prestação sob as orientações deste;
>
> b) O trabalho seja realizado na empresa beneficiária da actividade ou em local por esta controlado, respeitando um horário previamente definido;
>
> c) O prestador do trabalho seja retribuído em função do tempo despendido na execução da actividade ou se encontre numa situação de dependência econômica face ao beneficiário da actividade;
>
> d) Os instrumentos de trabalho sejam essencialmente fornecidos pelo beneficiário da actividade;
>
> e) A prestação de trabalho tenha sido executada por um período, ininterrupto, superior a 90 dias.

Ou seja, o direito português é menos rigoroso do que o nosso, pois exige presença de todas as condições de fato mais o tempo superior a 90 dias para que uma relação informal caracterize relação de emprego.

2. CONCEITO

O Princípio da Primazia da Realidade orienta o intérprete na busca da relação de emprego (situação de fato) para daí extrair-se o real contrato de trabalho. De La Cueva e Alfredo Iñarritu denominaram esse fenômeno de *contrato-realidade*.

O princípio em análise significa que, havendo discrepância entre o que ocorre na prática e o que emerge de documentos ou acordos, deve-se dar preferência ao primeiro, isto é, ao que sucede no terreno dos fatos.

A regra está estreitamente relacionada com a realidade que envolve o contrato de trabalho em sua execução. No momento de sua formação, o contrato de trabalho é consensual[100]. Porém, no tocante à execução, vai assumindo formas outras, de acordo que se vai distanciando do pacto inicial. Aqui, a palavra realidade toma o significado de "atual": aquilo que existe efetivamente, como leciona Aurélio Buarque e não realidade como derivado de *res*.

A realidade atua sempre que os registros não estejam em consonância com os fatos, seja com relação à qualificação do trabalhador, à natureza do serviço, ao

---

(100) Orlando Gomes e Elson Gottschalk, *op. cit.*, vol. 1, p. 208 a 210.

horário de trabalho, ao salário e local de trabalho (aspectos substantivos), seja com relação aos aspectos instrumentais, como na produção de provas, em que deve prevalecer a verdade real e não a verdade formal. Ruprecht (Princípios Normativos do Direito do Trabalho. In: *Tendências do Direito do Trabalho Contemporâneo*, vol. l, AAVV, LTr, São Paulo, 1980) entende que este princípio é uma norma de interpretação dos contratos, ou seja, seu campo de ação é mais limitado, não dispondo do caráter geral que todo princípio normativo deve ter.

Pedreira da Silva (Princípios Específicos do Direito do Trabalho. In: *Tendências do Direito do Trabalho Contemporâneo*, vol. l, São Paulo: LTr Edit., 1980) recorre a Clark para enunciar que, na prática, o contrato de trabalho e o conteúdo das suas estipulações se inferem antes da conduta das partes e de suas manifestações tácitas do que de uma prestação formal de seu consentimento.

O contrato de trabalho é consensual, porém, o seu conteúdo não institucional vai tomando forma diferente com o tempo. O contrato vai-se revelando não pela forma do pacto, mas pela conduta das partes contratantes. Por isso, é que o contrato de trabalho é aquele que de fato existe, está existindo, não obstante a forma que se lhe queira atribuir por meio de documento. Os fatos prevalecem sobre a forma.

3. HIPÓTESES EM QUE OS FATOS SE DISTANCIAM DA FORMA

O distanciamento entre a forma e os fatos pode resultar de quatro situações:

1. simulação: ação deliberada de produzir uma situação jurídica distinta da real;

2. erro: imputável a uma das partes ou a ambas.

3. falta de atualização de dados: a situação de fato muda e não se atualizam os dados cadastrais, CTPS, registros de empregado;

4. falta de requisitos formais: que pode tornar os atos vulneráveis se se levar a rigor a exigência da forma e, mais uma vez, deve prevalecer a situação fática, real. Por exemplo, uma pessoa não reúne os requisitos formais para determinado posto de trabalho, no entanto, possui as habilidades necessárias e o ocupa de fato.

A exemplo dos demais princípios, este aplica-se a todo o sistema jurídico trabalhista — direitos substantivos, direito processual, apreciação da prova.

Uma diferença entre o contrato civil e o de trabalho subordinado serve de apoio à primazia da realidade: nos contratos civis, prevalece a observância das cláusulas no cumprimento do contrato; no contrato de trabalho, a atividade passa adiante das cláusulas iniciais e, por consequência, os registros carecem de constante atualização.

4. FUNDAMENTOS DO PRINCÍPIO

Plá Rodriguez apresenta quatro fundamentos: a) na *boa-fé*, porque se afirma o império da realidade sobre a ficção, prestando-se para corrigir as situações que se afastam da verdade, seja por erro ou intencionalmente; b) na *dignidade da atividade humana* — derivada do conteúdo do contrato, celebrado para durar, ensejando a que a atividade humana não se subordine a um elemento puramente intelectual e especulativo. O contrato de trabalho nasce de um consenso e a atividade destaca-o da forma original, dando-lhe forma independente; c) na *desigualdade das partes* — sendo o trabalhador presumidamente o elo mais fraco, não terá condição de discutir a rigor o conteúdo e forma contratuais de modo a ajustá-los à atividade de fato; d) a *racional interpretação da vontade das partes* — isto é, o emprego do princípio da primazia da realidade pressupõe o entendimento da verdadeira vontade das partes, ao modificarem o conteúdo do contrato e mesmo a natureza, por força da atividade.

Por fim, vale mais a *vontade de fato,* manifesta expressa ou tacitamente, do que a *formalmente* declarada, conforme preceitua o art. 112 Código Civil: "Nas declarações de vontade, se atenderá mais à intenção nelas consubstanciadas do que o sentido literal da linguagem", regra transplantada do art. 85 do Código Civil de 1916.

5. CASOS MAIS FREQUENTES DE APLICAÇÃO DO PRINCÍPIO

Relação de Emprego

A rotina forense tem mostrado o alto índice de causas em que o empregador nega a relação empregatícia. Uns casos são demais simples, outros, não. Inúmeras formas de contrato surgem para descaracterizar o emprego, desde empreitada, empregado doméstico, intermediário, representante comercial, sócio etc. Neste caso, basta verificar se existem as características do contrato de emprego, previstas no art. 3º da CLT: pessoalidade, não eventualidade, remuneração e subordinação. O que se tem *feito* remansosamente é desprezar a forma escrita e seus conteúdos probantes e extrair dos fatos puramente a natureza do contrato. Da mesma forma, tem-se decidido quanto ao tempo registrado na Carteira de Trabalho e Previdência Social, ou seja, as anotações da CTPS fazem prova *juris tantum,* só prevalecendo enquanto inexistir prova em contrário — Súmula n. 12 do TST.

Equiparação Salarial

Aqui deságuam numerosas divergências entre os contratantes — dois empregados com igual tempo de serviço na empresa (diferença de menos de dois anos) realizam serviço idêntico com igual perfeição técnica, têm direito a salário igual, despicienda a designação de função constante dos registros. Dois eletricistas da mesma companhia, com igual tempo na empresa, que realizam trabalho com igual perfeição técnica, devem ganhar salário igual, ainda que um deles seja registrado corno escriturário. A situação fática prevalece sobre a forma. Prevalece a realidade, a verdade.

> Prevalece em Direito do Trabalho o princípio da "primazia da realidade", o que significa que os efeitos do contrato são extraídos da forma pela qual se realizou a prestação

de serviços. Logo, as relações jurídicas se definem e se conceituam pelo seu real conteúdo, pouco importando o nome que lhes foi atribuído pelas partes. Consequentemente, comprovado que em determinado período postulante e paradigma exerceram as funções de cadastristas, com atribuições idênticas, a equiparação salarial se impõe, pouco importando o nome atribuído ao cargo ocupado por esse último. (TRT 3ª Reg., 2ª T., RO 2.388/91, Rel. Alice M. de Barros, DJMG 1º.11.1991.) In: Vade Mecum Trabalhista — Verbete 1.561.

Enquadramento em Quadro de Carreira

Frequentemente trabalhadores reclamam enquadramento correto no quadro de carreira, alegando estarem em uma função quando de fato exercem outra. Obviamente que os tribunais fazem prevalecer a situação fática, determinando o enquadramento do suplicante na função nominal correspondente ao exercício de fato. Se exerce a função de motorista tem que ser enquadrado como tal e não como vigia. Consequentemente, o salário deve ser o salário da função fática e não o da função registrada. A Súmula n. 55 do TST equipara as financeiras a bancos para efeito de equiparar os direitos dos trabalhadores das financeiras aos dos bancários, previstos no art. 224 da CLT:

PRIMAZIA DA REALIDADE: Súmula n. 55:

FINANCEIRAS. As empresas de crédito, financiamento ou investimento, também denominadas financeiras, equiparam-se aos estabelecimentos bancários para os efeitos do art. 224 da CLT.

Reflexo na Apreciação da Prova

A prova do contrato de trabalho será feita pelas anotações constantes da CTPS ou por instrumento escrito e suprida por todos os meios permitidos em direito — art. 456 da CLT.

A prova diz respeito tanto à existência do contrato como das cláusulas (as que são praticadas): horário de trabalho, local, remuneração, função exercida, condições de salubridade ou de risco etc.

O salário e as atribuições do empregado, se não registrados, serão de acordo com a realidade da profissão e da categoria na localidade em que trabalha, conforme arts. 456, parágrafo único e 460 da CLT.

A lei elegeu como fonte probante principal o registro na CTPS; em segundo lugar, anotações outras escritas; por fim, outros meios de prova. A propósito, o colendo TST editou a Súmula n. 12, segundo o qual "as anotações apostas pelo empregador na carteira profissional do empregado não geram presunção *juris et de jure*, mas apenas *juris tantum*".

Como o contrato de trabalho é perseguido pelo empregador até a sua rescisão, mediante prévia assinatura do aviso prévio e do termo de rescisão em branco, o TST editou a Súmula n. 330, limitando o valor probante da quitação rescisória, para evitar as quitações gerais. A Súmula interpreta o art. 477, § 2º, da CLT, com a redação imprimida pela Lei n. 5.584/1970, segundo o qual "o instrumento de rescisão ou recibo de quitação, qualquer que seja a causa ou forma de dissolução do contrato, deve ter especificada a natureza de cada parcela paga ao empregado e discriminado o seu valor, sendo válida a quitação, apenas, relativamente às mesmas parcelas".

Entretanto, diante de inúmeras alegações de trabalhadores de que nada receberam e que os documentos de quitação exibidos haviam sido assinados em branco por ocasião da admissão, ou que foram assinados na rescisão sem os respectivos pagamentos, já chegamos a solicitar a exibição da ficha contábil da empresa, para provar a contabilização da despesa.

Nos contratos antigos, de mais de um ano, a quitação rescisória só terá validade se tiver a assistência do órgão competente, por isso, a fraude neste caso é menos frequente. Porém, nos contratos novos, os empregados são induzidos em erro nos seguintes pontos: a) assinam aviso prévio para o empregador, pensando que é do empregador para ele; b) assinam termo de rescisão por pedido de demissão ou por justa causa, pensando que é para receber os seus direitos; c) assinam documento em branco, onde se preenche posteriormente com as parcelas de horas extras, saldo de salário, férias e 13º proporcionais, 40% do FGTS; d) assinam documentos discriminando um valor maior do que o recebido.

A superioridade do instrumento probante determina-se pela verdade que traduz, pouco importando se o testemunho de um analfabeto ou de um doutor, se testemunho de um simples operário ou uma centena de documentos. Uma única testemunha pode traduzir mais verdade (ou verdade real) e convencer disso contra fastigiosa prova documental.

O julgador não se deve impressionar com a prova formal e sim com a prova real. Todavia, enquanto não se descobre a verdade real, julga-se pela verdade formal. Tantos são os exemplos. Contudo, a só denominação do princípio fornece ao intérprete elementos suficientes para descobrir a realidade fática em todas as situações que surgirem.

Terceirização

Pela terceirização, a empresa contrata outra empresa para fornecer-lhe mão de obra ou serviços ou parte da produção, para concentrar suas energias na sua atividade-fim.

Cumpre advertir do mau uso desse instituto, com o seu avanço atual, embutido na flexibilização das normas trabalhistas. Por força desse fenômeno, muitas relações de emprego serão formalizadas como locação de serviço e assim rotuladas. Por orientação do princípio em comento, será possível o desmascaramento de tais práticas.

Enfim, a razoabilidade, doutrina Carmem Rocha[101], como princípio, faz com que haja identidade absoluta entre a *razão* e a *forma* de ser, e de *aplicar-se* o princípio constitucional.

---

(101) ROCHA, Carmem Lúcia Antunes. *O direito constitucional à jurisdição:* garantias do cidadão na justiça. São Paulo: Saraiva, 1993. p. 54.

CAPÍTULO VI
Princípio da Continuidade da Relação de Emprego

1. DO LIBERAL AO SOCIAL

Para sua sobrevivência, de regra, é desejo do assalariado a continuidade indefinidamente da relação empregatícia até outra oportunidade melhor ou a aposentadoria. Este princípio dá um livro. A continuidade é um corolário da continuidade da empresa, pois se a mão de obra constitui um dos elementos essenciais da atividade econômica, deve integrar-se ao empreendimento.

Na nossa histórica santa má formação humana, acostumamo-nos a achar normal o absurdo. Assim, é que mantivemos com a maior normalidade quatro séculos de escravidão, quatro décadas de servidão (durante a República Velha), continuando até 1988 a condição dos brasileiros discriminados, excluídos, desamparados do direito e do Estado. Da mesma forma, acostumamo-nos com o sistema de despedida totalmente imotivada, como um direito potestativo do empresário. Ora, como pode se atribuir a um agente da atividade econômica, nesta condição, potestade sobre um ser humano?

Pois bem, tudo de ruim que se faz no Velho Mundo se noticia por aqui e se copia. O de bom é omitido. Veja-se que o Novo Código do Trabalho português, instituído pela Lei n. 99/2003, refletindo a opção da União Europeia, enuncia:

> **Artigo 382º Proibição de despedimento sem justa causa**
> São proibidos os despedimentos sem justa causa ou por motivos políticos ou ideológicos.

Claro que nesse conceito de justa causa se incluem todas as hipóteses em que o empregador não possa manter o empregado, por fatos atribuídos a este ou pelas vicissitudes empresariais, como extinção do posto de trabalho, despedidas coletivas etc.

O princípio em estudo consiste em estabelecer presunção *juris tantum* da continuidade da vinculação de emprego. À sua sombra, presume-se que o empregado não pediu demissão nem abandonou o emprego. Ao empregador cumpre provar esses fatos de forma a não suscitar qualquer dúvida. Nestes casos, analisa-se a causa do pedido de demissão ou do abandono e se não houve vício de consentimento, como exposto no capítulo sobre a irrenunciabilidade.

O pensamento liberal, preocupado com o indivíduo singular, prevenia-se contra a escravização do homem. Por isso, encontramos em quase todos os Códigos Civis que se seguiram ao Código de Napoleão a proibição, na locação de serviço, de cláusula eternizadora do contrato. O nosso de 1916 não fugiu da regra: determina em seu art. 1.220 a proibição de contrato de locação de serviço por mais de quatro anos; e no artigo seguinte faculta a qualquer dos contratantes pôr fim ao contrato sem prazo estipulado a seu arbítrio, mediante prévio aviso.

Depois, as ideias sociais identificaram que o medo maior do trabalhador é o de perder o emprego e não o de tomar-se escravo. Por conseguinte, a legislação social criou a regra do contrato por tempo indeterminado e como exceção os contratos por tempo certo. Para estes, estipula formas e condições de admissibilidade.

No dizer de Riva Sanseverino, a continuidade da relação é a regra e o termo a exceção. Daí decorre que o contrato a termo é formal, expresso e, na dúvida, interpreta-se como sendo por prazo indeterminado.

2. FUNDAMENTOS DO PRINCÍPIO

O princípio fundamenta-se na necessidade que o trabalhador tem de um emprego que lhe assegure o **sustento** próprio e da família. Outro fundamento, de ordem moral, é o direito que toda pessoa tem ao trabalho. Logicamente, todos necessitam de uma ocupação, para o bem do corpo e da alma, porque o *ócio é o pai de todos os vícios*.

O fator **segurança** soma-se aos anteriores. Talvez desponte como mais importante diante de cada pessoa individualizada. Ainda que o trabalho seja pesado e o ganho pouco, o trabalhador gostaria de poder contar com ele indefinidamente, até que outro melhor se lhe apresente. Com efeito, qualquer emprego eleva o empregado à condição de filiado da Previdência Social, garantindo-lhe os benefícios daí decorrentes: seguro contra acidente de trabalho, salário-família, salário-maternidade, seguro-desemprego, aposentadoria etc. Além disso, o salário percebido no emprego custeia a subsistência do empregado e proporciona-lhe e a sua família segurança alimentar.

Já o fundamento de ordem técnica assenta no fato de que a continuidade no emprego proporciona o **aperfeiçoamento** do trabalhador, que renderá mais na função que há muito exerce; permite ainda ao empregado conhecer melhor a filosofia de trabalho da empresa, consequentemente, a incorporação dos ideais ali reinantes, resultando mais fidelidade e amor ao trabalho. Mesmo a mudança de função não impedirá o aperfeiçoamento do empregado, que há muito conhece pormenores da empresa e não terá dificuldade de adaptação à nova função. Aliás, o empregado sabendo que terá garantia no emprego e ascensão funcional, desde que desempenhe com zelo sua função, terá mais interesse pela empresa, a ela se dedicando como uma parte do seu patrimônio, nela vendo mais do que um simples *ganha-pão*.

A rotatividade de patrões desperta no trabalhador uma desconfiança no capital, um **desamor ao trabalho**, motivo pelo qual ele não se interessa pelo que está fazendo: trabalha só para ganhar o pão. Assim, é que o trabalhador, tomando conhecimento de que determinada empresa não atura por muito tempo o empregado, certamente não *vestirá a camisa* dela e passará a trabalhar sem pensar no objetivo final daquele trabalho, mas pensando somente no salário. Esse fator repercute negativamente na qualidade do produto nacional, já que cada empresa não produzirá o melhor; repercute também na produtividade; e por fim atrasa o processo de geração da riqueza nacional.

Por esses fundamentos, especialmente pelo último, impõe-se a necessidade de intervenção do poder público nas despedidas imotivadas, impedindo com isso a rotatividade de mão de obra.

Baltazar Cavazos Flores, em tom eloquente, diz que a estabilidade é a fonte da alegria e do amor ao trabalho, não sendo possível exigir dos homens dedicação e esforço em suas atividades, quando a intranquilidade domina suas consciências[102].

O fato de o contrato de trabalho ser de trato sucessivo não fundamenta este princípio, dado que outras relações há com igual característica.

3. MANIFESTAÇÕES DESSE PRINCÍPIO NO DIREITO NACIONAL

Apesar de o constituinte não haver aprovado a vedação de dispensa imotivada, impôs várias dificuldades às despedidas sem causa.

Primeiro, o *caput* do art. 7º da CF ampara toda norma de qualquer fonte que represente *melhoria da condição social do trabalhador*. O inciso I garante proteção à relação de emprego contra despedida arbitrária ou sem justa causa, nos termos da lei complementar, que preverá indenização compensatória, dentre outros direitos. Marly Cardone, dizendo que o mesmo texto não pode afirmar e negar a um só tempo, interpreta o citado inciso na seguinte passagem:

> Daí que a interpretação do inciso I do art. 7º só pode chegar à conclusão de que a lei complementar deve garantir a manutenção da relação de emprego até que haja justa causa, motivo técnico, econômico ou financeiro, ou demissão do empregado. A indenização compensatória, assim, será para aquelas hipóteses em que a manutenção da relação de emprego for impossível por fechamento do estabelecimento ou da empresa.[103]

---

(102) Citado por Plá Rodriguez em sua multimencionada obra *Princípios de Direito do Trabalho*.
(103) Proteção da relação de emprego *de jure constituto e de jure constituendo*, Revista LTr de abril/89.

Como corolário da regra *supra*, o constituinte antecipou a garantia de emprego ao dirigente sindical (art. 8º, VIII), ao dirigente da CIPA — Comissão Interna de Prevenção de Acidentes — e à mulher gestante (art. 10, ADCT). No mesmo sentido, a legislação ordinária garante o emprego contra dispensa arbitrária ao dirigente de associação ainda não convertida em sindicato (art. 543, § 3º, CLT), ao acidentado no trabalho até um ano após o retorno à atividade (Lei n. 8.213, art. 118), aos empregados públicos e das estatais no período eleitoral, proibição de dispensa durante a greve. Além dessas, existem as convencionais, firmadas em instrumentos coletivos ou em contratos individuais. Trataremos sobre as estabilidades provisórias na unidade própria.

Mesmo na faixa das dispensas ainda livremente permitidas, uma série de empecilhos deve ser considerada: a) obrigatoriedade de aviso prévio proporcional ao tempo de serviço, nunca inferior a 30 dias; b) indenização de 40% do depósito de FGTS; c) indenização equivalente ao salário de um mês, corrigido, pelo atraso no pagamento dos direitos rescisórios; d) as convenções coletivas ainda incluem a indenização dos dias de atraso no pagamento das rescisões; e) pagamento das férias e do 13os proporcionais, inclusive com o acréscimo alusivo à repercussão do aviso prévio; f) indenização equivalente à remuneração de um mês quando a dispensa ocorrer dentro de 30 dias que antecedem à data-base da categoria (ainda vigente o art. 9º da Lei n. 6.708/1979). Sob forma genérica, a legislação oferece os seguintes ditames, que, segundo os especialistas[104], reforçam o princípio da continuidade:

a) a regra do contrato por tempo indeterminado, consequentemente a restrição do contrato por tempo certo — art. 443, § 2º, CLT;

b) o aproveitamento do contrato que tenha cláusulas nulas, bastando afastar as últimas;

c) a adoção da despersonalização do empregador, entendendo-se por despersonalização o fato de a mudança de titularidade da empresa ou de sua razão social, ou a sua extinção formal, mas permanência de fato, ou a morte do seu titular não pôr fim ao liame empregatício. Pelo menos não constituem essas hipóteses motivos de rescisão contratual. Neste ponto, Plá Rodriguez (*op. cit.*, p. 180) faz menção à personalização da empresa com o objetivo de separá-la da pessoa física ou jurídica empregadora. E Gomes e Gottschalk preferem empregar o designativo "Princípio da Continuidade da Empresa" (*op. cit.*, vol. I, p. 153) — arts. 10 e 448 da CLT;

d) a lei permite várias hipóteses de interrupção (art. 473, CLT) e de suspensão do contrato de trabalho, sem prejuízo do liame empregatício. Como a interrupção mantém alguns efeitos do contrato e a suspensão não, Plá entende que há uma tendência em ampliar as hipóteses de interrupção e de restringir as de suspensão — arts. 473 da CLT e 28 do Decreto n. 99.684 — Regulamento do FGTS;

---

(104) Dentre os especialistas, vale citar: Plá Rodriguez, *Princípios de Direito do Trabalho*; Luiz de Pinho Pedreira da Silva, *Princípios Jurídicos Específicos do Direito do Trabalho*; Alfredo Ruprecht, *Princípios Normativos do Direito do Trabalho*; Cesarino Jr., *Princípios Fundamentais da Consolidação das Leis do Trabalho*.

e) permissão de ampla transformação do contrato originário;

f) a prorrogação por mais de uma vez do contrato por tempo certo torna-o por tempo indeterminado — art. 451 da CLT;

g) o contrato que suceder a outro por tempo certo no curso de seis meses considera-se por prazo indeterminado — art. 452 da CLT;

h) indenização em caso de despedida imotivada — arts. 7º, I da CF e 477 da Consolidação;

i) criação de diversas formas de estabilidade — já citadas;

j) reintegração do empregado público estável despedido sem justa causa (Lei n. 9.270, de 17.4.96).

Todos esses itens destinam-se a assegurar a continuidade da relação de emprego. Tudo se faz para evitar a ruptura do liame. Mas a relação acima discriminada refere-se às determinações expressas da lei. Destarte, o princípio vai além dos preceitos expressos, encontra-se implícito, como a gordura na carne bovina, em todo o corpo da legislação do trabalho. Diante de cada caso, o intérprete hábil certamente o encontrará no espírito de cada lei, de cada dispositivo: "A regra é a continuidade, a rescisão é a exceção", relembrando Sanseverino.

Outro ponto que todos os autores mencionam é a resistência que se opõe às despedidas imotivadas. Sobre este item, dedicaremos estudos separados, dada a sua importância.

No âmbito jurisprudencial, o princípio goza de muita expressão, ora velada, ora ostensivamente, refletindo-se em vários ângulos, a exemplo do contido na Súmula n. 212 do TST e na Ementa a seguir:

Súmula n. 212 — DESPEDIMENTO — ÔNUS DA PROVA.

O ônus de provar o término do contrato de trabalho, quando negados a prestação de serviço e o despedimento, é do empregador, pois o princípio da *continuidade* da relação de emprego constitui presunção favorável ao empregado.

DESPEDIDA POR JUSTA CAUSA — ÔNUS DA PROVA.

A prova do mau procedimento compete ao empregador, por ser fato extintivo do direito do empregado. Não se desincumbindo, presume-se injusta a demissão. Presunção que decorre do princípio da continuidade da relação empregatícia. (TRT 22ª Região, 2ª T., Rel. Des. Laércio Domiciano, Sessão do dia 17.9.2012.)

4. *DESPEDIDA IMOTIVADA*

O princípio da continuidade não significa a eternização dos contratos de trabalho. Mantém-se intocada a liberdade do trabalhador de mudar de emprego e de desligar-se da empresa. Quanto ao empregador, parte presumidamente mais forte, é que se exige esta limitação da faculdade de despedir. Com isso, pretende-se obstar despedida de empregados sem um motivo justo, motivo esse de qualquer ordem: disciplinar, técnica, econômica, financeira ou discriminatória. A despedida imotivada é uma anomalia jurídica, um desrespeito aos direitos humanos, razão pela qual o Direito do Trabalho criou-lhe obstáculos.

Convenção n. 158 da OIT — Em junho de 1982 a Conferência Internacional do Trabalho adotou a Convenção n. 158, que trata da "Terminação da relação de trabalho por iniciativa do empregador". Pelo Decreto Legislativo n. 68, de 17.9.92, o Congresso Nacional aprovou o seu ingresso no Direito nacional. No final do governo Itamar Franco, a delegação brasileira depositou os instrumentos na OIT, para que entrasse em vigor no Brasil a partir de 5.1.96. Entretanto, a sua publicação em português só se deu por meio do Dec. n. 1.855, DOU de 1º.4.96, entrando em vigor nesta data. O art. 4º da Convenção n. 158 diz:

> "Não se dará término à relação de trabalho de um trabalhador a menos que para isto exista uma causa justificada relacionada com sua capacidade ou seu comportamento ou baseada nas necessidades de funcionamento da empresa, estabelecimento ou serviço."

E o art. 10 franqueia à Justiça do Trabalho determinar sua reintegração no emprego, se entender não justificável a dispensa, ou, se não recomendável, o pagamento de indenizações compatíveis. O art. 5º relaciona como não sendo causas justificadoras da dispensa:

a) a filiação a um sindicato ou a participação em atividades sindicais fora das horas de trabalho ou, com o consentimento do empregador, durante as horas de trabalho;

b) ser candidato ou representante dos trabalhadores ou atuar ou ter atuado nessa qualidade;

c) apresentar uma queixa ou participar de um procedimento estabelecido contra um empregador por supostas violações de leis ou regulamentos, ou recorrer perante as autoridades administrativas competentes;

d) a raça, a cor, o sexo, o estado civil, as responsabilidades familiares, a gravidez, a religião, as opiniões políticas, a ascendência nacional ou a origem social;

e) a ausência do trabalho durante a licença-maternidade.

O art. 6º acrescenta que não será causa a ausência do trabalho por motivo de doença ou lesão, comprovados por atestado médico.

No entanto, a alegria dos trabalhadores durou pouco. Enquanto a doutrina divergia sobre a autoaplicabilidade dessa Convenção, o Supremo Tribunal Federal proveu ação direta de inconstitucionalidade no sentido de que ela não regulamentava o inciso I do art. 7º da Constituição Federal, porque não tinha *status* de Lei Complementar, como exige o citado inciso, mas apenas de Lei Ordinária. Arnaldo Süssekind, após percuciente análise do seu aspecto formal, conclui que a Convenção é autoaplicável no tocante às dispensas imotivadas e pendente de regulamentação quanto às dispensas coletivas, porque o Direito nacional ainda não as disciplinou[105].

Todavia, essa Convenção n. 158 não resistiu às pressões capitalistas nacionais. Em 1997, o Governo Fernando Henrique Cardoso denunciou-a, com efeito a partir de 1998. A constitucionalidade do ato de denúncia foi suscitada perante o STF, cujo julgamento se arrasta inconcluso há mais de quinze anos. No ano de 2008, o Governo submeteu novamente ao Congresso Nacional a ratificação da Convenção, mas foi rejeitada.

A Lei francesa de 13.7.1973 adotou a Recomendação n. 119 da OIT, impondo os seguintes obstáculos à despedida imotivada:

1. o empregador que pretender dispensar um empregado é obrigado a convocá-lo por carta registrada para uma reunião prévia em que exporá os motivos da dispensa. O empregado, se o quiser, será assistido por outro empregado da empresa, de sua livre escolha, e esclarecerá sua situação. A medida visa a dissuadir o empregador por meio desse debate;

2. persistindo a sua decisão, o empregador comunicará por carta registrada ao empregado. Com isso, a lei visa uma decisão amadurecida do empregador;

3. no prazo de dez dias de efetiva dispensa, o empregado pode solicitar por carta registrada que a empresa lhe ofereça por escrito os motivos reais e sérios da dispensa. Isto arma o empregado para uma eventual demanda judicial.

André Brun[106], autor da informação *supra*, explica que a causa tem que ser real e séria. Inocorre causa real quando o empregador não indica motivo algum, ou indica motivo errado, ou indica motivos diferentes no curso da dispensa. Dessa forma, alinha três espécies de falta: leve, séria e grave. A leve não autoriza dispensa; a séria autoriza dispensa, porém, com aviso prévio; e a grave autoriza dispensa sem aviso prévio. A jurisprudência, segundo o autor, apega-se ainda à teoria do abuso do direito de dispensa, defendida por Josserand, aumentando, com isso, a limitação da faculdade do empregador. A prova do abuso de direito, cujo ônus era do empregado e reivindicou-se a inversão para o empregador, passou a ser do juiz, a quem cabe exigir de ambas as partes e tomar iniciativa própria no sentido de firmar seu convencimento.

A sanção pela despedida imotivada consiste em: 1 — ao juiz é facultado propor a reintegração e às partes é facultado aceitá-la; 2 — recusando o empregador, será ele obrigado a indenizar o empregado no montante não inferior ao salário dos últimos seis meses.

---

(105) Aspectos Controvertidos da Convenção OIT-158. *Suplemento Trabalhista LTr*, n. 087/96.
(106) Novos Aspectos do Direito do Trabalho Contemporâneo na França. In: *Tendências do direito do trabalho contemporâneo*, vol. IV, p. 132/156.

A Lei de 3.1.1975 disciplina a despedida por motivo econômico. Além das formalidades já expostas acima, exige o controle pela Administração Pública: o empregador requer autorização de dispensa ao Direito Departamental do Trabalho, que deferirá ou não. Se indeferido o pedido, esgotados os recursos ou não recorrido, a dispensa acarreta sanções de natureza civil e penal.

No Direito brasileiro, a despedida arbitrária só estava vedada em relação à gestante e ao dirigente da CIPA. Atualmente, ante a hibernação da Convenção n. 158, vigem vários instrumentos legais que dificultam a despedida arbitrária.

5. AS DIVERSAS FORMAS DE ESTABILIDADE NO EMPREGO

Conceito e espécies — Os empregados protegidos por alguma forma de estabilidade, ainda que provisória, só podem ser despedidos por falta grave, apurada em inquérito judicial para apuração de falta grave, salvo as expressas exceções legais. Já os empregados que possuem apenas proteção contra despedida arbitrária ou sem justa causa podem ser despedidos sem falta grave. É o que se demonstrará adiante.

Como já vimos, falta grave é mais do que justa causa. Esta está prevista no art. 482 e aquela no 493. Também há que se distinguirem três espécies: a) estabilidade, que protege o emprego em caráter permanente; b) estabilidade provisória, que protege o emprego pelo lapso de tempo que a lei ou o contrato estipulam; c) proteções contra despedida arbitrária ou sem justa causa.

Segundo A. Sampaio, estabilidade é o direito que o empregado adquire de não ser despedido do emprego, a não ser por motivo de falta grave ou circunstância de força maior.

5.1. Estabilidade decenal — Art. 492 da CLT

Essa era a verdadeira estabilidade no emprego, pela qual o empregado com dez anos de efetivo serviço na empresa não podia ser dispensado, *salvo* se cometesse falta grave apurada em inquérito judicial para apuração de falta grave, em caso de extinção do estabelecimento, mas com indenização em dobro, ou na hipótese de força maior, mediante indenização simples.

O regime do FGTS, instituído em 1967, objetivou a extinção do regime estabilitário. E conseguiu por asfixia. Até que a Constituição de 1988 aboliu o duplo regime, elegendo o do FGTS como o único. Entretanto, quem já havia adquirido a estabilidade decenal em 5.10.1988 mantém-na. São raros, mas ainda existem contratos protegidos por essa modalidade de estabilidade, especialmente nas relações de trabalho rural (Decreto n. 73.626/1974, art. 4º), não abrangido pelo regime do FGTS até outubro/1988; nos empregos públicos municipais; nos empregos de congregações religiosas, de entidades associativas etc.

Apesar de não mais adquirir-se essa forma de estabilidade, persiste a já adquirida (art. 14 da Lei n. 8.036). Consequentemente, o seu estudo merece apreço até que as relações trabalhistas dos seus portadores se extingam.

O empregado nessas condições só pode ser dispensado mediante inquérito judicial para apuração de falta grave. Denomina-se inquérito judicial para apuração de falta grave o instituto previsto nos arts. 853 a 855 da CLT, ou seja, uma ação trabalhista pela qual o empregador, alegando e provando falta grave do empregado, postula a resolução (desfazimento) do contrato de trabalho do estável sem indenizações. Para mover o inquérito, o empregador poderá suspender das funções o empregado. Contudo, utilizando-se da suspensão, tem o prazo decadencial de 30 dias para ajuizar o inquérito perante uma das varas do trabalho.

A suspensão persiste até o julgamento definitivo da causa. Se acolhida a tese da falta grave, a suspensão converte-se em despedida com efeito retroativo ao primeiro dia em que foi aplicada. Mas se a ação for julgada improcedente, o empregado será reintegrado no emprego, com o pagamento dos salários e vantagens vencidos e vincendos. Ao juiz é facultado converter a reintegração em indenização dobrada, além dos salários e vantagens vencidos (Súmula n. 28 do TST), quando, em face do grau de incompatibilidade resultante do dissídio, for desaconselhável a reintegração, especialmente quando for pessoa física o empregador (art. 496, CLT). A indenização é a de que trata o art. 478 da CLT (um mês de salário por ano de serviço ou fração superior a seis meses), em dobro.

Vislumbra-se também a possibilidade de acordo rescisório entre o empregador e o empregado estável optante, ou seja, com mais de dez anos de empresa e que, por opção ou por força da Constituição de 1988, haja passado para o regime do FGTS. Nesse caso, a jurisprudência consolidada na Súmula n. 54 do TST entende que não deve haver mera renúncia do empregado à estabilidade decenal, sendo-lhe devidos 60% da indenização dobrada. É de entender-se que se aplica a regra na adesão a Plano de Desligamento Voluntário.

Despedida obstativa — assim se denominava a dispensa do empregado, sem justa causa, no nono ano de serviço. O § 3º do art. 499 da CLT dispõe: "A despedida que se verificar com o fim de obstar ao empregado a aquisição de estabilidade sujeitará o empregador a pagamento em dobro da indenização prescrita nos arts. 477 e 478."

No entanto, com a adoção do regime único do FGTS, a partir da CF/1988, essa matéria tornou-se de interesse muito restrito. Contudo, subsistem, e em crescente número, as garantias de emprego, também denominadas de *estabilidades provisórias*, a seguir analisadas, factíveis de serem frustradas por despedida obstativa.

5.2. *Estabilidade e garantias provisórias de emprego*

Incongruentemente denominadas estabilidades provisórias (pois o termo estabilidade não se coaduna com a provisoriedade), a Constituição, a lei e os contratos individuais e coletivos estabelecem algumas formas de proibição de dispensa imotivada de empregado albergado por algum fato. Dentre as várias espécies, podemos relacionar as seguintes: do dirigente ou representante sindical, a contratual, do acidentado no trabalho, a decorrente da legislação eleitoral para o empregado público, a do diretor de cooperativa, a do empregado público estável, a decorrente do art. art. 19, ADCT, CF/1988, a do membro eleito da CIPA, a da mulher gestante. Analisemo-las.

5.2.1. Estabilidade sindical

Preceitua o art. 8º, VIII, da CF: "É vedada a dispensa do empregado sindicalizado a partir do registro da candidatura a cargo de direção ou representação sindical e, se eleito, ainda que suplente, até um ano após o final do mandato, salvo se cometer falta grave nos termos da lei."

A CLT, no seu art. 543, § 3º, estende essa mesma garantia ao dirigente ou representante de associação profissional. *Na forma da lei*, significa de acordo com os arts. 493/494 e 853/855 da CLT, que definem falta grave e a forma de sua apuração. Portanto, o estabilitário sindical só pode ser despedido se cometer falta grave, devidamente apurada por inquérito judicial, conforme Súmulas ns. 197 do STF e 379 do TST. Acerca do tema, o TST editou a Súmula n. 369, com redação de 27.9.2012:

> **DIRIGENTE SINDICAL. ESTABILIDADE PROVISÓRIA.**
>
> I — É assegurada a estabilidade provisória ao empregado dirigente sindical, ainda que a comunicação do registro da candidatura ou da eleição e da posse seja realizada fora do prazo previsto no art. 543, § 5º, da CLT, desde que a ciência ao empregador, por qualquer meio, ocorra na vigência do contrato de trabalho.
>
> II — O art. 522 da CLT foi recepcionado pela Constituição Federal de 1988. Fica limitada, assim, a estabilidade a que alude o art. 543, § 3º, da CLT a sete dirigentes sindicais e igual número de suplentes.
>
> III — O empregado de categoria diferenciada eleito dirigente sindical só goza de estabilidade se exercer na empresa atividade pertinente à categoria profissional do sindicato para o qual foi eleito dirigente.
>
> IV — Havendo extinção da atividade empresarial no âmbito da base territorial do sindicato, não há razão para subsistir a estabilidade.
>
> V — O registro da candidatura do empregado a cargo de dirigente sindical durante o período de aviso prévio, ainda que indenizado, não lhe assegura a estabilidade, visto que inaplicável a regra do § 3º do art. 543 da Consolidação das Leis do Trabalho.

O inciso I entende ser *indispensável a comunicação do sindicato à empresa da candidatura e eleição do dirigente sindical*, na forma do art. 543, § 5º, da CLT, sob pena de não se reconhecer a estabilidade. *Data venia*, entendemos que a obrigação de comunicação era condição celetista da estabilidade. Mas esta migrou para o nível de regra constitucional autoaplicável, sem esse condicionamento. Contudo, vale salientar que esse item foi alterado em 2012 para flexibilizar a forma e o momento da comunicação. Destarte, enquanto a Corte Superior não mudar, vale a Súmula transcrita.

Em caso de força maior ou de extinção da empresa na base territorial do sindicato do estável, a estabilidade desaparecerá, conforme Súmula n. 369, IV, não subsistindo sequer a indenização correspondente ao período da estabilidade (RR n. 153900-08.2008.5.09.0661 Rel. Min. Mauricio Godinho Delgado, 6ª Turma, DEJT 16.3.2012).

5.2.2. *Despedida de empregado estável*

Extinguem a estabilidade: a) falta grave; b) caso de força maior; c) extinção do estabelecimento na base territorial da entidade sindical do estável, conforme Súmula n. 369, II, do TST; d) pedido de demissão.

Se o empregador acusar o empregado de cometer falta grave, deve propor o inquérito judicial para apuração de falta grave, na forma do art. 853, em que provará o fato. Se for julgado procedente, o empregado é despedido sem indenizações; se improcedente, não haverá despedida. Ao empregador é facultado suspender o empregado antes de propor a ação. Neste caso, tem que ajuizar o inquérito no prazo decadencial (improrrogável) de 30 dias. A suspensão é irretratável. Se julgado procedente o inquérito, a rescisão retroage ao início da suspensão; se improcedente, o empregado tem direito aos salários e vantagens vencidos desde o início da suspensão e vincendos.

Na hipótese de despedida do dirigente ou representante sindical, inclusive o suplente, sem apuração de falta grave na forma *supra*, ou porque o empregador não reconhece a estabilidade, o empregado propõe ação de reintegração no emprego, incumbindo-lhe provar somente: a) sua condição de dirigente ou representante sindical, ou que é candidato ao cargo com chapa já registrada, ou cujo mandato expirou há menos de um ano; e b) a efetiva despedida.

Em sua defesa, o empregador pode alegar ausência dos requisitos da estabilidade ou que não houve despedida de fato. Entretanto, provadas as condições acima, a defesa do empregador esvaziar-se-á, porque o seu ato resilitório torna-se nulo, ainda que tenha ocorrido a falta grave. Isto porque a despedida do dirigente sindical (incluídas as associações ainda não convertidas em sindicato) constitui ato formal e a preterição da forma invalida o ato jurídico (art. 166, IV, do Código Civil).

Se a reclamação for julgada procedente, a sentença (ao mesmo tempo declaratória e constitutiva) determinará a reintegração do empregado. Mas se o prazo do mandato já houver expirado e outro mandato não houver sucedido ao anterior, a reintegração converter-se-á em indenização, equivalente aos salários e vantagens do período da estabilidade, mais verbas rescisórias da despedida sem justa causa, conforme Súm. n. 396 do TST.

O juiz determinará reintegração liminar, ou em tutela antecipada, verificando que a demissão se deu sem prévio inquérito judicial, conforme arts. 659, X, CLT e 273 do CPC. Isto para que o instituto da estabilidade tenha eficácia, pois, do contrário, ao final do processo, o trabalhador já estaria alijado da militância junto a sua categoria.

5.2.3. Abrangência da estabilidade sindical

Soberba discussão se trava em torno dos conceitos: dirigente sindical, representante sindical, eleição sindical, diretoria (quantos membros?), delegado sindical, associação profissional etc.

Como visto acima, a Súmula n. 369 do TST restringe a estabilidade a sete membros da diretoria e respectivos suplentes. A OJ-SDI-1 n. 365 nega estabilidade a membro do conselho fiscal; e a 369 nega-a ao delegado sindical.

É um lamentável engano. Em verdade, conforme demonstraremos, a lei assegura estabilidade a todos os membros da diretoria sindical segundo o número estipulado no estatuto da entidade, além dos membros do conselho fiscal, os delegados sindicais eleitos, bem como os respectivos suplentes. Esta é a dicção que sobressai do art. 8º, VIII, CF, sem qualquer ampliação.

O art. 8º, VIII, da CF emprega a expressão *cargo de direção ou representação* sindical. A cada sindicato compete estatuir o seu corpo diretivo e o representativo. A CLT fixa o número máximo de membros da diretoria em sete e o mínimo de três, e do conselho fiscal em três. Assim, ainda que admitindo recepcionado o art. 522 da CLT, o correto, seria reconhecer a estabilidade pelo menos dos dez da diretoria e do conselho fiscal, além dos respectivos suplentes e delegados sindicais eleitos.

Todavia, nem esse limite deve haver, pois com a autonomia administrativa e organizativa do sindicato, conferida pelo art. 8º, I, CF, o estatuto de cada entidade fixará a composição da diretoria e dos cargos de representação, incluindo-se entre os últimos a figura do delegado sindical, este nas suas duas versões: o dirigente das delegacias do sindicato e o representante do sindicato na empresa. Também a forma de escolha destes faz-se segundo os estatutos da entidade. Atualmente, os sindicatos vêm escolhendo os delegados por meio de eleição da categoria, para, com isso, caracterizar a "eleição" referida no preceito do art. 8º, VIII.

No meio empresarial, levanta-se forte oposição ao vertiginoso aumento do número de membros das diretorias sindicais e, por isso, os empresários enfrentam a lei negando a garantia de emprego a muitos dos seus integrantes. Curvemo-nos à legalidade. O legislador não limitou esse número, descabendo ao aplicador da lei intrometer-se onde a lei não o fez. Aliás, a todas as associações civis é dada a garantia de auto-organização. Por que negar-se essa liberdade só ao sindicato?

Levanta-se a questão da abusividade na ampliação vertiginosa do número de membros. Certamente, comporta o questionamento de algum caso particular pela via genérica do abuso de direito.

Dessa preleção, os conceitos indicados resumem-se em duas palavras: cargo de "direção" ou "representação" sindical, definidas nos estatutos do sindicato e cuja ocupação dependa de eleição, esta formalizada, também, segundo o estatuto da associação. Por seu turno, o termo eleição deve *ser* compreendido em um sentido amplo; pode ser eleição direta em assembleia geral, ou indireta, pela diretoria. A simples indicação ou nomeação pelo presidente não se pode considerar eleição.

Com efeito, a estabilidade abrange todos os membros titulares e suplentes da diretoria do sindicato, do conselho fiscal e os delegados de que trata o art. 517, § 2º, da CLT, desde que sejam eleitos, segundo o estatuto do sindicato, por exercerem função de representação e direção sindical. A dicção do art. 8º, VIII, da CF abrange todos os titulares e suplentes dos cargos de direção e representação sindical. O inciso I do art. 8º revogou os arts. 522 a 528 da CLT, que tratam da composição da diretoria sindical, do monitoramento do sindicato pelo Ministério do Trabalho e pelo Ministério Público e da intervenção pelo governo na sua direção.

Jurisprudência desconstrucionista — no entanto, a jurisprudência sobre o tema é absurdamente desconstrucionista, e ainda não leu a Constituição de 1988, continuando a praticar o direito corporativo fascista textualizado na CLT, nos artigos que regulamentam a administração sindical. Pior. Interpreta restritivamente o próprio texto da vetusta CLT. É como se não tivesse ocorrido nenhuma inovação na esfera constitucional sobre o tema sindical. As súmulas e OJs do TST sobre o tema revelam uma preocupação em extrair o mínimo do conteúdo legal, numa postura que navega contra os princípios coletivos, da progressão social, da proteção, coletivo. Senão, vejamos:

- **Todos os cinco itens da Súmula n. 369 acima transcrita são reducionistas.**
- OJ N. 369. ESTABILIDADE PROVISÓRIA. DELEGADO SINDICAL. INAPLICÁVEL (DEJT de 3, 4 e 5.12.2008). O delegado sindical não é beneficiário da estabilidade provisória prevista no art. 8º, VIII, da CF/1988, a qual é dirigida, exclusivamente, àqueles que exerçam ou ocupem cargos de direção nos sindicatos, submetidos a processo seletivo.
- OJ N. 365. ESTABILIDADE. MEMBRO DE CONSELHO FISCAL DE SINDICATO. INEXISTÊNCIA (DJ de 20, 21 e 23.5.2008). Membro de conselho fiscal de sindicato não tem direito à estabilidade prevista nos arts. 543, § 3º, da CLT e 8º, VIII, da CF/1988, porquanto não representa ou atua na defesa de direitos da categoria respectiva, tendo sua competência limitada à fiscalização da gestão financeira do sindicato (art. 522, § 2º da CLT).

O art. 543, § 3º, da CLT exige que o sindicato, "para fins deste artigo", faça a comunicação à empresa, tanto da candidatura como da eleição, dentro de 24 horas.

O mesmo prazo concede ao Ministério do Trabalho no caso de indicação em vez de eleição. Este preceito do § 3º não foi recepcionado pela CF. Nem ele nem o § 4º. Este ainda fala da intervenção pelo Ministério do Trabalho mediante a indicação da diretoria em caso de impasse nas eleições, coisa hoje vedada pelo art. 8º, I, da CF. O § 5º, da mesma forma, seguindo a trilha do corporativismo primitivo do sindicalismo nacional, onde o sindicato era um ente ancilar do Estado, ainda impõe ao Ministério do Trabalho o ônus de comunicar ao empregador a indicação da diretoria.

Em resumo, os §§ 4º e 5º do art. 543 não foram recepcionados pela Constituição de 1988, porque representam intervencionismo estatal. O primeiro define como cargo de direção e representação aquele cujo exercício ou indicação decorre de lei. Ora, *indicação* pelo Ministério do Trabalho não mais existe; a lei não mais pode disciplinar as eleições sindicais, mas sim os estatutos. Como já pontuamos, os artigos da CLT que versam sobre administração e eleições sindicais (522 e segs.) também não foram recepcionados pela CF.

Definitivamente — a Constituição de 1988 não exige a comunicação acima comentada como pressuposto da estabilidade e não recepcionou os §§ 4º e 5º do art. 543 da CLT, que são entulhos do corporativismo e das ditaduras.

Uma das matrizes do continuado engano, foi o julgado do STF do ano de 1992, nos autos de RE n. 193.345-3, em que ementou: *"O art. 522, da CLT, que estabelece o número de dirigentes sindicais, foi recebido pela CF/88, art. 8º, I."*

Com base nesse precedente, o Colendo TST consolidou sua jurisprudência no sentido de que a estabilidade só alcança os sete membros da diretoria previstos no art. 522 e os sete suplentes respectivos. Pior, essa jurisprudência estreitou mais, excluindo da garantia os membros do conselho fiscal, por entender que estes não exercem atribuição de direção (OJ n. 365 da SDI-1).

Destarte, o próprio precedente do STF que embasou a jurisprudência do TST, conquanto reducionista, é mais abrangente que a do TST: "O art. 522, da CLT, que estabelece o número de dirigentes sindicais, foi recebido pela CF/88, art. 8º, I" (RE n. 193.345-3). No caso, o STF restabeleceu a sentença de primeiro grau que havia concluído pela vigência do art. 522 da CLT, que estabelece o corpo dirigente sindical em diretoria com número mínimo de três e máximo de sete membros, mais um conselho fiscal de três membros. Logo, mesmo sob a interpretação do citado julgado do STF, a direção sindical compõe-se de diretoria e conselho fiscal.

Lógico que essa interpretação do TST não é a melhor, porque, em verdade, o conselho fiscal integra o corpo diretivo do sindicato, figurando seus membros na chapa vencedora das eleições, por isso, se tornam alvos de perseguição patronal, ou mesmo dos diretores no sentido estrito do sindicato. Se o objetivo da estabilidade é proteger o emprego do dirigente sindical para que ele defenda a categoria, todos os figurantes da chapa vencedora gozam da tutela constitucional. Vale lembrar que a regra é a da estabilidade sindical, esse é o programa normativo da Constituição, conforme se infere dos arts. 7º, I e 8º VIII. A interpretação restritiva vai contra os princípios da progressão social e da proteção.

Data venia, o respeitável precedente isolado da Suprema Corte, essa questão transborda do leito do art. 522 celetário, porque revogado pela Constituição (ou não recepcionado) e pela evolução dos modelos administrativos, devendo ser enfrentada à luz do abuso de direito, de que trata o art. 187 do Código Civil, ou seja, quando a diretoria se compuser de um número de diretores excessivo em relação ao contingente da categoria, estará configurado o abuso. No exame do abuso de direito, o juiz deve pautar-se pelos princípios da razoabilidade e da proporcionalidade, para encontrar a justa medida. Assim, como será abusiva uma norma estatutária sindical que institui uma diretoria de 20 membros para determinada categoria de 500 representados, será igualmente desarrazoada que se imponha uma diretoria de apenas sete membros para uma entidade representativa de mais de 5.000 trabalhadores.

Cumpre registrar que, ao tempo em que o STF firmou o precedente (1992, em ação ajuizada na década de 80), a Constituição de 1988 era muito recente. Esta Constituição é uma Carta de Valores, que nunca se revela por inteiro, mas vai se revelando contínua e inexoravelmente. Nesse tempo, sob o mesmo texto da CF/1988, era lícito o nepotismo, não havia cotas raciais, a adotante não tinha direitos trabalhistas de mãe, o casal homoafetivo não podia firmar união estável, nem adotar, o aborto anencefálico era proibido, não havia direitos patrimoniais ou sucessórios na união estável, o mandado de injunção não teve eficácia etc. nada disso mudou na Constituição. Mudou a leitura de seu vasto conteúdo axiológico.

Com efeito, o direito velho não quer largar o ninho e resiste à chegada do novo. Certamente, em revisitação do tema ao STF, em sede própria, de ADI, esta Corte fará nova leitura do preceptivo do art. 8º da Constituição e, em consequência, o art. 522 da CLT e correlatos desmoronarão.

O dirigente sindical, todos os indicados acima, só podem ser dispensados a pedido, em virtude da extinção do estabelecimento da empresa na base territorial do sindicato ou por falta grave, esta apurada por inquérito judicial para apuração de falta grave, nos termos do art. 853 da CLT.

Neste sentido, o STF cristalizou a *ratio legis* no Verbete n. 197 da sua Súmula:

> O empregado com representação sindical só pode ser despedido mediante inquérito em que se apure falta grave.

A preterição dessa formalidade legal respalda a reintegração liminar do dirigente sindical, quer por meio de reclamação cautelar, quer nos próprios autos da reclamação trabalhista, sob forma de tutela antecipada (art. 273 do CPC). A competência para conceder a liminar é do juiz singular, conforme art. 659, X, da CLT, com a redação que lhe deu a Lei n. 9.270/1996:

X — conceder medida liminar, até decisão final do processo, em reclamações trabalhistas que visem reintegrar no emprego dirigente sindical afastado, suspenso ou dispensado pelo empregador.

Como se vê, a despedida do empregado dirigente sindical, sem as formalidades legais, implica nulidade do ato, até por imperativo do art. 166 do Código Civil, que reputa nulo o ato que pretere as formalidades legais.

5.2.4. Estabilidade contratual

Obtida por meio de uma das três expressões contratuais: a) contrato individual de trabalho; b) instrumento de natureza coletiva (contrato coletivo de trabalho, convenção coletiva de trabalho, acordo coletivo de trabalho); c) regulamento de empresa, que adere ao pacto individual.

Essa forma de estabilidade tem a duração e as condições avençadas. Assim, por exemplo, muitas convenções estabelecem um período de garantia contra despedida sem justa causa. Outras ditam que a justa causa deve ser previamente averiguada em inquérito interno.

Enfim, essa garantia possui os limites avençados.

No entanto, dispensado o estabilitário contratual, sem o implemento das condições de dispensa ajustadas, impõe-se a indenização do período de duração da garantia de emprego frustrada por ato unilateral do empregador. Vejamos:

Estabilidade regulamentar — é a garantia prevista em regulamento da empresa, que integra o contrato individual, plenamente compatível com o regime do FGTS, conforme Súmula n. 98, II, do TST.

Estabilidade coletiva — nos instrumentos de negociação coletiva do trabalho sobressaem várias formas de estabilidade ou garantias de emprego. São também consideradas contratuais.

Estabilidade pré-aposentadoria — é cada vez mais comum nas negociações coletivas inserir-se cláusula de "estabilidade pré-aposentadoria", pela qual a empresa não pode despedir sem motivo os trabalhadores que se encontrem a um ou dois anos (ou mais) da implementação das condições para aposentadoria voluntária. Nestes casos, a proteção obedecerá ao limite do pactuado. O Precedente Normativo n. 85 do TST alberga essa pactuação.

Estabilidade-greve — nos acordos de greve, é comum estipular-se cláusula de proteção contra despedida dos trabalhadores grevistas durante determinado lapso de tempo.

5.2.5. Estabilidade de empregados públicos

Estabilidade do art. 41 da CF — Os empregados da administração pública direta, autárquica e fundacional, assim entendidos os regidos pela CLT, adquirem estabilidade aos três anos de efetivo serviço, conforme art. 41 da Constituição e Súmula n. 390 do TST. Os servidores federais regidos pela Lei n. 8.112/1990 adquirem estabilidade com três anos de serviço. Já os empregados das empresas públicas e das sociedades de economia mista não se beneficiam do citado art. 41 da CF, pois não são empregados públicos, embora se enquadrem no termo genérico "servidor público".

Trata-se da regra aplicável aos empregados públicos efetivos, admitidos mediante concurso público. Como condição para a aquisição da estabilidade, é obrigatória, ainda, a avaliação especial de desempenho do servidor por comissão instituída para essa finalidade.

O servidor estável só perderá o cargo, conforme art. 41, § 1º, da CF: a) em virtude de sentença judicial transitada em julgado; b) mediante processo administrativo em que lhe seja assegurada ampla defesa; c) mediante procedimento de avaliação periódica de desempenho, na forma da lei complementar, assegurada ampla defesa.

Invalidada por sentença judicial a demissão do servidor estável, será este reintegrado, e o eventual ocupante da vaga, se estável, reconduzido ao cargo de origem, sem direito a indenização, aproveitado em outro cargo ou posto em disponibilidade com remuneração proporcional ao tempo de serviço.

Extinto o cargo ou declarada a sua desnecessidade, o servidor estável será posto em disponibilidade, com remuneração proporcional ao tempo de serviço, até seu adequado aproveitamento em outro cargo.

Estabilidade do art. 19 ADCT — Além da hipótese já aventada, há a estabilidade do empregado público admitido sem concurso público pelo menos cinco anos continuados antes da promulgação da Constituição de 1988, ou seja, os admitidos antes de 5.10.1983. É a previsão do art. 19, ADCT, CRFB/1988:

> Os servidores públicos civis da União, dos Estados, do Distrito Federal e dos Municípios, da administração direta, autárquica e das fundações públicas, em exercício na data da promulgação da Constituição, há pelo menos cinco anos continuados, e que não tenham sido admitidos na forma regulada no art. 37, da Constituição, são considerados estáveis no serviço público.

A OJ n. 364 da SDI-1 confere essa estabilidade a empregados de fundações privadas que cumpram as características principais das públicas (subvenção pública e defesa de interesses do Estado).

Estabilidade pré-eleitoral — Assegurada aos empregados dos entes públicos, que não podem ser demitidos no período pré-eleitoral. A OJ n. 51 da SDI-I do TST entende aplicável o art. 51 da Lei n. 7.773/1989 também aos empregados das sociedades de economia mista e das empresas públicas. Logicamente, por justa causa, devidamente apurada, será legítima a despedida.

5.2.6. Estabilidade de membro de Comissão de Conciliação Prévia

Os representantes dos empregados, titulares e suplentes, gozarão de estabilidade, até um ano após o final do mandato, que é de um ano, excetuando o cometimento de falta grave (art. 625-B, § 1º, CLT), apurada em inquérito judicial.

5.2.7. Representantes dos trabalhadores nos colegiados públicos

É a garantia concedida pelo art. 10 da CF. Alguns órgãos colegiados públicos são compostos com representantes do governo, dos empresários e dos trabalhadores, a exemplo do Conselho Curador do FGTS, do CODEFAT. Os representantes dos trabalhadores são indicados pelas centrais sindicais, por períodos determinados. Logicamente, aplicam-se a esses trabalhadores as garantias do item *supra*.

No mesmo sentido, a Lei de Benefícios da Previdência Social (n. 8.213/1991), no seu art. 3º, compõe o Conselho Nacional de Seguridade Social com quinze membros, sendo seis do Governo e nove representantes da sociedade civil, sendo três de empregados, três dos aposentados e três dos empregadores, indicados pelas respectivas centrais sindicais e confederações.

5.2.8. Representante dos empregados na empresa

O art. 11 da CF preceitua que nas empresas de mais de 200 empregados é assegurada a eleição de um representante destes, com a finalidade exclusiva de promover-lhes o entendimento direto com os empregadores.

O Precedente Normativo n. 86 da SDC do TST reconhece a esses representantes a estabilidade provisória, nos moldes do art. 543 e seus parágrafos, da CLT. Logo, igual ao assegurado aos dirigentes e representantes sindicais.

5.2.9. Diretor de cooperativa

O art. 55 da Lei n. 5.764/1971 estende as garantias dos dirigentes sindicais previstas no art. 543 da CLT aos diretores eleitos de cooperativas de trabalhadores. A jurisprudência vem negando essa garantia aos suplentes e membros do Conselho Fiscal:

OJ-SDI-1: ESTABILIDADE PROVISÓRIA. COOPERATIVA. LEI N. 5.764/1971. CONSELHO FISCAL. SUPLENTE. NÃO ASSEGURADA (inserida em 13.3.2002).

O art. 55 da Lei n. 5.764/71 assegura a garantia de emprego apenas aos empregados eleitos diretores de cooperativa, não abrangendo os membros suplentes.

5.2.10. Estabilidade da gestante e equiparados

A CF/1988, no seu art. 10, II, *b*, do Ato das Disposições Constitucionais Transitórias, veda a despedida arbitrária ou sem justa causa da gestante a partir da confirmação da gestação até cinco meses após o parto. Esta garantia tem apoio na Convenção Internacional do Trabalho n. 103/1952, cf. já decidiu o STF, razão pela qual alcança todas as modalidades de trabalho, seja público ou privado, administrativo ou contratual, comissionado, precário, por tempo determinado ou por experiência.

> SERVIDORA PÚBLICA GESTANTE OCUPANTE DE CARGO EM COMISSÃO — ESTABILIDADE PROVISÓRIA (ADCT/88, ART. 10, II, "B") — CONVENÇÃO OIT N. 103/1952 — INCORPORAÇÃO FORMAL AO ORDENAMENTO POSITIVO BRASILEIRO (DECRETO N. 58.821/66) — PROTEÇÃO À MATERNIDADE E AO NASCITURO — DESNECESSIDADE DE PRÉVIA COMUNICAÇÃO DO ESTADO DE GRAVIDEZ AO ÓRGÃO PÚBLICO COMPETENTE — RECURSO DE AGRAVO IMPROVIDO.[...] — As gestantes — quer se trate de servidoras públicas, quer se cuide de trabalhadoras, qualquer que seja o regime jurídico a elas aplicável, não importando se de caráter administrativo ou de natureza contratual (CLT), mesmo aquelas ocupantes de cargo em comissão ou exercentes de função de confiança ou, ainda, as contratadas por prazo determinado, inclusive na hipótese prevista no inciso IX do art. 37 da Constituição, ou admitidas a título precário — têm direito público subjetivo à estabilidade provisória, desde a confirmação do estado fisiológico de gravidez até cinco (5) meses após o parto (ADCT, art. 10, II, "b"), e, também, à licença-maternidade de 120 dias (CF, art. 7º, XVIII, c/c o art. 39, § 3º), sendo-lhes preservada, em consequência, nesse período, a integridade do vínculo jurídico que as une à Administração Pública ou ao empregador, sem prejuízo da integral percepção do estipêndio funcional ou da remuneração laboral. Doutrina. Precedentes. Convenção OIT n. 103/1952. (STF, 2ª T., AgRg no RE 634093/DF, Rel. Min. Celso de Mello, p. 07/12/2011.)

Nos contratos por tempo determinado, a proteção do emprego não iria além do termo previsto para o fim do contrato (redação anterior da Súmula n. 244, III, do TST). No entanto, espelhado no precedente do STF, em relação à gestante e ao acidentado no trabalho, a jurisprudência evoluiu:

> RECURSO DE REVISTA. PROCEDIMENTO SUMARÍSSIMO. CONTRATO DE EXPERIÊNCIA. ESTABILIDADE DE GESTANTE. DIREITO CONSTITUCIONAL ASSEGURADO INDEPENDENTEMENTE DO REGIME JURÍDICO. PRECEDENTES DO SUPREMO TRIBUNAL FEDERAL. 1. Estabelece o art. 10, II, "b", do ADCT/88 que é vedada a dispensa arbitrária ou sem justa causa da empregada gestante, desde a confirmação da gravidez até cinco meses após o parto, não impondo qualquer restrição quanto à modalidade de contrato de trabalho, mesmo porque a garantia visa, em última análise, à tutela do nascituro. 2. O entendimento vertido na Súmula

n. 244, III, do TST encontra-se superado pela atual jurisprudência do Supremo Tribunal Federal, no sentido de que as empregadas gestantes, inclusive as contratadas a título precário, independentemente do regime de trabalho, têm direito à licença-maternidade de 120 dias e à estabilidade provisória desde a confirmação da gravidez até cinco meses após o parto. 3. Dessa orientação dissentiu o acórdão recorrido, em afronta ao art. 10, II, "b", do ADCT/88. (RR-107-20.2011.5.18.0006, 1ª T., Rel. Min. Walmir Oliveira da Costa, Publicação DEJT em 15.12.2012.)

Por fim, o TST adaptou o item da sua Súmula n. 224:

> Súmula n. 224. GESTANTE. ESTABILIDADE PROVISÓRIA (redação do item III alterada em 14.9.12, DEJT de 25.9.12):
> I — O desconhecimento do estado gravídico pelo empregador não afasta o direito ao pagamento da indenização decorrente da estabilidade (art. 10, II, *b*, ADCT).
> II — A garantia do emprego à gestante só autoriza a reintegração se esta se der no durante o período de estabilidade. Do contrário, a garantia restringe-se aos salários e demais direitos correspondentes ao período de estabilidade.
> III — A empregada gestante tem direito à estabilidade provisória prevista no art. 10, inciso II, alínea *b*, do Ato das Disposições Constitucionais Transitórias, mesmo na hipótese de admissão mediante contrato por tempo determinado.

A Lei n. 11.324/2006 estendeu esse direito à doméstica. Para as empresas que adotaram a licença de seis meses, não poderá haver despedida durante o gozo desse direito. Como à mãe adotante (ou equiparada(o) a esta) foi estendido o direito da mãe biológica, é de entender-se que ela(e) goza da mesma proteção desde a adoção.

Início da Estabilidade da Empregada Gestante — A CF, no art. 10, n, *b,* ADCT, fixa o início da proteção "desde a confirmação da gravidez". Isto levou a que alguns julgados interpretassem "confirmação" como "comunicação" ao empregador. Ora, o primeiro diz respeito ao resultado técnico, laboratorial; o segundo significa a cientificação do fato ao empregador. O que gera o direito é a confirmação, a qual só será comunicada ao empregador segundo a conveniência da empregada, mesmo porque ainda persiste o preconceito social contra a gravidez da mulher solteira, de maneira que ela prefere ocultar o seu estado o máximo possível. Esta é a posição já consolidada da jurisprudência de longa data:

> Desnecessária a comunicação da empregada grávida ao empregador para beneficiar-se com a garantia de emprego. Revista a que se dá provimento. (TST Ac. 79/90, Rel. Min. Marcelo Pimentel, DJ 28.9.1990, p. 10394.) In: Vade Mecum Trabalhista, Verbete 1.995.
> O reconhecimento da estabilidade provisória da gestante independe da ciência, pelo empregador, da gravidez da empregada, por se tratar de responsabilidade objetiva de quem assalaria. (TRT 13ª Reg., Ac. 6.396, Rel. Juiz Raimundo Oliveira, DJPB 7.5.1991) In: Fonte *supra*, Verbete 2.002.

Essa jurisprudência antiga conslidou-se no inciso I da Súmula n. 224 do TST.

Porém, se o empregador comunicar da dispensa, dando aviso prévio ou indenizando-o, e a empregada procurar a confirmação da gravidez de que apenas desconfia, obtendo resultado "positivo", opera-se o direito em comento? Entendo que sim, porque o aviso prévio não põe fim ao liame empregatício imediatamente; e mesmo indenizado projeta-se no tempo de serviço. A propósito, decidiram os egrégios TRTs da 3ª e da 9ª Regiões, respectivamente:

> A estabilidade provisória da gestante, prevista na Constituição de 88, opera seus efeitos sobre uma circunstância inteiramente objetiva, qual seja, a gravidez. Dando-se esta no curso do contrato de trabalho, surge o direito da empregada à tutela constitucional, sendo irrelevante que a gravidez tenha sido detectada após a resilição contratual (TRT 3ª Reg., 3ª T., RO 2.395/90. Rel. Juiz Marcus M. Ferreira, DJMG 19.4.1991, p. 94.) In: Fonte *supra*, Verbete 2.011.

> Confirmada a gravidez, ainda que dentro do prazo de projeção do aviso prévio indenizado, cujo prazo integra o tempo de serviço da empregada, é a mesma detentora da estabilidade constitucionalmente prevista. (TRT 9ª Reg., 3ª T., Ac. 0850/90. Rel. Juiz José F. Rosas, DJPR 1º.2.1991. p. 225.) In: Fonte *supra*, Verbete 2.005.

Pelas considerações acima, podemos concluir que o início da estabilidade da gestante dá-se a partir da confirmação da gravidez, independentemente de comunicação prévia ao empregador. Essa confirmação pode operar-se antes da comunicação de dispensa ou durante o prazo de aviso prévio, indenizado ou trabalhado.

A proteção da maternidade tem contorno de direito fundamental da mais alta significação na ordem interna e internacional. Por isso, mesmo na hipótese de contrato nulo, firmado sem concurso público com a Administração Pública, vem sendo assegurada pelo TST a estabilidade-gestante. Até nos contratos de experiência, o STF reconheceu esse direito da gestante, louvando-se na Convenção Internacional do Trabalho n. 103. A Súmula n. 244 do TST negava esse direito no contrato de experiência, por entender que o fim do contrato não decorre de despedida, mas da consumação temporal. No entanto, em face do julgamento do STF, o próprio TST já reformulou sua súmula. Esse raciocínio se aplica aos contratos por tempo determinado, cujo termo final se protrai para o final da estabilidade; da mesma forma, a ocorrência de gravidez durante o aviso prévio suspende o curso deste, continuando a correr após o final da estabilidade. Quando o período da estabilidade já houver fluído, converte-se o direito em indenização correspondente aos salários do período e consectários.

A Súmula 244, I, do TST enuncia que o *desconhecimento pelo empregador da gravidez da empregada não afasta o direito de indenização* da estabilidade da gestante.

Despedida da Empregada Gestante — É vedada a despedida arbitrária ou sem justa causa da gestante. Logo, comprovada a gravidez, e ausente robusta prova dos motivos, a despedida é nula. Consequentemente, a empregada em tais condições deve ser reintegrada no emprego, com todos os salários vencidos e vincendos enquanto durar a estabilidade.

A estabilidade da gestante, contudo, é mais flexível que as anteriormente comentadas. Enquanto os beneficiários daquelas só podem ser despedidos se cometerem falta grave, a gestante só está protegida contra a despedida arbitrária ou sem justa causa.

Caracterizam justa causa as faltas relacionadas nos arts. 482 da CLT e outras previstas em leis especiais. Por sua vez, *arbitrária* é a despedida que não se fundar em motivo técnico, econômico, financeiro ou disciplinar (art. 165 da CLT).

A despedida da gestante prescinde de inquérito judicial. Todavia, a ela restam dois caminhos: a) mover ação de reintegração no emprego, inclusive com pedido de tutela antecipada; ou b) de indenização da estabilidade.

A conversão em indenização será possível em duas situações: a) por preferência da empregada; b) se ao tempo do julgamento final da ação a estabilidade já houver expirado. A indenização equivale aos salários e consectários devidos no período da estabilidade, até o 5º (ou 6º, conforme o caso) mês após o parto. Além disso, ainda são devidos o aviso prévio, 13º e férias proporcionais, depósitos integrais do FGTS no período da estabilidade, indenização de 40% do FGTS; e, se for o caso, multas da Lei n. 7.328/1984 e do art. 477, §§ 6º a 8º, da CLT.

Aconselha-se sempre a reintegração no emprego porque antes de terminar o período de garantia do emprego pode estar-se iniciando outro. Porém, depois do comunicado de dispensa, tomando conhecimento o empregador da gravidez da empregada, pode ele reconsiderar o seu ato. Neste caso, torna sem efeito a dispensa e remunera normalmente pelos dias de afastamento. Caso a empregada não aceite a reconsideração, não terá direito às indenizações: "Reconsideração do aviso prévio — O empregador reconsiderou após tomar conhecimento da gravidez e a obreira, que recusou-se a reassumir o emprego, não tem direito à indenização pela estabilidade provisória. Revista conhecida e à qual se nega provimento." (TST — 3ª T., Ac. 845/90 — Rel. Min. José C. Ramos. DI 29.8.1990 — p. 8.575.") In: Vade Mecum Trabalhista.

Aqui, cumpre esclarecer que se o empregador já tinha ciência do fato quando rescindiu o contrato, cabe à empregada escolher entre aceitar a reconsideração e retornar ao emprego ou optar pelas indenizações: "O fato de a empregada gestante não aceitar a reintegração no emprego não lhe retira o direito a perceber os salários e vantagens relativos ao período. Revista conhecida e provida." (TST — 3ª T., Ac. 1.756/90.1 — Rel. Min. José Ramos — DJ 22.3.1991, p. 3.177.)

A defesa do empregador fundar-se-á em: a) alegação de desconhecimento do estado de gravidez da autora, e, neste caso, propondo reconsiderar a sua decisão para receber de volta a empregada. Nesta hipótese, a ela só restam duas saídas: 1) aceitar o convite e voltar, salvo se alegar grave incompatibilidade; ou 2) provar que a sua gravidez era conhecida do empregador. Frise-se que, passado o período estabilitário, a empregada apenas faz jus aos salários e direitos correspondentes ao período (Súmula n. 244, II); b) a hipótese de defesa do empregador fundada em motivos técnico, econômico, financeiro ou disciplinar não é válido, visto que o art. 165 da CLT trata especificamente do cipeiro, de modo que sua aplicação à gestante vai de encontro ao princípio protetivo da maternidade. Contudo, é válida a alegação de motivo disciplinar, que é a justa causa de que trata o art. 482 da CLT.

5.2.11. *Estabilidade do membro e do dirigente da CIPA*

"Fica vedada a dispensa arbitrária ou sem justa causa: a) do empregado eleito para cargo de direção de comissões internas de prevenção de acidentes, desde o registro de sua candidatura até um ano após o término do mandato" — art. 10, II, *a*, ADCT da CF/88. Como sob o sol nada há de novo, essa proteção já vinha da quinquagenária CLT, art. 165:

> Os titulares representantes dos empregados nas CIPAs não poderão sofrer despedida arbitrária, entendendo-se como tal a que não se fundar em motivo disciplinar, técnico, econômico ou financeiro.

Dos dois textos normativos deduz-se que gozam da garantia contra despedida arbitrária ou sem justa causa: a) os membros eleitos para os cargos de direção da CIPA; b) os membros da CIPA representantes dos trabalhadores.

A Súmula n. 339 do TST assim se expressa:

CIPA. SUPLENTE. GARANTIA DE EMPREGO. CF/1988

I — O suplente da CIPA goza da garantia de emprego prevista no art. 10, II, *a*, do ADCT, a partir da promulgação da Constituição Federal de 1988.

II — A estabilidade provisória do cipeiro não constitui vantagem pessoal, mas garantia para as atividades dos membros da CIPA, que somente tem razão de ser quando em atividade a empresa. Extinto o estabelecimento, não se verifica a despedida arbitrária, sendo impossível a reintegração e é indevida a indenização do período estabilitário.

A duração dessa garantia é de dois a quatro anos, posto que o mandato é de um ano, permitida uma reeleição (art. 164, § 3º, CLT). O calcanhar de Aquiles da questão assenta-se nos conceitos de "cargo de direção", "eleição", e se a estabilidade alcança os representantes do empregador e os suplentes.

A Constituição Federal refere-se a empregado eleito para cargo de direção. Daí subsume-se que o representante patronal também goza da garantia.

Os reducionistas desse direito ao representante patronal baseiam-se no termo "eleito" contido no Texto Magno, por entenderem que só há eleição para o representante operário. Para aquele há indicação, conforme art. 164, § 1º, da CLT.

Analisemos o tema: o número de membros da CIPA varia de dois titulares a 30, de acordo com o grau de risco e o número de empregados. Todos os titulares têm suplentes. A partir de 10 empregados, todos os empregadores, públicos ou privados, de qualquer grau de risco devem constituir CIPA. Abaixo de 100 empregados as atividades enquadradas no grau mínimo estão isentas dessa obrigação.

A Súmula n. 339, I, do TST estendeu-a ao suplente; o STF confirmou-a na Súmula n. 676. Entendemos que a Constituição alberga essa garantia também aos representantes do empregador — a exemplo do presidente da CIPA (CLT, art. 164, § 5º) —, pelo fato de eles também estarem vinculados a ações que podem irritar o patrão. Entretanto, os Tribunais ainda não a admitem, o que é um erro, conforme veremos.

A matéria está disciplinada na Norma Regulamentadora n. 5, da Portaria n. 3.214/1978, do Ministério do Trabalho, com a redação que lhe deu a Portaria MTb/SST n. 5/1994 e outras alterações posteriores. O fato de o empregador *escolher* os seus representantes não significa ausência de eleição, pois neste conceito todos os léxicos incluem a escolha e esta equivale a opção, ação ou efeito de escolher. Assim, se o empregador escolhe os seus representantes na CIPA e, dentre estes, indica o presidente do órgão (art. 164, § 52, CLT), logicamente há que se entender *eleito,* dado que a Constituição não exige eleição com escrutínio secreto, mas diz simplesmente *eleito,* sem especificar a forma de eleição. E não cabe ao intérprete restringir onde o constituinte não o fez. Além disso, o princípio protetor, desdobrado no *in dubio pro misero,* recomenda a exegese *supra.*

Cargo de direção — a CIPA não tem personalidade jurídica, também não pode definir a composição da sua diretoria, senão nos limites da lei. A CLT menciona apenas as figuras do presidente e do vice-presidente, este escolhido pelos empregados, dentre os seus representantes. A Portaria n. 3.214, do Ministério do Trabalho, NR-5, 5.20, menciona o presidente, o vice e acrescenta:

> A CIPA terá um secretário e seu substituto que serão escolhidos, de *comum acordo,* pelos representantes do empregador e dos empregados.

Conclui-se dessa referência legal que os cargos de direção da CIPA são os de presidente, vice-presidente, secretário e secretário substituto. Estes, por imperativo do art. 10, II, *a,* do ADCT da CF, são portadores da garantia contra despedida arbitrária. E, pelo art. 165 consolidado, todos os titulares da representação dos trabalhadores gozam, também, da referida garantia. Cumpre destacar que aos dirigentes a garantia vai da candidatura até um ano após o término do mandato, enquanto aos simples representantes a proteção limita-se à duração do mandato. Certo que o Presidente da CIPA é indicado pelo empregador. Mas seria razoável sonegar estabilidade exatamente ao Presidente?

O Suplente da CIPA — A estabilidade provisória alcança o suplente? A CLT menciona só os titulares; a Constituição refere-se só aos dirigentes. A jurisprudência sobre o assunto oscilou bastante, inclusive no próprio TST, que, afinal, chegou ao consenso majoritário, conforme o elucidativo aresto abaixo:

> A Comissão Interna de Prevenção de Acidentes é órgão que executa importante e vital tarefa destinada a preservar a saúde e a segurança dos empregados, e a representação destes na Comissão deve gozar do benefício da estabilidade no emprego como forma de garantir o exercício pleno de função de interesse público. Na consecução da atividade não há distinção entre a função exercida pelos eleitos ou suplentes, pois estes, de forma continuada ou esporádica, integram a comissão e foram eleitos pelo mesmo processo determinado pelo art. 165 e parágrafos da CLT. Rel. Min. Norberto Silveira de Souza.) In: *Revista LTr* 54.6/735.

Por fim, cristalizado na Súmula n. 339, segundo a qual: "O suplente da CIPA goza de garantia de emprego prevista no art. 10, inciso II, alínea *a*, do ADCT da Constituição da República de 1988."

Como se vê, a segurança é uma questão delicada. Em verdade, há necessidade de fortalecimento da CIPA, que desempenha uma das funções socioeconômicas mais importantes, dentre as quais destacam-se: a) promover e divulgar a observância das normas de segurança do trabalho; b) educar os trabalhadores no sentido de prevenirem-se contra acidentes e doenças profissionais; c) estudar as causas e consequências dos acidentes; d) propor a realização de inspeções para verificar a existência de riscos em áreas da empresa; e) manter registros das ocorrências de acidentes e doenças profissionais.

A falta de divulgação tem levado a sociedade brasileira, até mesmo as autoridades na área específica do trabalho, a ignorar a importância desse órgão preventivo de acidente do trabalho. Desconhecemos que a força de trabalho brasileira está-se mutilando, em situações plenamente evitáveis. O acidente de trabalho está empurrando para a Seguridade Social legiões de trabalhadores em pleno vigor de suas forças, sem contar a quantidade de viúvas(os) e órfãos. Somos um dos campeões mundiais nessa estatística. Ocorrem, em média, mais de 500 mil acidentes anuais, com mais de dois mil fatais, e milhares de trabalhadores incapacitados definitivamente para o trabalho e outros com a capacidade reduzida irreversivelmente. Isto só para dar uma pequena demonstração da importância da CIPA. Como a CIPA são os seus próprios membros, a importância deve ser carreada a eles.

Para o relevante mister, os componentes da CIPA necessitam de garantias no emprego, para que possam exercitar com altivez e independência suas atribuições. Do contrário, que autoridade tem um empregado para solicitar do órgão público fiscalizador (INSS-SRT, MPT) inspeção sobre as condições de segurança e saúde no ambiente de trabalho?

Todos os representantes dos trabalhadores são eleitos pelos seus pares, um dos quais será vice-presidente. Todos, patronais e operários, terão suplente. Todos são fiscais dos operários e da empresa, no tocante à segurança, higiene e saúde do trabalhador. Por isso, todos têm a garantia da lei, para que o instituto cumpra a sua finalidade socioeconômica, mas de natureza eminentemente pública, pois sua destinação não é protetiva só do trabalhador individualizadamente, mas de toda a nossa força produtiva, do Erário (que custeia o gasto oriundo dos acidentes), da sociedade (que sofre traumas físicos e psicológicos), da própria empresa, que também sofre pesados ônus em consequências dos acidentes.

Suplantada pelo colendo TST a questão do suplente da CIPA, resta vencer a do representante patronal. A jurisprudência, seguindo a doutrina, entende que a proteção do art. 10, II, *a,* do ADCT da CF/1988 *não* alcança o cipeiro representante do empregador, porque a Constituição fala em "eleitos" e só os representantes operários o são. Ora, *eleição* é um conceito vasto — pode ser a simples escolha. *Data venia,* o princípio da estabilidade é o mesmo; garantir ao mandatário o cumprimento do mandato inteiro e o desempenho das atribuições inerentes ao posto, que é de interesse social, transcendendo os limites da empresa. **Ora, se o representante patronal ocupa a presidência do órgão, seria anular-lhe a ação se o presidente pudesse ser substituído a todo instante.** A negativa atenta contra a lógica do razoável.

Despedida do Cipeiro — A dispensa do estabilitário da CIPA, a exemplo da gestante, prescinde de inquérito judicial para apuração de falta grave. Isto porque a garantia de emprego limita-se à proibição de dispensa arbitrária ou sem justa causa. Com efeito, o empregador pode despedir por justa causa (uma das hipóteses catalogadas nos arts. 482, CLT), por motivos técnico, econômico ou financeiro (art. 165, *in fine,* CLT).

Em caso de fechamento do estabelecimento, também descaracteriza-se a arbitrariedade. Consequentemente, a dispensa dá-se mediante as indenizações como se estável não fosse.

No entanto, a resilição sem causa, pelo empregador, impõe-lhe uma das duas sanções: reintegração no emprego ou indenização no equivalente aos salários e consectários devidos até o final da estabilidade. O ideal seria a reintegração liminarmente. Entretanto, em face das causas postas pelo empregador, dependentes de uma instrução processual para produção de provas, ao final do trâmite processual o período de estabilidade ter-se-á escoado, restando a indenização como último remédio, sugerido pelo art. 158 do Código Civil.

Dada a sua natureza altruísta, a estabilidade do cipeiro não prevalece em caso de encerramento das atividades do estabelecimento (cf. inciso II da Súmula n. 339 do TST). Por outro lado, em caso de redução de contingente de empregados capaz de reduzir o tamanho da própria CIPA, os empregados já eleitos devem concluir os mandatos para, só então, ela ser efetivamente reduzida. É o que se infere da redação do tópico 5.15 da NR-5 do Ministério do Trabalho e Emprego.

A ação dos dirigentes da CIPA despedidos é de reintegração no emprego, cabendo ao empregador provar que a despedida se deu por motivo disciplinar (justa causa realmente configurada), técnico (modernização do parque industrial, automação...), econômico (retração do mercado) ou financeiro (dificuldade em saldar os seus compromissos perante os credores), conforme art. 165, parágrafo único, da CLT.

Cumpre-nos aclarar que o motivo técnico, econômico ou financeiro não há de ensejar a despedida preferencialmente dos estabilitários, porque, assim agindo, o empregador estará cometendo abuso de direito, o que lhe custará a mesma pena da despedida arbitrária. O natural é que o empregador demonstre algum esforço em manter no emprego preferencialmente os estabilitários, e não aproveitar-se de um momento difícil para a empresa como pretexto para livrar-se deles.

5.2.12. Estabilidade do acidentado e equiparados

"O segurado que sofreu acidente do trabalho tem garantida, pelo prazo mínimo de doze meses, a manutenção do seu contrato de trabalho na empresa, após a cessação do auxílio-doença acidentário, independentemente de percepção do auxílio-acidente" — art. 118 da Lei n. 8.213/1991, que dispõe sobre o Plano de Benefícios da Previdência Social. Interpretando esse preceito, o TST baixou a Súmula n. 378:

ESTABILIDADE PROVISÓRIA. ACIDENTE DO TRABALHO. ART. 118 DA LEI N. 8.213/1991. CONSTITUCIONALIDADE.

I — É constitucional o art. 118 da Lei n. 8.213/1991 que assegura direito à estabilidade provisória por período de 12 meses após cessação do auxílio-doença ao empregado acidentado.

II — São pressupostos para a concessão da estabilidade o afastamento superior a 15 dias e a consequente percepção do auxílio-doença acidentário, salvo se constatada, após a despedida, doença profissional que guarde relação de causalidade com a execução do contrato de emprego.

III — O empregado submetido a contrato de trabalho por tempo determinado goza da garantia provisória de emprego, decorrente de acidente de trabalho, prevista no art. 118 da Lei n. 8.213/1991. (item incluído em setembro/2012)

Para garantia do direito, é imprescindível que o empregado tenha gozado o benefício acidentário. O simples gozo de auxílio-doença não dá esse direito, conforme Súmula n. 378 do TST.

Cumpre esclarecer o significado de auxílio-doença acidentário e de auxílio--doença, mencionados. O primeiro dá-se quando o acidentado ficar incapacitado para o seu trabalho por mais de 15 dias consecutivos (arts. 59 da Lei n. 8.213 e 155 do seu Regulamento, Dec. n. 611, de 21.7.92); o segundo será concedido quando, após a consolidação das lesões decorrentes do acidente do trabalho, resultar sequela que implique diminuição da capacidade laborativa. Este auxílio-acidente é vitalício e corresponde a 30%, 40% ou 60% do salário-de-contribuição do segurado no dia da ocorrência do sinistro, conforme a gravidade da lesão, e o seu pagamento é devido a partir da cessação do auxílio acidentário. Significa que no curso do auxilio-doença o acidentado submete-se a um processo de reabilitação. E, findo o auxílio-doença, o reabilitado deve retornar ao trabalho.

Quando, porém, o empregado sai prejudicado porque a empresa não preencheu a CAT — Comunicação de Acidente do Trabalho, o TRT da 22ª Região vem impondo à empresa o ônus de sua omissão. Aplica-se aqui o que se disse em relação à gestante, havendo inclusive incidência do FGTS.

Destarte, muitas vezes, o trabalhador sofre o acidente e a empresa, pelo fato de não haver oferecido as condições legais de segurança, abafa o caso, oferecendo tratamento médico ao acidentado, ou o encaminhando para tratamento como se não fora o mal causado por acidente no trabalho. Depois, ante o baixo desempenho do empregado, despede-o. Assim, este ficou incapacitado, total ou parcialmente para o trabalho sem direito ao benefício acidentário e consequente estabilidade. Neste caso, arrimado no art. 186 do Código Civil ("Aquele que, por ação ou omissão voluntária, negligência ou imprudência, violar direito e causar dano a outrem, ainda que exclusivamente moral, comete ato ilícito"), impõe-se responsabilizar a empresa, por uma indenização que repare o dano material, equivalente aos salários do período da estabilidade mais os do período em que ele ficar impossibilitado de trabalhar, além de danos morais.

Equiparam-se a acidente de trabalho a doença profissional e a doença do trabalho, conforme art. 20 da Lei n. 8.212/1991.

Tem-se como regra que os contratos por tempo certo não ensejam estabilidade para além do seu termo final previsto. No entanto, a jurisprudência vem evoluindo para admitir a suspensão do contrato em virtude de algum evento, adiando o termo final:

RECURSO DE REVISTA. CONTRATO DE EXPERIÊNCIA. ACIDENTE DE TRABALHO. GARANTIA PROVISÓRIA NO EMPREGO. EFEITOS. 1 — Há direito à garantia provisória no emprego, na hipótese de contrato de experiência, ante o acidente de trabalho, nos termos do art. 118 da Lei n. 8.213/91. 2 — A força normativa da Constituição Federal, que atribui especial destaque às normas de saúde e segurança do trabalhador (art. 7º, XXII e XXVIII), impõe a interpretação sistemática da legislação infraconstitucional que trata da matéria, de maneira a reconhecer a compatibilidade entre o contrato por prazo determinado e a garantia provisória no emprego. 3 — O art. 118 da Lei n. 8.213/91 é aplicável no caso de contrato a termo, porquanto o afastamento relacionado ao acidente de trabalho integra a essência sociojurídica da relação laboral. 4 — O contrato por prazo determinado não se transforma em contrato por prazo indeterminado, sendo direito do trabalhador somente a garantia provisória no emprego pelo prazo de um ano, contado da data do término do benefício previdenciário. 5 — Recurso de revista a que se dá provimento parcial. (RR-161200--55.2004.5.15.0059, Data de Julgamento: 5.5.2010, Rel. Min. Kátia Magalhães Arruda, 5ª Turma, Data de Publicação: DEJT 14.5.2010.)

Esse posicionamento do TST evoluiu para o inciso III da Súmula n. 378.

Despedida do estabilitário-acidente — Ante os termos da lei, fundada dúvida se instala sobre a necessidade de inquérito judicial para apuração de falta grave desse estabilitário. Na dúvida, *pro operario*, pelo inquérito, porque este proporciona mais garantia ao trabalhador. Há que se contrapor a incompatibilidade do inquérito judicial para apuração de falta grave, de longa e demorada instrução, com a brevidade da estabilidade. Destarte, o inquérito prevê a possibilidade de seis testemunhas por parte, depois do julgamento há os recursos, que não se resolvem em menos de um ano. Porém, o empregador tem a seu favor a suspensão que pode aplicar ao empregado. A sentença do inquérito judicial tem efeito *ex tunc*, desde o início da suspensão aplicada.

Portanto, esta garantia de emprego dura doze meses após a cessação do auxílio-doença. A lei não fala em proteção contra dispensa arbitrária. Diz expressamente que o acidentado tem garantida a manutenção do seu contrato de trabalho na empresa por um prazo mínimo de doze meses. Contudo, há que se subsumir que essa proteção não resiste aos motivos de justa causa, tipificados nos arts. 482 da CLT. Com isso, só o motivo de ordem disciplinar autorizará a despedida (por justa causa) desse estabilitário, apurados mediante inquérito judicial.

Em verdade, a empresa necessita de mão de obra forte e sadia. Em muitos setores da economia, determinados acidentes ou equiparados incapacitam o obreiro definitivamente, como doença de coluna para o estivador, o servente da construção civil, o gari; doença respiratória para o trabalhador da construção civil, onde a poeira mineral é intensa e inevitável. No entanto, o INSS dá alta ao paciente e joga-o à própria sorte. Outras vezes, reabilita-o para outras funções, mas que não interessam à demanda da empresa. E esta, de muito má vontade, só fica com o operário para cumprir o período mínimo de proteção legal. Todavia, o empregado tem um ano para reconquistar seu espaço e readquirir a confiança da empresa.

5.2.13. *Vedação de dispensa durante gozo do auxílio-doença e de portador de LER/DORT*

Durante o gozo de auxílio-doença, a partir do 16º dia de afastamento do trabalho, o contrato de emprego fica suspenso, conforme art. 476 da CLT, razão pela qual o empregador não poderá despedir o empregado. Por idêntica razão, o empregado não poderá ser despedido no período em que está enfermo, mesmo que ainda não se encontre no gozo do auxílio-doença.

A lei, expressamente, não veda a despedida do enfermo. Essa vedação a jurisprudência construiu a partir dos princípios gerais da *solidariedade* e específicos *da proteção* e *da continuidade do vínculo* de emprego.

Destarte, a solidariedade foi edificada como valor do direito brasileiro, incorporada ao Código Civil de 2002, como bem realça Miguel Reale na sua Exposição de Motivos ao Anteprojeto do Código. Nesse espírito, não seria aceitável permitir que a empresa desampare seus empregados quando estes padecem de enfermidade, muito menos por causa da doença.

A Lesão por Esforço Repetitivo (LER/DORT) é ora uma doença profissional, ora doença do trabalho, conforme art. 20 da Lei n. 8.213/1991, por isso, também equivalente a acidente do trabalho, motivo pelo qual o empregado portador de LER/DORT não pode ser despedido sem justa causa, muito menos por esse motivo.

Recentemente, o TST considerou irregular a despedida de empregado portador de LER, adquirida no emprego do qual fora dispensado (RR n. 161000-53.2007.5.12.0018. Relatora Ministra Kátia Magalhães Arruda, 5ª Turma, DEJT 3.4.2012). Fê-lo com fulcro no inciso II da Súmula n. 378, acima transcrita.

5.2.14. *Proteção do emprego da Lei Maria da Penha*

A Lei Maria da Penha (11.340/2006) institui em seu art. 9º, § 2º, II: "O juiz assegurará à mulher em situação de violência doméstica e familiar, para preservar sua integridade física e psicológica: II — manutenção do vínculo trabalhista, quando necessário o afastamento do local de trabalho, por até seis meses."

Essa Lei protege a mulher como gênero contra a violência **doméstica** e **familiar**. Dentro da violência **doméstica**, o conceito abrange, além das relações decorrentes dos laços de parentesco e afetivos, a relação de trabalho doméstico. Com efeito, nos recônditos das residências, poderá haver muitas formas de violência contra a trabalhadora, principalmente psicológica e sexual.

Violência doméstica é a que for praticada no âmbito residencial contra mulher residente na casa; em caso de motivo afetivo, a violência se caracteriza onde quer que seja perpetrada, não necessariamente no âmbito da residência.

As formas de violência doméstica são: física, psicológica, sexual, patrimonial, moral.

Por sua vez, dentro das políticas públicas que a Lei impõe aos Poderes Públicos, o § 2º, I, do art. 9º, assegura à mulher ofendida o direito a prioridade de remoção, quando servidora da administração pública direta ou indireta; o inciso II assegura o direito de **afastamento do emprego por até seis meses**, quando a medida se fizer necessária, sem ruptura do vínculo contratual. A lei só não menciona se é com salário ou não. Entendo que o salário deve continuar a ser pago. Por quem? Se o ofensor for o patrão, ou alguém da casa em que a empregada trabalha, o salário deve ser pago pelo empregador.

A violência doméstica contra a empregada implica sanções civis (reparação por danos morais), penais e trabalhistas (despedida indireta).

É o que se extrai dos dispositivos abaixo transcritos da Lei n. 11.340/2006:

> Art. 5º Para os efeitos desta Lei, configura violência doméstica e familiar contra a mulher qualquer ação ou omissão baseada no gênero que lhe cause morte, lesão, sofrimento físico, sexual ou psicológico e dano moral ou patrimonial:

I — no âmbito da unidade doméstica, compreendida como o espaço de convívio permanente de pessoas, com ou sem vínculo familiar, inclusive as esporadicamente agregadas;

II — no âmbito da família, compreendida como a comunidade formada por indivíduos que são ou se consideram aparentados, unidos por laços naturais, por afinidade ou por vontade expressa;

III — em qualquer relação íntima de afeto, na qual o agressor conviva ou tenha convivido com a ofendida, independentemente de coabitação.

Parágrafo único. As relações pessoais enunciadas neste artigo independem de orientação sexual.

Art. 6º A violência doméstica e familiar contra a mulher constitui uma das formas de violação dos direitos humanos.

Art. 7º São formas de violência doméstica e familiar contra a mulher, entre outras:

I — a violência física, entendida como qualquer conduta que ofenda sua integridade ou saúde corporal;

II — a violência psicológica, entendida como qualquer conduta que lhe cause dano emocional e diminuição da autoestima ou que lhe prejudique e perturbe o pleno desenvolvimento ou que vise degradar ou controlar suas ações, comportamentos, crenças e decisões, mediante ameaça, constrangimento, humilhação, manipulação, isolamento, vigilância constante, perseguição contumaz, insulto, chantagem, ridicularização, exploração e limitação do direito de ir e vir ou qualquer outro meio que lhe cause prejuízo à saúde psicológica e à autodeterminação;

III — a violência sexual, entendida como qualquer conduta que a constranja a presenciar, a manter ou a participar de relação sexual não desejada, mediante intimidação, ameaça, coação ou uso da força; que a induza a comercializar ou a utilizar, de qualquer modo, a sua sexualidade, que a impeça de usar qualquer método contraceptivo ou que a force ao matrimônio, à gravidez, ao aborto ou à prostituição, mediante coação, chantagem, suborno ou manipulação; ou que limite ou anule o exercício de seus direitos sexuais e reprodutivos;

IV — a violência patrimonial, entendida como qualquer conduta que configure retenção, subtração, destruição parcial ou total de seus objetos, instrumentos de trabalho, documentos pessoais, bens, valores e direitos ou recursos econômicos, incluindo os destinados a satisfazer suas necessidades;

V — a violência moral, entendida como qualquer conduta que configure calúnia, difamação ou injúria.

Art. 9º A assistência à mulher em situação de violência doméstica e familiar será prestada de forma articulada e conforme os princípios e as diretrizes previstos na Lei Orgânica da Assistência Social, no Sistema Único de Saúde, no Sistema Único de Segurança Pública, entre outras normas e políticas públicas de proteção, e emergencialmente quando for o caso.

§ 1º O juiz determinará, por prazo certo, a inclusão da mulher em situação de violência doméstica e familiar no cadastro de programas assistenciais do governo federal, estadual e municipal.

§ 2º O juiz assegurará à mulher em situação de violência doméstica e familiar, para preservar sua integridade física e psicológica:

I — acesso prioritário à remoção quando servidora pública, integrante da administração direta ou indireta;

II — manutenção do vínculo trabalhista, quando necessário o afastamento do local de trabalho, por até seis meses.

Toda trabalhadora vítima de violência doméstica tem direito à manutenção do emprego caso seja necessário afastar-se dele por motivo de segurança. No caso específico de empregada doméstica vítima de violência, aplica-se também o último perceptivo *supra*, o qual deve ser interpretado como parte de um conjunto de garantias, dentre as quais a preservação do emprego e da remuneração respectiva.

A Lei n. 12.288/2010, que institui o Estatuto da Igualdade Racial, alterou o § 1º do art. 1º da Lei n. 10.778/2003, de certa forma integrante do sistema sob comento, que ficou assim:

Para os efeitos desta Lei, entende-se por violência contra a mulher qualquer ação ou conduta, baseada no gênero, inclusive decorrente de discriminação ou desigualdade étnica, que cause morte, dano ou sofrimento físico, sexual ou psicológico à mulher, tanto no âmbito público quanto no privado.

5.2.15. *Despedida discriminatória do portador de HIV ou outras doenças estigmatizantes*

A jurisprudência já evoluiu no sentido de reprimir a despedida do trabalhador portador de HIV, por considerá-la discriminatória, dado que as drogas já desenvolvidas permitem a tais cidadãos uma vida normal, empreendendo suas atividades profissionais. Destarte, é sabido que o risco de contágio dessa doença só se manifesta nas relações sexuais e no contato direto com o sangue, não se justificando seu expurgo do trabalho por esse motivo.

Desse modo, nenhum dispositivo de lei veda à empresa a dispensa de trabalhador portador de doença grave. Dentre as doenças graves, a que mais discriminação tem causado é o HIV. A empresa discrimina porque a população o faz e ela teme perder clientela. Mas é de bom alvitre que a tolerância da empresa integre sua política social, devendo ela capitalizar como ponto positivo e pedagógico. Se cada um tomar posição contra a discriminação, ela se acabará. A conduta preconceituosa é vedada pelo art. 3º da Constituição.

Nesse sentido, a jurisprudência do TST já evoluiu para considerar presumida a dispensa discriminatória de portador de doença grave, cabendo ao empregador comprovar causa distinta (AIRR n. 40000-42.2009.5.12.0010, Relatora Ministra Maria de Assis Calsing, 4ª Turma, DEJT 2.12.2011). Esse entendimento evoluiu para compor a Súmula n. 443, editada em setembro de 2012:

DISPENSA DISCRIMINATÓRIA. PRESUNÇÃO. EMPREGADO PORTADOR DE DOENÇA GRAVE. ESTIGMA OU PRECONCEITO. DIREITO À REINTEGRAÇÃO.

Presume-se discriminatória a despedida de empregado portador do vírus HIV ou de outra doença grave que suscite estigma ou preconceito. Inválido o ato, o empregado tem direito à reintegração.

6. IMPLICAÇÕES RECÍPROCAS DO AVISO PRÉVIO COM A ESTABILIDADE PROVISÓRIA

"É inválida a concessão de aviso prévio na fluência da garantia de emprego, ante a incompatibilidade dos dois institutos" — Súmula n. 348 do TST. Significa que, durante o período de estabilidade o aviso prévio não pode ser dado. Mas a questão surge no inverso, ou seja, quando durante o aviso prévio se sobrepõe uma situação de estabilidade.

No primeiro rascunho da 1ª edição do nosso livro *Elementos de Direito do Trabalho e Processo Trabalhista* (LTr, 1989), escrevemos que o aviso prévio tem o poder de converter o contrato de trabalho por tempo indeterminado em contrato por tempo determinado. Fruto da nossa juventude e inexperiência de então. Mas, graças a Deus, antes de concluirmos o rascunho mencionado, levamos um puxão de orelha dos mestres Orlando Gomes e Elson, segundo os quais o aviso prévio não modifica a natureza jurídica inicial do contrato de trabalho. Assim, não tem o poder de transformar o por tempo indeterminado em por tempo determinado. E justificam que tanto isso é verdade que, até a expiração total do aviso, o contrato sujeita-se às suspensões, como em virtude de doença, de acidente de trabalho[107]. Dessa forma, se, antes de terminar o aviso, o empregado sofrer acidente de trabalho, imediatamente suspende-se o aviso, voltando a correr após a cessação da estabilidade provisória.

O mesmo raciocínio emprega-se para as outras formas de estabilidade provisória: se a mulher confirma a sua gravidez durante o curso do aviso, este suspende-se; se o empregado candidata-se a cargo de direção ou representação sindical ou de associação profissional ou de Comissão Interna de Prevenção de Acidentes, durante o curso do pré-aviso, este se suspende, porque o fato gerador do direito implementou-se na vigência do contrato por tempo indeterminado.

Os empregadores levantam-se contra isso, sob o fundamento de que o contrato já estava com o dia certo para terminar e que o empregado usa de má-fé candidatando-se. Improcedem tais alegações, primeiro porque o aviso prévio não muda a natureza jurídica do contrato; segundo porque não se pode falar de má-fé quando uma pessoa se utiliza de um direito potestativo que a lei lhe assegura. Também não caracteriza má-fé, porque as eleições dos órgãos de classe ocorrem periodicamente,

---

(107) *Curso de Direito do Trabalho.*

com data preestabelecida, representando mero acaso a sua coincidência com o transcurso de aviso. Ou será que o aviso é que é de má-fé, dado que as datas das eleições sindicais são conhecidas das empresas três anos antes?

Porém, causou-nos surpresa a jurisprudência consolidada na OJ n. 35 da SBDI-1, inserida em 1994 e migrada para integrar o **item V da Súmula n. 369** do TST, com redação dada em 31.5.2011:

> **O registro da candidatura do empregado a cargo de dirigente sindical durante o período do aviso prévio, ainda que indenizado, não lhe assegura a estabilidade, visto que inaplicável a regra do § 3º do art. 543 da Consolidação das Leis do Trabalho.**

A propósito, diz Carlos Alberto Reis de Paula:

> "Se após a concessão do aviso prévio pelo empregador ao empregado supervém, através de convenção, acordo ou dissídio coletivo (...), estabilidade provisória para o empregado, há evidentemente, suspensão do curso do prazo do aviso prévio, que volta a fluir após o término do prazo da garantia do emprego, se o ato não for reconsiderado." (*O Aviso Prévio*. São Paulo: LTr, 1986. p. 76.)

Em voto vencido, o Ministro Hélio Regato diz que o art. 543, § 3º, da CLT não distingue entre empregado que ao tempo da sua candidatura esteja ou não cumprindo aviso prévio. Logo, onde a lei não distingue não cabe ao intérprete fazê-lo.

Contudo, o próprio TST vem abrindo algumas exceções: a de gravidez surgida durante o curso do aviso prévio suspende este, voltando a correr a partir do final da estabilidade; aplica o mesmo raciocínio em relação ao acidente do trabalho e à doença do trabalho ou doença profissional ocorridos durante o aviso, conforme já demonstramos.

7. SIGNIFICAÇÃO POLÍTICA E ECONÔMICA DA CONTINUIDADE

Hugo Gueiros Bernardes[108] prefere empregar a terminologia continuidade de emprego e não no emprego, isto é, garantia econômica e não funcional. Traz-nos um sábio ensinamento de Perez Botija, segundo o qual ao instituto da despedida aplica-se o tríptico dialético-evolutivo da ciência política: Estado patrimonial, Estado de polícia e Estado de Direito. No primeiro, era livre o direito de despedir, conforme o princípio *jus utendi et abutendi* de propriedade clássica; no segundo, há policiamento da despedida, pelo Estado ou pelo sindicato, inclusive pela estabilidade convencionada; o terceiro determina os casos em que a despedida pode ser praticada sem violência e sem abuso de direito.

---

(108) Estabilidade e Fundo de Garantia na Constituição. In: *Estabilidade e Fundo de Garantia*. São Paulo: LTr, 1979. p. 75/91.

O Estado atual de Direito reconhece ao empregador a faculdade de despedir, porém, exige motivação e não abuso de direito. Os motivos são de ordem técnica, econômica, ou disciplinar. Dentro dos motivos que autorizam a despedida não pode configurar-se abuso de direito. Diz Donato[109] que a natureza abusiva está na intenção de prejudicar, ou no cometimento de falta pelo empregador e ainda quando se lhe pode imputar ligeireza culpável ao ensejo da dissolução do contrato.

Daniel Autié[110], versando sobre o abuso de Direito no direito francês, assevera:

> Dans le domaine du contrat ele travail, la notion el'abus du! droit prend ainsi une orientation particuliere; elle est arée vers un but qu'elle tend à accomplir; il s'agit de parvenir à une stabilité parfait dans les relations entre employeur et salarié sous l'aspect d'une quasi-propriété de l'emploi. Les restrictions légales au droit de rupture apportant une concours sérieux au nouveau état de droit et son souvement sanctionnés par la tecnique de l'abus des prérogatives patronales.

O mesmo autor aponta as seguintes conveniências da continuidade no emprego: permite uma melhor organização da empresa; transmite aos trabalhadores maior interesse na execução de suas tarefas; permite retirar proveito pessoal do esforço conjunto dos empregados e membros da empresa; contribui para a dignidade humana. E aponta como inconveniente o embaraço que a empresa encontrará em adaptar-se às exigências da conjuntura econômica[111].

Catharino[112] entende que o regime de estabilidade favorece a justiça social; a sua supressão, o desenvolvimento econômico. Entretanto, Roberto Santos[113] alinha as seguintes vantagens econômicas decorrentes do caráter geral da estabilidade:

1. redução do desperdício com as horas perdidas de trabalhadores em busca do emprego;

2. produtividade resultante dos novos sentimentos de segurança e do processo cumulativo de habilidades individuais no mesmo emprego;

3. induz a empresa a intensificar o treinamento e readaptação do operário;

---

(109) DONATO, Messias Pereira. Sistemas Principais de Garantia de Emprego. In: *Estabilidade e Fundo de Garantia*, p. 99/114.
(110) AUTIÉ, DANIEL. *La Rupture Abusive du Contrat de Travail*, p. 8.
(111) *Ibidem*, p. 180.
(112) CATHARINO, José Martins. "Sistema de Garantia do Emprego". In: *Estabilidade e Fundo de Garantia*, p. 34.
(113) SANTOS, Roberto. Estabilidade e FGTS no Brasil: Repercussões Econômicas e Sociais. In: *Estabilidade e Fundo de Garantia*, p. 64.

4. diminuição da taxa de ociosidade dos bens de capital;

5. a sociedade pouparia parte dos recursos gastos com desocupados.

No caso específico do Brasil:

1. crescimento da receita do FGTS;

2. aumento do tempo médio de serviço dos empregados, aumentando a confiança recíproca com o empregador, gerando efeitos positivos sobre a produtividade;

3. as funções novas do FGTS prevalecem sobre as indenizatórias;

4. os de baixa renda se habilitam a pagar casa própria com os depósitos do Fundo de Garantia.

Vilhena[114] defende que a segurança no emprego deve inscrever-se entre os princípios de ordem econômica e social da Constituição. A segurança no emprego que esse autor sugere comporta os seguintes desdobramentos:

a) concilia forças — liberdade empresarial e integração da força de trabalho;

b) responde à conciliação entre o princípio da tutela e o do maior rendimento;

c) deve observar as peculiaridades de cada setor da produção, a qualidade do trabalho e a natureza da atividade;

d) não atinge aqueles cuja atividade é por lei transitória;

e) o contrato de experiência constitui pacto preliminar nos contratos em que se admite a segurança no emprego;

f) conferida a segurança no emprego, admitir-se-á a rescisão por fatores definidos.

Segundo esse sistema, não se admitiria a figura da indenização: em caso de despedida sem motivo, deveria o empregado *ser* reintegrado, por ser nulo o ato do empregador abusivo de direito.

No Brasil, o Governo encampou a Convenção n. 158 da OIT, a qual entrou em vigência formal mediante sua publicação no DJU, por meio do Decreto n. 1.855, de 11.4.1996. Porém, foi denunciada ainda no ano de 1997, tendo sua validade no País se esvaído no ano de 1998. Antes mesmo da denúncia, o Supremo Tribunal Federal já havia concedido liminar em ADI suspendendo seus efeitos como instrumento de regulamentação da proibição de despedida imotivada de que trata o inciso I do art. 7º da Constituição. O ato de denúncia também se encontra impugnado no STF, desde 1997, já com maioria de votos pela inconstitucionalidade do ato, mas sem conclusão.

---

(114) VILHENA, Paulo Emílio Ribeiro de. *Modelo de Sistema de Garantia de Emprego no Brasil*.

Essa Convenção trata do término das relações de trabalho por iniciativa do empregador. Condiciona a dispensa à existência de reais motivos: disciplinar, econômico, técnico ou financeiro, cuja ausência enseja o direito do empregado à reintegração no emprego ou à indenização compensatória. O texto traduzido para o português fala em readmissão.

8. READMISSÃO E REINTEGRAÇÃO

Os arts. 495 e 496 da CLT empregam as duas expressões como sinônimas. Entretanto, tecnicamente, são figuras distintas. A readmissão é a volta pura e simples do trabalhador ao emprego na mesma empresa. Aquele que foi, antes, despedido ou que se demitiu pode ser readmitido no serviço. Verifica-se também quando o ato rescisório é anulado com base em vício de consentimento, porque a decretação de nulidade relativa tem efeito apenas *ex nunc* (anulação de PDV, p. ex.). Neste caso, o readmitido não recebe a remuneração correspondente ao tempo de afastamento. "Na reintegração, o empregado volta às suas funções e o empregador lhe deve pagar os salários correspondentes ao seu afastamento" — diz Russomano. **Reintegração** é utilizada em Direito do Trabalho unicamente para designar o reingresso do empregado estável no emprego em face do não reconhecimento de falta grave, ou em caso de nulidade da dispensa. Sobre readmissão, ver art. 453 da CLT.

9. RENÚNCIA À ESTABILIDADE. HOMOLOGAÇÃO

Dissemos no princípio da irrenunciabilidade que, em regra, os direitos do trabalhador são irrenunciáveis e só mediante permissão legal é permitida a renúncia.

Pois bem. Preceitua o art. 468 da CLT que não é válida a alteração contratual, ainda que com anuência do trabalhador, quando lhe resulte prejuízo direto ou indireto. Entretanto, quando a lei faculta, qualquer direito é renunciável. O art. 477, § 1º, valida o pedido de demissão do empregado com mais de doze meses na empresa, desde que com assistência sindical ou do órgão competente do Ministério do Trabalho. No mesmo sentido, o art. 500 da CLT prevê a possibilidade de o empregado renunciar à estabilidade, desde que mediante assistência do sindicato e, se não houver, perante a autoridade do Ministério do Trabalho e Emprego, ou da Justiça do Trabalho.

Ao ato de assistir e validar a rescisão contratual, por iniciativa de qualquer das partes, denomina-se homologação.

CAPÍTULO VII
Princípio da Inalterabilidade *in Pejus* do Contrato de Trabalho

1. SIGNIFICADO

Significa que o contrato de trabalho do empregado não pode ser modificado para pior, com ou sem a sua anuência. A alteração diz respeito a qualquer cláusula contratual, escrita, verbal, ou apenas tácita. Consequentemente, não pode haver modificação da forma de remuneração (de comissão para fixo, ou vice-versa) em prejuízo do trabalhador; não pode haver rebaixamento funcional, agravar as condições de trabalho.

A base principal desse princípio é o art. 468 celetário:

> Nos contratos individuais de trabalho só é lícita a alteração das respectivas condições por mútuo consentimento, e ainda assim desde que não resultem, direta ou indiretamente, prejuízos ao empregado, sob pena de nulidade da cláusula infringente desta garantia.
>
> Parágrafo único. Não se considera alteração unilateral a determinação do empregador para que o respectivo empregado reverta ao cargo efetivo, anteriormente ocupado, deixando o exercício de função de confiança.

Na Constituição, encontramos referências no art. 7º, VI, que assegura a irredutibilidade salarial e, no art. 114, § 2º, *in fine*, que trata da sentença normativa, dispõe que o Tribunal do Trabalho poderá estipular condições de trabalho, "*respeitadas as disposições mínimas legais de proteção ao trabalho, bem como as convencionadas anteriormente*".

Na jurisprudência, os exemplos são fartos, inclusive no direito sumulado:

Súmula n. 51 do TST — **REGULAMENTO DE EMPRESA**
As cláusulas regulamentares, que alterem ou revoguem vantagens deferidas anteriormente, só atingirão os trabalhadores admitidos após a revogação ou alteração do regulamento.

Súmula n. 294 do TST — PRESCRIÇÃO. ALTERAÇÃO CONTRATUAL. TRABALHADOR URBANO

Tratando-se de demanda que envolva pedido de prestações sucessivas decorrente de alteração do pactuado, a prescrição é total, exceto quando o direito à parcela esteja também assegurado por preceito de lei.

Alteração Ilícita

É ilícita a alteração unilateral do contrato de trabalho, mormente quando desta resulta prejuízo direto ao trabalhador, diminuindo seu poder aquisitivo. Recurso conhecido e improvido. (TRT 11ª Reg., Ac. 1.253/91, Rel. Des. Francisco C. Félix, DJAM 4.11.1991.)

Modificação do Dia do Pagamento

Constitui alteração contratual lesiva ao trabalhador a modificação do dia do pagamento de seu salário para data posterior àquela adotada pelo empregador por vários anos para cumprimento de tal obrigação. (TRT 12ª Reg., 1ª T., Ac. 018/91, Rel. Juiz J. H. Coelho Neto, DJSC 22.1.1991.)

Alteração de Condição

Em conformidade com o art. 468 da CLT, é vedada e não pode prevalecer alteração de condição já integrada ao contrato de trabalho e introduzida por ato unilateral do empregador, que resulta direta ou indiretamente em prejuízo para o empregado. (TRT 3ª Reg., 3ª T., RO 798/90, Rel. Des. Carlos A. Pereira, DJMG 8.2.1991.)

Supressão de Vantagem

Supressão arbitrária de vantagem pecuniária a empregado celetista constitui violação frontal ao princípio da inalterabilidade dos contratos de trabalho: veda-se, entretanto, a incorporação ao salário de tal vantagem com vistas a preservar o princípio da isonomia. (TRT 11ª Reg., Ac. 1.456/91, Rel. Des. Francisco Félix, DJAM 8.11.1991.)

Rebaixamento de Função

Ilegal e insustentável é determinar o retorno de empregado às funções de trabalhador braçal, após perda de exercício de cargo de confiança, se antes deste último encargo o empregado já exercia as funções de operador de máquina, em caráter efetivo. (TRT 3ª Reg., 1ª T., RO 6.239/90, Rel. Des. Edson Gouthier, DJMG 15.11.1991.)

Aumento de Carga Horária

O aumento da carga horária, por deliberação da empresa, caracteriza alteração unilateral do contrato de trabalho, com prejuízo ao empregado, conferindo-lhe direito às horas suplementares. (TRT 18ª Reg., Ac. 707/91, Rel. Desa. Ialba G. de Melo, DJGO 13.9.1991.)

Alteração Lícita

É lícita a alteração das condições de trabalho de empregados de empresa geradora de energia elétrica, que a princípio, operando parque termelétrico, vê-se na contingência de desativá-la pela superveniência de avanço tecnológico, como a geração de energia em parque hidrelétrico. (TRT 8ª Reg., RO 1.372/89, Rel. Des. Ary Brandão de Oliveira.)

Redução de Horas-Aula do Professor

Vedada por lei alteração contratual que resulte em prejuízo para o empregado, não podia o recorrente reduzir a carga horária dos recorridos, professores, por acarretar diminuição salarial. (TRT 7ª Reg., REx-Off-RV 724/89, Ac. 96/90, 22.1.90, Rel. Desa. Laís Maria Rosas Freire.)

2. EXCEÇÕES

a) *Jus variandi* — Transferência

A imodificabilidade cede quando a alteração é favorável ao empregado, por força do princípio da progressão social. E, mesmo para pior, a lei permite algumas espécies de alteração contratual. São as decorrentes do *jus variandi* do empregador, como a distribuição de tarefas, movimentação de setor para setor, de estabelecimento para outro no mesmo domicílio, sem o acréscimo de despesa de locomoção para o operário, mudanças de horário etc.

O *jus variandi* decorre do poder diretivo do empregador (art. 2º, CLT) e normalmente atua na modificação de ordem técnica, produtiva e de modernização.

Amauri Mascaro Nascimento assim o define: "Direito do empregador, em casos excepcionais, de alterar por imposição e unilateralmente as condições de trabalho dos seus empregados." Para Cesarino Jr., o *jus variandi* consiste na passagem a um outro serviço, dentro da mesma qualificação profissional, ou a uma qualificação do mesmo grau e mais ou menos afim. Para o abalizado autor, somente é injusta a mudança de função realizada unilateralmente pelo empregador quando importar numa desconsideração à dignidade do empregado. É lícita, desde que não prejudique os salários nem reduza o empregado à categoria humilhante.

b) Transferência — arts. 469/470 da CLT

Outra exceção ao princípio da imodificabilidade *in pejus* do contrato de trabalho diz respeito à transferência do empregado. Por transferência entenda-se a remoção que implique mudança de domicílio do empregado. Veja-se que no *jus variandi* a transferência não agrava as condições de trabalho, nem acarreta mudança de domicílio.

Em princípio, é proibida a transferência do empregado sem a sua anuência. Dizemos em princípio, porque a lei relaciona as seguintes exceções, pelas quais o empregador pode transferir unilateralmente seus empregados:

a) quando o empregado exercer cargo de confiança;

b) quando o contrato contiver cláusula implícita ou explícita de transferência, neste caso, somente havendo *real necessidade* do serviço;

c) em caso de extinção do estabelecimento em que trabalhava o empregado;

d) necessidade do serviço, mesmo sem extinção do estabelecimento, sem exercício de cargo de confiança e sem previsão contratual.

Em qualquer hipótese, a jurisprudência já assentou que só será lícita a transferência na ocorrência de real necessidade do serviço e mediante pagamento de *adicional de transferência* de 25% enquanto durar essa situação.

Na hipótese *b*, a lei exige, para que seja lícita a transferência, duas condições, cumulativamente: 1. existência de cláusula expressa ou implícita de transferência, como empregado de empresa de construção de estrada; 2. ocorrência de *real necessidade do serviço*.

Na hipótese *d*, a propósito do adicional de transferência, a jurisprudência e a doutrina não têm sabido distinguir as transferências permitidas das proibidas em princípio, mas consideram lícitas, desde que em caráter temporário e mediante adicional de 25%.

Contudo, independentemente das espécies acima citadas de permissibilidade de transferência, a jurisprudência vem-se firmando no sentido de que, sendo a remoção em caráter definitivo, não é devido o adicional, e devido se em caráter transitório a mudança. O problema é definir o "transitório". A jurisprudência tende a estipular em até três anos o caráter transitório da mudança, o que não é justo, como veremos.

OJ. SDI-1 n. 113. ADICIONAL DE TRANSFERÊNCIA. CARGO DE CONFIANÇA OU PREVISÃO CONTRATUAL DE TRANSFEERÊNCIA. DEVIDO, DESDE QUE A TRANSFERÊNCIA SEJA PROVISÓRIA. O fato de o empregado exercer cargo de confiança ou a existência de previsão de transferência no contrato de trabalho não exclui o direito ao adicional. O pressuposto legal apto a legitimar a percepção do mencionado adicional é a transferência provisória.

Conceito de Definitivo

Para que faça jus ao adicional previsto no § 3º, do art. 469 da CLT, a transferência tem que ter caráter de transitoriedade. O fato de o reclamante ter permanecido por oito *anos* 'transferido', por si só, já torna dita alteração definitiva. Recurso improvido (TRT 10ª Reg., 2ª T., Ac. 954/90, Rel. Juiz Miguel *Setembrino,* DJDF 9.8.1990, p. 17210.)

Trabalho Itinerante

Indevido o adicional de transferência, quando o empregado trabalha em construção de estradas e suas remoções decorrem da natureza do serviço prestado. (TRT 9ª Reg., 2ª T., Ac. 0926/90, Rel. Juiz Ernesto Trevizan, DJPR 2.3.1990.)

Previsão Contratual

Mesmo que prevista contratualmente a transferência do empregado, a ele deve ser pago o respectivo adicional, presumindo-se a necessidade de serviço, quando ela não foi objeto de controvérsia. (TRT-RR 4.372/88, Ac. 3ª T., 1.141/89, 6.4.1989, Min. Orlando Teixeira da Costa.) Ementário LTr, vol. VII, p. 334.)

Apesar de possuir cláusula contratual de transferência ensejando ao não pagamento suplementar a que trata o art. 469, § 3º, da CLT, a mesma é nula de pleno direito. Faz jus o empregado ao adicional de 25%, a título de transferência, no período em que esta perdurar. Recurso conhecido e negado provimento. (TST 1ª T., Ac. 259/91, Rel. Min. Fernando Vilar, DJ 13.9.1991, p. 12548.)

Conceito de Domicílio

A palavra "domicílio" no *caput* do art. 469 da CLT deve ser entendida não no sentido do art. 31 do CC, mas no de residência, que melhor corresponde à finalidade da norma. (TRT 8ª Reg., AR 272/89, Ac. 1.529/89, 13.10.1989, Rel. Juíza Marilda Wanderley Coelho.)

ADICIONAL DE TRANSFERÊNCIA. CABIMENTO. CONCEITO DE DOMICÍLIO. ART. 469 DA CLT. O adicional de transferência objetiva compensar o empregado das despesas e desgastes oriundos do exercício de atividade em localidade diversa da resultante do contrato de trabalho. Para os efeitos do art. 469 da CLT, o vocábulo domicílio deve ser interpretado amplamente, consoante o Código Civil de 2002, segundo o qual se reputa também domicílio da pessoa natural, quanto a relações concernentes à profissão, o lugar onde esta é exercida (art. 72), corolário lógico, modificado seu local de trabalho, o empregado também teve alterado seu domicílio, quer isso implique necessidade de ele alojar-se, após a prestação dos serviços, quer não. Recurso conhecido e desprovido no particular. (TRT 18ª R., 3ª T., Rel. Des. Geraldo Rodrigues do Nascimento, Dje n. 1011, de 2.7.2012, p. 31, Proc. RO n. 1469-84/2011.5.18.0191.) In: *Revista do Direito Trabalhista,* n. 8/2012, ano 18.

Extinção do Estabelecimento

A transferência decorrente de extinção de estabelecimento (filial), onde trabalhava o empregado, torna-a somente lícita, mas não desonera o empregador do respectivo adicional. Caso contrário, estaria imposto à parte mais fraca o ônus parcial da extinção, cuja responsabilidade é do empresário. (TRT 9ª Reg., 2ª T., Ac. 0709/91, Rel. Juiz José M. Antero. DJPR 1.2.1991.)

3. ÔNUS DA PROVA

Todas as particularidades enumeradas no início deste capítulo, que autorizam a transferência unilateral de empregado, devem ser provadas em juízo pelo empregador, sob pena de considerar-se ilícita a alteração contratual.

Certo é que os contratos de trabalho são orientados pelo princípio da inamovibilidade, mas com a previsão pela própria lei da possibilidade de transferência quando ocorrer real necessidade de serviço. Não restando esta demonstrada e, ainda, evidenciando-se o caráter provisório da transferência, devido é o adicional pertinente. (TRT 9ª Reg., 2ª T., Ac. 3.358/90, DJPR 13.7.90, Rel. Juiz Tobias de M. Filho.)

Todavia, no conjunto probante, como detectar se a transferência foi definitiva ou provisória? Na maioria dos casos, não há como, extrair o intérprete, sua conclusão pela duração da "mudança de lugar". Isto é injusto e tem prejudicado o trabalhador. Em verdade, só o empregador pode dizer quando transfere em caráter definitivo, porque enquanto ele não explicar, o empregado permanece de sobreaviso, embora essa situação se perpetue no tempo. Enquanto subordinado ao comando do empregador, o empregado transferido unilateralmente não pode estabelecer-se com ânimo definitivo se isso não lhe for manifesto, por escrito, por quem tem poder de fazê-lo. Em conclusão, é do empregador o ônus de provar o caráter permanente da transferência.

Por essa razão, não constando do ato de transferência unilateral o seu caráter (definitiva ou transitória), há que se entender transitória e por consequência é devido o adicional de transferência.

CAPÍTULO VIII
Princípio da Substituição Automática das Cláusulas Contratuais pelas Disposições Coletivas

Por esse princípio, a vontade individual cede ao ajuste coletivo, em razão do que as cláusulas dos contratos individuais de trabalho são substituídas automática e instantaneamente pelas cláusulas pactuadas em acordos coletivos, convenções coletivas e dissídios coletivos do trabalho. Automática a substituição porque, iniciada a vigência dos instrumentos coletivos, independentemente da vontade do empregado e do empregador e sem qualquer formalidade, as novas condições ingressam nos contratos individuais, afastando-se as cláusulas incompatíveis com as novas, preservada, contudo, a situação mais favorável ao empregado.

Decorre do princípio geral da *Autodeterminação Coletiva*, comentado na Parte anterior deste livro, e ancora-se nos arts. 7º, VI, XIII, XIV, XXVI, 8º, III, e 114, §§ 2º e 3º, da Constituição Federal e 611 e seguintes da CLT.

O art. 619 consolidado preceitua que "nenhuma disposição de contrato individual de trabalho que contrarie normas de convenção ou acordo coletivo de trabalho poderá prevalecer na execução do mesmo, sendo considerada nula de pleno direito".

Já o art. 620 dispõe que "as condições estabelecidas em convenção, quando mais favoráveis, prevalecerão sobre as estipuladas em acordo".

Neste sentido, a Lei n. 8.542/1992 preceitua em seu art. 1º: "A política nacional de salários, respeitado o princípio da irredutibilidade, tem por fundamento a livre negociação coletiva." E no § 1º estabelece que "as cláusulas dos acordos, convenções ou contratos coletivos de trabalho integram os contratos individuais de trabalho e somente poderão ser reduzidas ou suprimidas por posterior acordo, convenção ou contrato coletivo de trabalho". Esta última regra foi revogada por lei, mas restabelecida pela EC n. 45/2004, que deu nova redação ao § 2º do art. 114 da Constituição, cujo final determina que no julgamento dos dissídios coletivos sejam "respeitadas as disposições mínimas legais de proteção ao trabalho, bem como as convencionadas anteriormente".

Conforme já frisamos nos capítulos da "Norma mais Favorável" e da "Condição mais Benéfica", o princípio da substituição automática das cláusulas contratuais cede em favor da norma e da condição mais benéficas ao trabalhador.

Na hierarquia formal, conforme o art. 114, § 2º, da Constituição, e dos dispositivos consolidados supratranscritos, o acordo coletivo situa-se acima da convenção e esta acima do contrato individual. Porém, pelo critério valorativo da hierarquia da norma trabalhista, conforme exposto no capítulo sobre as "Fontes de Direito do Trabalho", a mais favorável, de qualquer fonte, prevalece sobre a menos favorável.

Veja-se que o art. 619, com clareza cristalina, afasta dos contratos individuais apenas as cláusulas que contrariem as disposições coletivas. E como os pactos coletivos objetivam a melhoria da condição social do trabalhador, significa que as cláusulas individuais mais benéficas não o contrariam. Da mesma forma, o art. 620 inverte a pirâmide formal em favor da pirâmide valorativa, ao afirmar que as condições estabelecidas em convenção coletiva do trabalho, quando mais favoráveis, substituem as pactuadas em acordo coletivo.

Sobre a matéria, a Seção de Dissídios Coletivos — SDC — do TST edita Orientações Jurisprudenciais (OJ) e Precedentes Normativos (PN). A OJ representa a jurisprudência consolidada da SDC; o PN abriga o conteúdo admissível das negociações coletivas do trabalho. Por exemplo, as faltas do empregado, por motivo de doença, têm que ser justificadas por atestado de médico da Previdência Social ou equivalente. No entanto, o PN n. 81 admite que seja pactuada na negociação coletiva a validade do atestado emitido por médico e odontólogo do sindicato dos trabalhadores.

Na reformulação sumular de setembro de 2012 do TST, merecem referência neste tópico a Súmula de n. 277, que a reconhece a incorporação aos contratos individuais das cláusulas de acordo e convenção coletiva de trabalho; n. 444, que valida a pactuação coletiva que estipula jornada de 12 horas corridas de trabalho por 36 corridas de folga; OJ n. 5 da SDC, para admitir dissídio coletivo contra pessoa jurídica de direito público em relação a cláusulas não econômicas.

CAPÍTULO IX
Princípio da Isonomia Salarial

1. MATRIZES DO PRINCÍPIO ISONÔMICO

A igualdade salarial decorre do princípio isonômico abrigado no art. 5º, *caput* e inciso I, da Constituição de 1988 e especificado no art. 7º, XXX, da mesma Carta. Este princípio foi aprovado no Tratado de Versalhes e, posteriormente, objeto de Convenção Internacional do Trabalho.

O *caput* do art. 5º preceitua que "todos são iguais perante a lei, sem discriminação de qualquer natureza ..."; o inciso I garante a igualdade da mulher ao homem e o XLII tipifica como crime a prática do racismo. O preconceito de raça, cor, sexo e estado civil é punível segundo as Leis ns. 7.437/1985 e 9.092/1995.

2. O PRINCÍPIO IGUALDADE NA LEI

Encontra-se definido na vetusta CLT, art. 5º: "A todo trabalho de igual valor corresponderá salário igual, sem distinção de sexo." É mais completa no art. 461: "Sendo idêntica a função, a todo trabalho de igual valor, prestado ao mesmo empregador na mesma localidade, corresponderá igual salário, sem distinção de sexo, nacionalidade ou idade."

No § 1º define como trabalho de *igual valor*, para fim de equiparação, o que for feito com *igual produtividade* e com a *mesma perfeição técnica* entre pessoas cuja *diferença de tempo* de serviço *não for superior a dois anos*.

E no § 2º exclui da hipótese de equiparação quando o empregador tiver *pessoal organizado em quadro de carreira*, hipótese em que as promoções deverão obedecer aos critérios de antiguidade e merecimento. A Súmula n. 6 do TST, possui dez incisos sobre o tema, valendo destacar o I:

> Para os fins previstos no § 2º do art. 461 da CLT, *só é válido* o quadro de pessoal organizado em carreira quando homologado pelo Ministério do Trabalho, excluindo-se apenas, dessa exigência o quadro de carreira das entidades de direito público da administração direta, autárquica e fundacional aprovado por ato administrativo da autoridade competente.

O § 3º exige que havendo quadro de carreira organizado seja assegurada promoção alternada por antiguidade e por merecimento, dentro de cada categoria profissional, e o § 4º exclui da condição de paradigma o trabalhador readaptado por motivo de doença física ou mental atestada por órgão da Previdência Social.

Como demonstrado acima, o princípio da igualdade salarial opera *sob* várias condições, as quais resumimos, segundo o art. 461 da CLT e a Súmula n. 6 do TST, com redação do item VI alterada em 2010 e novamente em 2012:

- identidade de função, desempenhando as mesmas tarefas — identidade de fato e não meramente nominal, não importando se os cargos têm ou não a mesma denominação — Súmula n. 6, III;
- igualdade de valor do trabalho (igual produtividade e mesma perfeição técnica);
- diferença de tempo de serviço entre o equiparando e o paradigma não superior a dois anos (na mesma empresa de ambos). Esse tempo conta-se na função e não no emprego, segundo a Súmula n. 6, II;
- trabalho na mesma localidade — mesmo município ou município que integre a mesma área metropolitana — Súmula n. 6, X;
- inexistência na empresa de pessoal organizado em quadro de carreira, que garanta acesso por antiguidade e por merecimento;
- é devida a equiparação em caso de cessão do empregado a órgão governamental, desde que a empresa cedente continue com o ônus dos salários do cedido — Súmula n. 6, V;
- não impede o pedido de equiparação o fato de o salário do paradigma decorrer de decisão judicial, desde que não se trate de vantagem pessoal, de tese superada pela jurisprudência de Corte Superior ou, na hipótese de equiparação salarial em cadeia, suscitada em defesa, se o empregador produzir prova do alegado fato modificativo, impeditivo ou extintivo do direito à equiparação salarial em relação ao paradigma remoto. Desde que se verifiquem os equisitos do art. 461 — Súmula n. 6, VI;
- é possível a equiparação de trabalho intelectual, avaliado segundo critérios objetivos — Súmula n. 6, VII;
- pode ser requerida em relação a período em que as condições necessárias não estão mais presentes, a prescrição é apenas parcial e o ônus da prova do fato impeditivo é do empregador — Súmula n. 6, IV, VIII, IX;
- competência — a Justiça do Trabalho é competente para apreciar reclamação do empregado que tenha por objeto direito fundado no quadro de carreira — Súmula n. 19 do TST.

Essas condições operam em conjunto, de maneira que a ausência de qualquer uma delas descaracteriza o direito à isonomia salarial.

Dá-se a equiparação salarial quando um empregado alega em juízo realizar trabalho igual ao de outro colega de empresa (paradigma); entretanto, mediante remuneração inferior, caracterizando-se, com isso, a odiosa discriminação. Esse fato ocorre principalmente em empresas estatais, onde a ingerência política põe os laços partidários acima do profissionalismo.

Como a todo direito corresponde uma ação, que o assegura, o trabalhador em desigualdade salarial dispõe da *ação de equiparação salarial*. Para tanto, toma-se alguém como *paradigma*, a quem se pretenda equiparar, e que preencha as condições acima mencionadas, do art. 461.

> Nas questões de equiparação salarial é indispensável a indicação do paradigma na prefacial. Agravo a que se dá provimento. (TST, 1ª T., Ac. 3.196/90.1, Rel. Min. Cnéia Moreira, DJ 1.3.1991.)

Na petição inicial da ação de equiparação, há de se expor com precisão a pretensão e a base de sua sustentação, detalhando a função, o local de trabalho e o tempo na função, bem como a remuneração do autor e do paradigma, indicando os meios de prova do alegado.

Essa é a dogmática da CLT. Porém, há que se atentar para o princípio maior da isonomia, cristalizado no art. 5º da CF/1988 e nos incisos XXX, XXXI e XXXII, segundo os quais todos devem ser tratados igualmente nas mesmas condições. Com efeito, não justifica a superioridade salarial de um trabalhador que tem 20 anos na função em relação a outro que tem 17, fazendo a mesma coisa. Justifica-se, sim, a diferença de adicional de tempo de serviço que porventura a empresa adote. Por outro lado, o conceito de mesma localidade para uma empresa de grande porte, deve ser interpretado como toda a sua área de atuação, visto que seu quadro de carreira é o mesmo, salvo diferenças de adicionais por região, risco etc.

3. NA JURISPRUDÊNCIA

A esse propósito, vale transcrever algumas manifestações jurisprudenciais históricas, mas ainda vigentes, versando sobre diversos ângulos da questão, para melhor análise pelo leitor:

Denominações de Cargos

> Valendo-se o empregador da "experiência" para fixar critério de denominação de cargos de mesma função, a equiparação salarial se impõe, vez que tal requisito foge aos exigidos legalmente (art. 461, § 1º, CLT) (TRT 9ª Reg., 1ª T., Ac. 3.612/91, Rel. Juiz Tobias de M. Filho, DJPR 14.6.1991.) In: Vade Mecum Trabalhista, Verbete 1.550.

Desvio de Função

Caracterizado o desvio de função, tem o empregado direito à diferença salarial, enquanto perdurar a situação, independentemente do empregador possuir quadro de carreira. Recurso desprovido. (TRF, 1ª TC, RO 89.04.17204-7/RS, Rel. Juiz Cal Garcia, DJ 28.3.1990.)

Formação Profissional

Não afasta a equiparação salarial a diferente formação profissional, nem o maior tempo de formado. Preenchidos os requisitos do art. 461 da CLT, devidas as diferenças salariais pleiteadas. (TRT, 3ª Reg., 3ª T., RO 2.011/90, Rela. Juíza Ana Etelvino L. Barbato, DJMG 10.5.1991.) In: Fonte *supra*, Verbete 1.554.

Identidade de Função

Isonomia salarial não se caracteriza pela simples identidade de nomenclatura das funções, sendo necessária a prova de identidade do respectivo conteúdo ocupacional, o qual não se presume, se indiscutivelmente distintos os setores de trabalho. (TRT, 12ª Reg., 1ª T., Ac. 1.493/91, Rel. Juiz J. F. Câmara Rufino, DJSC 15.5.1991.) In: Fonte *supra*.

Ônus da Prova

Confessado o fato constitutivo (identidade de função) compete à ré a prova de que a produtividade e a perfeição técnica são diferentes entre paradigma e equiparando. (TRT, 2ª Reg., 4ª T., Ac. 02910113382, Rel. Juiz Francisco A. de Oliveira, DJSP 5.7.1991.)

A equiparação salarial pressupõe identidade de funções e deverá ser afastada quando as atribuições conferidas ao paradigma eram mais amplas e envolviam supervisão, o que não ocorria com o postulante. (TRT 3ª Reg., 2ª T., RO 2.465/9, Rel. Juiz Jairo de Sousa, DJMG 5.11.1991.)

Empresas do Mesmo Grupo Econômico

O pedido de equiparação salarial não tem sucesso quando empregado e paradigma pertencem a empresas distintas, muito embora componentes do mesmo grupo econômico. Revista conhecida e provida. (TST 3ª T., Ac. 0039/90, Rel. Min. Vagner Pimenta, DJ 29.6.1990.) In: *Ementário LTr*, vol. VII.

Especializações Diferentes

No caso de serem diversas as especializações do médico, logicamente diferentes suas funções, não se pode aferir, nos termos da lei, a isonomia salarial. Embargos conhecidos, mas rejeitados. (TST 2ª T., Ac. 0101/90, Rel. Min. José Ajuricaba, DJ 22.6.1990.)

Mesma Localidade — Conceito

Súmula n. 6 do TST, inciso X:

O conceito de "mesma localidade" de que trata o art. 461 da CLT refere-se, em princípio, ao mesmo município, ou a municípios distintos que, comprovadamente, pertençam à mesma região metropolitana.

Sentença Judicial

Súmula n. 6, inciso VI, alterado em 2010 e 2012.

Não impede o pedido de equiparação o fato de o salário do paradigma decorrer de decisão judicial, desde que não se trate de vantagem pessoal, de tese superada pela jurisprudência de Corte Superior ou, na hipótese de equiparação salarial em cadeia, suscitada em defesa, se o empregador produzir prova do alegado fato modificativo, impeditivo ou extintivo do direito à equiparação salarial em relação ao paradigma remoto. Desde que se verifiquem os requisitos do art. 461.

Acordo Coletivo — Discriminação de Aposentados

ACORDO COLETIVO — VANTAGENS CONCEDIDAS AOS EMPREGADOS DA ATIVA — NATUREZA SALARIAL — EXTENSÃO AOS INATIVOS. Evidenciando-se que os benefícios concedidos aos empregados em atividade, mediante acordo coletivo, constituem disfarçado aumento salarial, impõe-se a sua extensão aos aposentados que têm assegurada a paridade de vencimentos com os empregados da ativa através da complementação da aposentadoria. (Proc. RO 0001945-78.2010.5.20.0005, 20ª Região, SE, Rita de Cássia Pinheiro de Oliveira, Rel. Des. DJ/SE de 10.4.2012, p. 46). In: Revista *Decisório Trabalhista*, n. 213, p. 29.

Por fim, se a empresa tiver quadro de carreira organizado, mas ainda não formalizado perante o Ministério do Trabalho, o empregado pode postular equiparação ou reenquadramento, como lhe aprouver. Da mesma forma, se a empresa possui quadro de carreira, todavia, não o põe em prática.

Evoluindo nesse tema, o TST vem de reconhecer o direito à igualdade de trabalhador terceirizado com efetivo, conforme lapidar decisão proferida no Processo n. AIRR 94340-33.2008.5.03.0070, noticiada no *Informativo do TST* de 26.11.2012, assim resumido:

> A 5ª Turma do TST garantiu, por unanimidade, a uma terceirizada da Caixa Econômica Federal os mesmos direitos trabalhistas dos empregados desta, com base no princípio da isonomia. A decisão se baseou no fato de que foi comprovado que a empregada terceirizada exercia funções tipicamente bancárias, iguais às de outros empregados efetivos da Caixa, no entanto, recebia remuneração inferior.

Esse julgado decorre, aliás, da posição já consolidada na OJ n. 383 da SDI-1.

CAPÍTULO X
Princípio da Irredutibilidade Salarial

Esse princípio é afirmado na Constituição (art 7º, VI), na lei (art. 1º da Lei salarial n. 8.542/92) e na jurisprudência.

1. CONCEITO DE SALÁRIO

Como regra, o salário é irredutível, segundo o comando do art. 7º, VI, da CF. Porém, dois conceitos merecem esclarecimento, para a real compreensão da irredutibilidade salarial. Primeiro, o que é salário? Segundo, a redução proibida é nominal ou real?

Salário é a contraprestação direta devida pelo empregador ao empregado em virtude do serviço prestado ou posto à sua disposição, em face do contrato de trabalho.

Segundo o art. 457, § 1º, da CLT, integram o salário não só a importância fixa estipulada, como também as comissões, percentagens, gratificações ajustadas, diárias para viagens e abonos pagos pelo empregador. O § 2º do mesmo artigo diz que não integram o salário a ajuda de custo e as diárias, estas quando não excederem de 50% da soma das parcelas de natureza salarial percebidas pelo empregado.

Também compõem o salário as prestações *in natura,* ou em utilidades como moradia, alimentação, vestuário ou outras prestações que a empresa, por força do costume ou do contrato, fornecer habitualmente. Não serão considerados salário, para os fins legais, os vestuários, equipamentos e outros acessórios fornecidos ao empregado e utilizados no local de trabalho, para a prestação dos respectivos serviços.

Quanto a saber se a garantia é de salário real ou apenas nominal, parece-nos muito clara a mensagem insculpida no art. 7º, IV, da CF, quando vincula o valor do salário mínimo ao atendimento das necessidades vitais e básicas próprias e da família com moradia, alimentação, educação, saúde, lazer, vestuário, higiene, transporte e previdência social, com reajustes periódicos que lhe preservem o poder aquisitivo.

Veja-se que a Constituição não fala de valor nominal, mas sim das utilidades que o salário deve custear. Em virtude da inflação enraizada na nossa economia, as utilidades sobem de preço periodicamente. A manter o entendimento de que a garantia é apenas nominal, chegar-se-á ao absurdo de em curto período qualquer soma salarial ver-se reduzida ao mínimo legal, já que é proibido pagar-se menos.

Como, entretanto, os reajustes salariais obedecem à política para esse fim estipulada e, nos últimos tempos, a partir da instauração do sistema Collor de Mello, a lei salarial só tem protegido o salário mínimo, deixando os demais para a livre negociação, as categorias de melhores salários têm experimentado insuportável achatamento salarial, de maneira que hoje a massa operária compõe-se de assalariados mínimos. As categorias mais organizadas valem-se da greve e com isso minimizam as perdas. Assim, de acordo com a interpretação do artigo constitucional no sentido da garantia real, vem sendo utilizado o dissídio coletivo de natureza econômica, geralmente embutido no dissídio de greve, visando à reposição inflacionária nos salários.

2. FUNDAMENTOS

A irredutibilidade fundamenta-se basicamente em dois pontos: 1. no princípio da progressão social, segundo o qual o trabalhador não pode sofrer redução do seu padrão de vida; 2. nos caracteres do salário, que são:

a) sinalagma (relação de equivalência subjetiva das obrigações);

b) caráter alimentar, o que lhe garante a qualidade de crédito preferencial;

c) caráter forfetário (não está sujeito aos riscos de empreendimento);

d) persistência em caso de paralisação das atividades independente da vontade do obreiro;

e) natureza composta do salário (fixo mais adicionais);

f) irredutibilidade;

g) determinação heterônoma do salário (lei, instrumentos coletivos, regulamento de empresa, contrato individual);

h) proporcionalidade com a natureza da prestação.

Dos caracteres *supra*, dois deles suportam o princípio em comento, o caráter forfetário e o alimentar.

3. EXCEÇÕES

Toda regra comporta exceções. Desse modo, também, a irredutibilidade cede em determinadas circunstâncias. É possível a redução mediante negociação coletiva de trabalho, limitada a 25%, mesmo assim a remuneração não ficará inferior ao salário mínimo legal, segundo se extrai dos arts. 7º, VI, da CF e 503 da CLT. É o chamado acordo japonês, pelo qual se reduz a jornada geral de trabalho no âmbito da empresa, com a correspondente redução salarial, em face de momento difícil da empresa, para, com isso, evitar corte de pessoal.

A Lei de Política Salarial (n. 8.542/1992) preceitua em seu art. 1º que "a política nacional de salários, *respeitado o princípio da irredutibilidade*, tem por fundamento a livre negociação coletiva e reger-se-á pelas normas estabelecidas nesta Lei". Essa regra legal parece infirmar o permissivo constitucional. Mas em verdade afirma-o, pois a redução salarial autorizada é de caráter excepcionalíssimo e circunstancial, onde se combinam a redução da jornada (inciso XIII do art. 7º) e a correspondente diminuição salarial (inciso VI).

Antes da Constituição de 1988, a redução salarial podia ocorrer em duas situações: em caso de força maior devidamente comprovada e em caso de difícil situação financeira da empresa em virtude da conjuntura econômica. Na força maior, a redução era unilateral, por decisão do empregador (art. 503, CLT); na dificuldade financeira, era necessária a anuência do sindicato da categoria, porém, na recusa deste, podia a Justiça do Trabalho fazê-lo, conforme a Lei n. 4.923/1965.

Atualmente, a redução só será possível mediante acordo ou convenção coletiva do trabalho — art. 7º, VI, da CF, respeitando, no entanto, o limite traçado pela Lei n. 4.923.

4. EFEITOS

A redução unilateral constitui justa causa do empregador, conforme dispõe o art. 483, g, da CLT. Significa que o empregado que teve seu trabalho reduzido, com a consequente redução salarial, pode considerar-se dispensado indiretamente (despedida indireta). Neste caso, pode afastar-se do emprego e postular o pagamento das verbas indenizatórias, como aviso prévio, FGTS acrescido de 40%, proporções de férias e de 13º salário; ou, se preferir, postular judicialmente a resolução contratual, mediante o pagamento das verbas indenizatórias, sem afastar-se do emprego até o efetivo pronunciamento judicial.

A jurisprudência firmou-se neste sentido, inclusive considerando que a rescisão contratual para imediata admissão em empresa do mesmo grupo econômico, mediante remuneração inferior, agride o princípio da irredutibilidade:

> A dispensa do reclamante de uma empresa e sua admissão imediata, por outra, do mesmo grupo econômico, com salário inferior, constitui alteração vedada por lei do contrato de trabalho, motivo pelo qual faz ele jus às diferenças salariais pleiteadas na inicial. (TRT 3ª Reg., 4ª T., RO 3.298/90, Rel. Juiz Alaor A. Teixeira, DJMG 14.6.1991.) In: Vade Mecum Trabalhista, Verbete n. 3.763.

Somente é lícito reduzir salários proporcionalmente à redução de horas de trabalho, quando há acordo entre as partes neste sentido. Hoje em dia, inclusive, somente é possível a redução de jornada de trabalho mediante acordo ou convenção coletiva de trabalho (art. 7º, XIII, CF/88). Impresente nos autos qualquer acordo ou convenção neste sentido, são devidas ao empregado as diferenças salariais pertinentes. Recurso do reclamado a que se nega provimento. (TRT, 9ª Reg., 1ª T., Ac. 6.330/90, Rel. Juiz Silvonei S. Piovesan, DJPR 23.11.1990.) In: Fonte *supra*.

A irredutibilidade funda-se também na estabilidade econômica, segundo a qual o trabalhador não pode decair do seu padrão já estabelecido. A jurisprudência trabalhista evoluiu para considerar a estabilidade econômica do trabalhador adquirida nos últimos dez anos mediante o exercício de funções comissionadas ou gratificadas, conforme ementas extraídas do Ementário LTr, Vol, VII:

> Pelo princípio da analogia com o Direito Administrativo, diante da lacuna do Direito do Trabalho a respeito da estabilidade econômica do trabalhador, deve ser assegurado o direito à percepção da gratificação de função ou comissão de cargo para o empregado que a tiver percebido por longo tempo. (TST-E-RR 447/83, Ac. TP 247/88, 11.3.1988, Rel. Min. C. A. Barata Silva.)
>
> Se o empregado exerce a função de confiança por mais de dez anos, tem motivo suficiente para manter a gratificação percebida, por ser caso típico de estabilidade econômica, que deve existir na relação empregatícia. (TST-RR 5.755/89.6, Ac. 1ª T., 009/90, 13.2.1990, Rel. Min. Fernando Vilar.)
>
> Importa em redução salarial a teor do disposto no inc. VI do art. 7º da CF, a retirada de função comissionada exercida por mais de dez anos. (TRT 1ª Reg., RO 54/90, 9.1.1990, Rel. Juiz Antenor Mendes da Silva.)

Essa jurisprudência consolidou-se definitivamente na Súmula n. 372 do TST, que, por Resolução de 2005, resultou da conversão das OJs ns. 45 e 303:

> Súmula n. 372: GRATIFICAÇÃO DE FUNÇÃO. SUPRESSÃO OU REDUÇÃO. LIMITES.
>
> I — Percebida a gratificação de função por mais de dez anos pelo empregado, se o empregador, sem justo motivo, revertê-lo a seu cargo efetivo, não poderá retirar-lhe a gratificação tendo em vista o princípio da estabilidade financeira.
>
> II — Mantido o empregado no exercício da função comissionada, não pode o empregador reduzir o valor da gratificação.

Em síntese, a alteração contratual unilateral, e mesmo bilateral, que resulte prejuízo direto ou indireto ao trabalhador, é vedada pelo art. 468 da CLT e pela regra geral cristalizada no art. 92 do mesmo diploma legal.

CAPÍTULO XI
Princípio da Razoabilidade

1. DEFINIÇÃO

É um desdobramento do megaprincípio constitucional com o mesmo nome, consubstanciado no primado da interpretação das leis e referente à perfeita sincronia entre aquilo que se encontra inserido na norma e o que dela é extraído na experiência prática. Na doutrina constitucional, o princípio da proporcionalidade é um princípio material que dá funcionalidade ao princípio da proporcionalidade, um princípio de justiça, desenvolvido desde Aristóteles[115].

Significa que se deve agir segundo a razão. O intérprete deve decidir nos limites do razoável e deve interpretar o comportamento dos contratantes dentro do que normalmente acontece. Portanto, o princípio tem o mesmo sentido e dois destinatários: o intérprete e as partes em litígio. Em um processo, entende-se que as pessoas em sã consciência agem segundo a razão e, até prova em contrário, prefere-se a versão mais consentânea com o que normalmente acontece.

Aplica-se a todos os ramos do Direito, é certo, mas na processualística do trabalho ganha relevo especial, em virtude da condição de subordinação de uma das partes perante a outra no contrato e da facilidade que uma delas (em regra o empregador) tem de forjar situações jurídicas.

Em certo limite, equivale à *lógica do razoável* de Recaséns Siches.

Pela razoabilidade chega-se com mais facilidade às situações reais. Trata-se de um critério até certo ponto subjetivo, porém, fundado em pontos objetivos. É um princípio inteligente que separa o homem da máquina, levando-o a compreender os fatos muito além do que aos olhos aparecem. Por seu intermédio, os aplicadores

---

(115) MARQUES DE LIMA, Francisco Meton. *O Resgate dos Valores na Interpretação Constitucional* — por uma hermenêutica reabilitadora do homem como "ser-moralmente-melhor". ABC: Fortaleza, 2001. p. 225.

da lei escapam às montagens jurídicas e de provas com objetivo de desconstituir a realidade.

Se o juiz funciona com um tanto de ciência e outro tanto de consciência, esse princípio emana do exercício da consciência.

2. FUNDAMENTOS

No Direito do Trabalho, o princípio tem por fundamento principal a desigualdade das partes contratantes, o que leva o mais forte a simular situações formalmente reais, mas de fato diferentes e de efeitos diversos. Se levar-se em conta só a aparência formal, desaba toda a construção jurídica protecionista, porque o trabalhador é forçado a assinar documentos em branco, contrato de natureza diversa, concordância com modificação do contrato, renúncia, pedido de demissão, quitação geral etc. Nesse contexto, o princípio opera coma uma enzima posta sobre a prova que o empregado faz contra tais manifestações de vontade viciadas.

3. APLICAÇÃO PRÁTICA

Inúmeros exemplos de aplicação podem-se relacionar. Alguns, porém, mais frequentes elucidam o alcance da regra.

Laranja

Rotineiramente, empreiteiros arquitetam forma de fugirem das responsabilidades trabalhistas. A cada oficial de pedreiro ou carpinteiro, por exemplo, entregam uma parte da obra, cabendo a este contratar pessoal. Tais pessoas físicas não têm empresa registrada e são economicamente inidôneas. Cabe ao intérprete, em situações que tais, aquilatar os elementos objetivos para avaliar até que ponto o suposto empregador tem condições de sê-lo. Ou será um mero empregado? Os fatos fornecerão dados reais, auxiliados pelo princípio inteligente da razão. Parte-se das seguintes premissas: o empreiteiro deve assumir responsabilidade de natureza trabalhista referente ao pessoal da obra; se subcontrata, deve observar a idoneidade do subempreiteiro — se tem firma registrada, se tem suporte econômico. Se é um mero operário que executa a obra juntamente com seus colegas de bairro, sem fachada de empregador, a razão dita que não há subempreitada, mas sim tentativa de desvirtuar a aplicação do direito social.

Relação de Emprego

Uma relação de trabalho pode parecer autônoma, quando de fato é uma relação de emprego. A realidade suplanta a forma. Mas como descobrir a realidade? Quais os critérios para se avaliar se se trata de relação de emprego? Primeiro se colhe a prova dos fatos, prova documental, pericial, testemunhal etc. De posse dos fatos, aplica-se o direito, o raciocínio. As características essenciais do contrato de trabalho são: pessoalidade, subordinação jurídica, não eventualidade e remuneração.

Muito fácil. Porém, o que caracteriza a eventualidade? Sabe-se que o contrato autônomo envolve certa dose de subordinação e de continuidade. A subordinação relaciona-se com a liberdade na execução do serviço e na contratação com outros tomadores de serviço, assim como a sujeição ao comando do empregador e regime disciplinar da empresa. A não eventualidade relaciona-se com a obrigatoriedade de trabalho com referencial no tempo, bem como na essencialidade da atividade para a empresa: obrigação de trabalhar todos os dias, ou todas as manhãs, ou um dia por semana, ou todos os sábados, de acordo que a falta implique punição de ordem disciplinar.

Jus Variandi

Esse direito de o empregador mudar unilateralmente o contrato de trabalho deve ser interpretado sob fundamentos da natureza objetiva. O empregador só deve utilizá-lo no real interesse da atividade econômica, visando ao melhor desempenho da empresa. Entretanto, deve acompanhar uma série de compensações ao assalariado.

Assim, justa é a recusa do empregado se provar que as compensações se diluem nas desvantagens emergentes. Repudia-se alteração contratual por razões subjetivas, como represália e perseguição.

Poder Disciplinar

Outra razoabilidade ressoa na determinação da proporcionalidade da pena disciplinar com a falta cometida. Muitas vezes, uma única falta dá azo à aplicação da pena máxima. Outras vezes, uma sucessão de pequenas faltas não autorizam mais que uma punição média. Mais que qualquer outro direito, o direito disciplinar requer moderação. No caso específico do Direito do Trabalho, a pena disciplinar deve fundar-se em razões efetivas, sérias, porque as consequências atingem não só o trabalhador faltoso, mas principalmente sua família; atingem diretamente o estômago de crianças já subnutridas. No contexto do Direito nacional, é razoável que a despedida por justa causa tenha fundamento em causa realmente grave, imperdoável. Assim, a falta *leve* seria passível de punição amena — advertência, suspensão em caso de reincidência; *a falta grave* autorizaria despedida com aviso prévio e FGTS; e só a *gravíssima* legitimaria a dispensa sumária sem qualquer indenização. Vale lembrar que nas circunstâncias atuais a perda do emprego, mesmo com todas as indenizações legais, representa séria punição, em face da retração da oferta de emprego.

Salário-família para quem não Tem CTPS Assinada

Comumente, o trabalhador requer os direitos decorrentes da relação empregatícia, entre os quais as anotações na CTPS e salário-família. O empregador contesta o salário-família, alegando tratar-se de verba de natureza previdenciária, embora paga diretamente pela empresa, mas que exige como condição de pagamento a apresentação dos registros de nascimento dos dependentes. Infelizmente, alguns tribunais têm acatado essas defesas. Ora, se o contrato de trabalho não foi sequer registrado como tal, de nada serviria a apresentação de documentos cujo pressuposto é o vínculo de emprego. Além disso, a lei determina que o empregador solicite ao empregado as certidões de nascimento. E o que dizer do empregador que não assinou sequer a CTPS? Dessa forma, o trabalhador sai prejudicado e não é justo que se premie a torpeza do empregador faltoso. É mais consentâneo com a razão que se imponha ao empregador o pagamento do salário-família ao empregado cuja CTPS não foi assinada, ainda que não tenha apresentado os registros de nascimento dos dependentes.

Abandono de Emprego

De acordo com o razoável, ninguém abandona o emprego sem motivo justo. Diante do argumento de abandono do emprego, deve o intérprete investigar: primeiro, se houve abandono de fato; segundo, a causa do abandono. Se constatada a ausência contínua por certo lapso de tempo ao serviço e a causa foi maus-tratos pelo patrão, sobrecarga de serviço, atraso de pagamento, más condições de trabalho, alteração contratual desvantajosa para o empregado — abandono como falta grave não se caracteriza; consequentemente são devidas as indenizações legais. Porém, se o abandono ocorreu porque o empregado tinha em vista outro emprego, queria mudar de profissão, queria ir embora, enfim motivos alheios ao empregador, caracteriza-se a justa causa de despedida sem indenizações.

Por seu turno, acontece com frequência o empregador mandar o empregado embora sumariamente, sem nada indenizar pela rescisão contratual. Imediatamente, manda publicar na imprensa convocação do dito empregado a retornar ao emprego sob pena de despedida por justa causa. Os pretórios trabalhistas têm decidido que a prova de abandono tem de ser robusta e inconfundível. E tendo o trabalhador endereço, o empregador deve convocá-lo por carta registrada e pela imprensa e não só por meio de jornais, que são pouco acessíveis ao operário.

> ABANDONO DE EMPREGO — A invocação de abandono de emprego, ainda que através de eufemismo, sob a forma 'deixou de trabalhar', deverá ser comprovada pelo empregador, por se tratar de fato extintivo do direito do empregado (arts. 818 da CLT e 333, do CPC). Não se desincumbindo do encargo probatório, presume-se injusta a dispensa, porquanto o empregado tem a seu favor a presunção gerada pelo princípio da continuidade da relação empregatícia. (TRT 3ª Reg., RO 9.610/91, 2ª T., Rela. Alice Monteiro de Barros, DJMG 21.8.1992.)
>
> ABANDONO DE EMPREGO — A publicação, na imprensa, de comunicado ao reclamante para comparecer ao serviço não é suficiente para comprovar a ocorrência da justa causa alegada. (TRT 3ª Reg., RO 12.265/91, 3ª T., Rel. Israel Kuperman, DJMG 4.9.1992.) Ambas extraídas da CLT Síntese, p. 801.

Em síntese, parte-se do pressuposto de que ninguém troca alguma coisa pelo nada sem um motivo justo. Pelo menos não é razoável entre pessoas em sã consciência.

Pedido de Demissão

Da mesma forma, o pedido de demissão deve ser visto com restrição. Se o empregado nega o pedido de demissão, embora o tenha assinado, investiga-se o motivo do pedido. À falta de razões benéficas ao demissionário, razoável é que se não reconheça o pedido de demissão de quem o nega em juízo, mesmo porque milita presunção de vício de consentimento.

Terceirização

Orienta-nos esse comando contra falsa terceirização, quando um operário economicamente inidôneo figura numa locação de serviço realizando atividade permanente da locatária. De fato, é um empregado e a locação serve apenas para a empresa furtar-se do custo social do emprego. Por fim, assevera Plá Rodriguez[116]:

> No solucionamento do conflito normativo, é invocável, ainda, o *princípio constitucional da racionalidade* (ou razoabilidade) do qual se verificam irradiações nos diversos ramos do Direito, inclusive processual.

Apesar da similitude e do emprego de um pelo outro, é pertinente alertar que entre os princípios constitucionais da **proporcionalidade** e da **razoabilidade** ou racionalidade há muitos pontos distintivos.

---

(116) "O *devido processo* exige que exista certa relação substancial e razoável entre a lei e a segurança, salubridade, moralidade, bem-estar etc. da população. É o que se tem chamado de equilíbrio conveniente (*balance of convenience rule*) ou da racionalidade, ou das relações substanciais." (RODRIGUEZ, Plá. *Princípios de Direito do Trabalho*, p. 253.)

CAPÍTULO XII
Princípio da Proporcionalidade

1. IMPLICAÇÕES DA RAZOABILIDADE COM A PROPORCIONALIDADE

Os princípios da razoabilidade e da proporcionalidade se complementam, porque todo razoável é proporcional e todo proporcional é razoável. Ambos se enquadram entre os grandes princípios constitucionais implícitos. Mas não são a mesma coisa, dado que o razoável é que fornece as bases de cálculo da proporcionalidade nas ciências humanas, ante a inaplicabilidade da lógica formal.

As proporções matemáticas têm base nos números; as proporções, nas ciências não exatas ancoram-se nas grandezas da razoabilidade.

No Direito Administrativo, é um princípio expresso no art. 2º da Lei n. 7.984/1999, o qual ancora os atos administrativos nos princípios da legalidade, finalidade, motivação, razoabilidade, **proporcionalidade**, moralidade, ampla defesa, contraditório, segurança jurídica, interesse público e eficiência.

No Direito do Trabalho, integra os princípios da justa causa e atua na limitação do poder disciplinar do empregador. Portanto, aqui, também é implícito. No Direito Penal, está presente principalmente no critério de fixação da pena, entre a mínima e a máxima.

2. CONCEITO

Razão = relação entre duas grandezas. Proporção = igualdade entre duas ou mais razões. Proporcional = simétrico. Proporcionalidade = qualidade do que é proporcional. Assim, se AB = CD, AC = BD. As proporções matemáticas têm bases exatas. Mas, nas ciências humanas, as bases sobre as quais se vão operacionalizar as proporções são fluidas, representadas pela razoabilidade na colocação das grandezas entre as quais se pretende estipular o ponto de equilíbrio, entre um *demais* e um *demenos*, mediante a proporcionalidade.

Na teoria da mesotis, Aristóteles idealiza a justa proporção como medida de prudência. Entre a covardia e a temeridade, está a bravura; entre o dois e o dez, o seis é o meio. A virtude está no meio. Traduzindo-o, certamente, o caipira diz que quem atira no meio não erra.

Aristóteles desenvolve engenhosamente a teoria da justiça distributiva, que seria uma das expressões da justiça como um todo. E, nessa construção, equipara a justiça com a proporção, justa é a proporcionalidade entre duas grandezas diferentes:

> O proporcional é um meio-termo, e o justo é o proporcional.
>
> (...)
>
> O justo nesta acepção é portanto o proporcional, e o injusto é o que viola a proporcionalidade.[117]

Em síntese, o princípio da proporcionalidade expressa-se, em um primeiro momento, pela ideia aritmética de igualdade, de proporção entre duas grandezas diferentes para obtenção de um equilíbrio; e, em um segundo momento, anima-se na ideia de simetria, de adequação, entre meios e fins e na utilidade de um ato para proteção de um direito.

Assim funciona em todas as operações do direito: na legítima defesa, mediante o uso moderado dos meios adequados e necessários para afastar a injusta agressão (art. 25 do Código Penal); na fixação da pena, entre a mínima e a máxima (art. 59, II, Código Penal); na caracterização do crime de pequeno potencial ofensivo.

O princípio da proporcionalidade que ora se estuda tem base na doutrina alemã, que, na versão anglo-americana, é representado pelo princípio da razoabilidade, com detalhes que os diferenciam.

O princípio da razoabilidade foi desenvolvido como instrumento de racionalidade das operações da lógica nas ciências humanas, como bem analisou Récasens Siches (In: *Nueva filosofia del derecho*).

Daí dizer-se que o princípio da razoabilidade é um princípio estático e o da proporcionalidade é dinâmico. O primeiro fundamenta o segundo e este operacionaliza aquele. Funcionam, portanto, numa relação de complementaridade.

---

(117) *Ética a Nicômaco*. 3. ed. Tradução de Mário da Gama Kury. Brasília: Editora Universidade de Brasília, 1999, L. V, 1132.

3. BERÇO CONSTITUCIONAL DA PROPORCIONALIDADE

Assevera Paulo Bonavides que o princípio constitucional da proporcionalidade é o princípio dos princípios, porque atua contra o arbítrio oficial[118].

Transpostos os princípios para as Constituições, atribuído a eles caráter normativo, cumpre identificar o berço dogmático do princípio da proporcionalidade. Ora, se já não é fácil delimitar os contornos dos princípios expressos, a tarefa se agiganta no momento em que se admite a existência de princípios implícitos igualmente vinculantes.

O princípio da proporcionalidade já vem expresso na Declaração Universal dos Direitos Humanos de 1948, arts. 5º e 7º; na Constituição portuguesa de 1976, está expresso no art. 18, dentre outras.

A Corte Constitucional alemã estabeleceu sua base dogmática na cláusula do *Estado de Direito*, como instrumento de garantia do *núcleo essencial dos direitos fundamentais*, pois não haveria garantia constitucional efetiva se não se impusesse limite aos poderes quando da regulamentação e da interpretação da Constituição.

Complementando a cláusula do Estado de Direito, o *princípio democrático* só se materializa mediante a igualitária distribuição dos haveres da nação. Portanto, operação de proporcionalidade.

De outra feita, esse princípio funciona como complemento ou instrumento de operacionalização do *princípio da legalidade*, fornecendo elementos de razoabilidade quando da correção, por lei, de desigualdades. Por exemplo, quando se legisla em favor de algumas categorias sociais excluídas (lei de cotas), tendo em vista sua inclusão social, há que se ter o cuidado para que isso não venha a representar um privilégio e para não se criar outras discriminações. Em consequência, a proporcionalidade atua como complemento ao *princípio da igualdade* material ou propósito da *igualização*, mediante o corretivo de desigualdades.

Já é axiomático que a proporcionalidade integra o rol dos grandes princípios implícitos da Constituição Federal do Brasil de 1988. Cumpre identificar-lhe o exato aconchego no ninho constitucional brasileiro.

Inicialmente, identificamos sua raiz na cláusula do devido processo legal como princípio material, cravado no inciso LIV do art. 5º (*"ninguém será privado da liberdade ou de seus bens sem o devido processo legal"*). Tendo-se que essa expressão alberga rico conteúdo em cada uma das três palavras: a) **devido** — oportuno, necessário, adequado, suficiente, justo, moderado etc.; b) **processo** — o instrumento formal, que, mediante atos e fases determinados, assegure a ampla defesa e o contraditório; c) **legal** — o processo é o previsto na lei, não se podendo inventar formas outras de apuração de fatos (devendo-se obedecer em todos os casos, aos

---

(118) BONAVIDES, Paulo. *Curso de direito constitucional*. 6 ed. São Paulo: Malheiros, 1996. p. 260.

processos previstos para cada espécie: penais, fiscais, cíveis, judiciais e administrativos etc.)

Esse foi o entendimento do Supremo Tribunal Federal, na pena do Ministro Moreira Alves, em decisão de 11 de maio de 1994, cfr. noticia Gilmar Mendes (*Jurisdição Constitucional:* o controle abstrato de normas no Brasil e na Alemanha. Malheiros, 1996, p. 177).

Destarte, quando se atua no nível de processo, esse princípio se aloja no berço do devido processo legal como princípio material do processo; porém, em outras situações materiais, fica mais adequado subsumi-lo dos princípios estruturantes do *Estado Democrático de Direito* e da *reserva legal.*

Em todo caso, além de a proporcionalidade fundar-se nos princípios estruturantes ou fundamentais, essa cláusula encontra-se no acervo dos direitos e garantias fundamentais (art. 5º, da Constituição), portanto, **com *status* de um direito fundamental.**

De onde emana sua existência normativa? Esse princípio é uma norma implícita que aflora do § 2º do art. 5º, segundo o qual, "*Os direitos e garantias expressos nesta Constituição não excluem outros decorrentes do regime e dos princípios por ela adotados, ou dos tratados internacionais em que a República Federativa do Brasil seja parte*". (grifamos)

Decompondo esse preceito, temos três fontes de princípios: a) os decorrentes da cláusula estruturante do regime democrático; b) os oriundos dos princípios constitucionais; c) os emergentes dos tratados internacionais.

O regime adotado na CF/1988 é o democrático, conforme art. 1º, o qual adjudica um sem número de consequências, desde as liberdades até o direito às mais diversas participações dos cidadãos. O segundo item (b) externa que dos princípios expressos na Constituição extraem-se direitos (portanto, também outros princípios). Isto não causa estranheza, pois um dos atributos dos princípios é sua aptidão reprodutiva de outros princípios. Os princípios fundamentais encontram-se nos arts. 1º ao 4º, além dos princípios gerais albergados no art. 5º e os específicos alojados em cada tema constitucional. Todos eles e cada um, com sua aptidão expansiva e reprodutiva. O terceiro item (c), os tratados de que o Brasil faz parte, dentre os quais, a Declaração Universal dos Direitos Humanos, de 1948, o Tratado de São José da Costa Rica, as Convenções Internacionais do Trabalho etc., que, após a Emenda Constitucional n. 45/2004, mais força ganharam, em virtude do acréscimo do § 3º ao art. 5º, que lhes conferiu *status* de norma constitucional.

4. CONTEÚDO E ELEMENTOS DO PRINCÍPIO DA PROPORCIONALIDADE

Conteúdo — esse princípio alberga largo conteúdo, que pode ser resumido, sem esgotar, nas seguintes acepções: equilíbrio, harmonização, igualdade, proporção *strito sensu*, legalidade justa, justiça ideal, democracia, estado de direito, garantia, razoabilidade.

Elementos do princípio da proporcionalidade: a doutrina relaciona três elementos do seu núcleo: adequação, exigibilidade e proporcionalidade em sentido estrito[119]. Preferimos, no entanto, esmiuçá-lo em oito partes, para maior cobertura do seu lastro conceitual:

a) **adequação** — conformidade — correspondência entre meios e fins a serem atingidos;

b) **exigibilidade** ou necessidade — identificação da imprescindibilidade ou inadiabilidade da medida;

c) **suficiência e moderação** — escolha do meio mais suave, ou moderado, mas suficiente para a solução que se impõe como necessária;

d) **proporcionalidade em sentido estrito** — deve-se observar a razoável proporção entre o sacrifício e o resultado a almejado;

e) **menor prejuízo** — relação de custo/benefício; as vantagens da medida devem superar os sacrifícios;

f) **utilidade** — o resultado perseguido deve vincular-se a um fim útil e não meramente abstrato (lei pela lei, forma pela forma etc.).

g) **finalidade** — preferencialmente pública, no interesse geral, ainda que em caso individual, sem, contudo, pisotear o direito fundamental do indivíduo;

h) **proibição do arbítrio** — ou seja, fixando um termo médio entre o insuficiente e o excesso, entre a covardia e o temerário, entre um *demais* e um *demenos*, finca um marco, que é o da proibição do excesso e do arbítrio.

5. O PRINCÍPIO DA PROPORCIONALIDADE NO DIREITO DO TRABALHO

Partindo do pressuposto que este é um princípio democrático, pelo qual ninguém é senhor de ninguém, mas todos devem obediência à legalidade, vislumbramos os seguintes campos de aplicação na relação de trabalho:

- na limitação do poder disciplinar do empregador;
- na tipificação da justa causa, do empregado e do empregador;
- na aferição do dano cometido pelo empregado;
- na aferição do dano causado pelo empregador;
- na quantificação do valor do dano moral;
- na rescisão contratual.

---

(119) BRAGA, Valeschka e Silva. *Princípio da proporcionalidade & da razoabilidade*. Curitiba: Editora Juruá, 2004.

5.1. Poderes do empregador — Revista íntima

Dentre os poderes do empregador, sobressai o disciplinar, um dos componentes do poder diretivo. Não há regulamentação legal desse poder. A origem é o coronelismo vivido pelo Brasil até 1930, em que a ordem social e a disciplina eram entregues aos coronéis de terra e aos empregadores. O regime implantado em 1930 é autoritário e a disciplina social, em consequência, seu principal foco.

Esse poder disciplinar concebido na década de 1930 já sofria as restrições necessárias da doutrina e a jurisprudência punha limites aos abusos do empregador.

E, no regime democrático, pluralista, de sociedade aberta, em que ninguém bate continência para ninguém, senão nos limites das obrigações legais, as restrições são cada vez mais acentuadas. A disciplina deve cingir-se aos comandos expressos, objetivos e imprescindíveis aos fins da empresa. Isto porque a disciplina social não mais compete aos coronéis nem aos empregadores, mas ao Estado e outras instituições.

De considerar-se ainda que a obediência se impunha como natural ante a ostensiva condição econômica e social superior do patrão em face do empregado. Na atualidade, essa condição deixa de existir, pois ninguém admite o estado de inferioridade diante de outro ser humano. O dever de obediência decorre tão somente do poder diretivo do empregador, de nada mais.

Consequentemente, no exercício desse poder, o empregador só pode agir nos limites do necessário e indispensável ao atingimento dos objetivos da empresa, sem causar ofensa aos direitos personalíssimos do obreiro. O empregador não possui poder de polícia sobre os empregados.

Arnaldo Boson Paes[120] tece contundentes considerações sobre os limites do poder de direção do empregador, cujo exercício deve observar os seguintes critérios:

a) a restrição dos direitos fundamentais dos trabalhadores pelo poder diretivo do empregador deve ser somente o necessário para a consecução de determinada finalidade, sendo infundadas as limitações que estejam além da necessidade inerente à correta execução do contrato;

b) no exercício do poder diretivo deve haver adequação entre o objetivo a atingir e a limitação imposta ao direito fundamental do trabalhador, razão por que essa restrição deve ser o mínimo possível;

c) a permissão de restrição do direito fundamental do trabalhador condiciona-se à observância de relevante interesse do empregador, vinculado ao seu bom funcionamento e ao correto desenvolvimento do contrato.

---

(120) PAES, Arnaldo Boson. Os limites do poder de direção do empregador em face dos direitos fundamentais dos trabalhadores. In: ALMEIDA, Renato Rua de e OLMES, Cristina Paranhos. *Direitos fundamentais aplicados ao direito do trabalho.*

Daí a doutrina haver pontilhado, subsumindo da legislação, algumas proibições ao empregador.

Proibição de revista íntima ao empregado, assim entendida a revista corporal e a que viole segredos e a vida privada.

As revistas íntimas, a princípio violam o princípio da intimidade, cristalizado no art. 5º, X, CF. Observe-se, porém, que, dentro do ambiente de trabalho, a revista geral, que não seja discriminatória nem agrida a intimidade do trabalhador, é legítima, está compreendida no poder diretivo do empregador. Logo, como corolário do direito de propriedade e em proteção deste direito, é admissível a revista moderada, discreta, cautelosa, não discriminadora nem agressiva (se é que isso seja possível).

O *e-mail* corporativo do empregado, já decidiu o Colendo TST, é violável pelo empregador, ante indícios de mau uso, e em defesa da empresa e da sociedade. No caso, havia indícios de que o trabalhador utilizava o equipamento da empresa para envio de matérias pornográficas e/ou suspeitas de pedofilia, o que comprometia a imagem da empresa.

A punição disciplinar deve guardar a devida proporção com a falta cometida. Não pode haver punição excessiva, nem utilização de uma falta para sancionar outra.

A *suspensão superior a trinta dias é considerada despedida sem justa causa* — conforme o art. 474 da CLT, porque excessiva.

Proibição de *voierismo*, ou espionagem sobre os locais privativos, que possa violar a intimidade da pessoa.

Cumpre observar que a violação dessas proibições implicará despedida sem justa causa, ou despedida indireta, com todas as reparações legais, além de dar azo a ações civis de reparação por danos morais, conforme o caso.

5.2. A justa causa e seus princípios

A tipificação da justa causa também deve observar os princípios próprios, dentre os quais destaca-se o da proporcionalidade. São princípios da justa causa, os seguintes, todos de conteúdo comum ao da proporcionalidade:

a) *princípio da legalidade* — a falta tem que ser cotejada com o princípio geral da reserva legal, segundo o qual ninguém está obrigado a fazer ou deixar de fazer algo senão em virtude de lei (art. 5º, II, CF);

b) *relação de causalidade entre a falta e a despedida* — ou seja, não se pode utilizar um fato para punir outros;

c) *proibição de despedida injuriosa ou com abuso do poder disciplinar* — com atos e/ou palavras ofensivas, fato que converte a despedida que seria por justa causa em despedida sem justa causa, ou indireta — art. 483 da CLT:

ABANDONO DE EMPREGO — JUSTA CAUSA — ABUSO DO PODER DIRETIVO DO EMPREGADOR. O não comparecimento do reclamante por mais de trinta dias na empresa não caracteriza justa causa quando a empregadora dispensa a prestação de serviços para apuração de falta através de inquérito administrativo. A exigência constante do termo de suspensão do obreiro, relativa ao seu comparecimento diário na empresa, para marcação de ponto e prestação de esclarecimentos, denota abuso do poder diretivo do empregador, pois submete o empregado a situação humilhante, mormente quando a suspensão ultrapassa o período de trinta dias. Recurso de Revista parcialmente conhecido e provido. (TST, 2ª T., RR. n. 354475, Rel. Min. Vantuil Abdala, DJU de 5.5.2000.)

d) *relação entre o ato faltoso e o ambiente de trabalho* — a avaliação da falta deve levar em conta o ambiente e as condições de trabalho, bem como a qualificação do trabalhador. Uma briga e um palavrão, p. ex., no meio de uma construção civil são normais;

e) *gravidade da justa causa* — a despedida sem indenização tem que fundar-se em causa realmente justa e não em excesso de intransigência — a reação do trabalhador a rigor excessivo do empregador apenas inverte a situação para despedida indireta, nos termos do art. 483 da CLT:

RECUSA AO SERVIÇO. Não constitui insubordinação e/ou desídia o ato de empregado que recusa operar máquina quando não lhe é fornecido o indispensável equipamento de proteção individual. A dispensa sumária desse empregado configura abuso de poder. (TRT/SP 02900121650, Ac. 1ª T. 3477/92, Rel. Floriano Corrêa Vaz da Silva, DOE 25.3.1992.)

f) *imediatidade entre a falta cometida e a despedida* — verificada a falta, o empregador deve iniciar *incontinenti* o processo rescisório, sob pena de configurar-se o perdão tácito. Isto porque o contrato de trabalho suporta-se na fidúcia e se a dispensa não for imediata presume-se que a confiança não foi rompida, conquanto resulte abalada. Entretanto, essa imediatidade pode ser compatível com o tempo necessário à apuração da falta, de acordo com a complexidade da empresa e mesmo da falta imputada:

JUSTA CAUSA — PRINCÍPIO DA IMEDIATIDADE. A despedida por justa causa, aplicada logo que o empregador certificou-se do fato ilícito, em prazo razoável inferior a 30 (trinta) dias, enquadra-se na moldura da imediatidade que preside a sancionabilidade. (Proc. TRT 22ª, RO 3309/93, Ac. 1592/94, Rel. Des. Francisco Meton Marques de Lima, DJPI de 8.9.1994.)

***

IMEDIATIDADE ENTRE A FALTA E A PUNIÇÃO — JUSTA CAUSA — PERDÃO TÁCITO. Não há perdão tácito se o empregador, após demorado processo de apuração da falta, aplica ao faltoso, *incontinenti*, a punição cabível. A demora com os trâmites do processo de apuração não configura falta de imediatidade, antes revela zelo na apuração do fato.

DESPROPORCIONALIDADE ENTRE A FALTA E A PUNIÇÃO — RUPTURA DO CONTRATO POR JUSTA CAUSA.

Comprovado o desvio de valores de cliente para conta pessoal do empregado, não se revela desproporcional à falta cometida a demissão do obreiro por justa causa. (Ac. n. 464/99, Proc. TRT 22ª, RO n. 3558/98, DJPI 5.5.1999, Relatora designada Desa. Enedina Maria Gomes dos Santos.)

g) *presunção de perdão tácito da falta não sancionada* — a qual não pode mais ser invocada para efeito de alegação formal de reincidência;

h) *princípio da causalidade — pelo qual é proibido substituir uma falta imputada como motivo da despedida por outra*;

i) *obrigação de o empregador informar ao empregado o motivo da despedida por justa causa* — para que ele possa se explicar e defender-se;

j) *autonomia de tipificação em relação ao ilícito penal* — a conduta ilícita trabalhista não corresponde necessariamente à penal;

k) *a justa causa decorre de um procedimento volitivo, doloso ou culposo* — ou seja, com intenção, com imperícia, imprudência ou negligência;

l) *non bis in idem* — ou seja, é proibido punir duas vezes pelo mesmo fato;

m) *proporcionalidade entre a falta e a sanção* — aqui invoca-se a versão da proporcionalidade no sentido estrito, ou seja, o meio termo entre duas grandezas diferentes. O tamanho da falta guarda relação com o meio em que foi cometida. Assim, uma falta que, no meio em que foi cometida, pode ser considerada leve, poderá ser considerada grave em outro local, média em outro etc.[121]:

> **JUSTA CAUSA. EXCESSO DE PENA.** Para o reconhecimento da justa causa a insubordinação deve ter repercussão no âmbito de trabalho, não se caracterizando por uma simples recusa telefônica a fazer uma substituição, máxime se havia razoável justificativa para não fazê-la. (TRT-8ª, Rel. Des. Georgenor de Sousa Franco Filho, RO 0001391-46-2010.5.08.0016, DEJT de 23.8.2011.)

No geral, não é razoável uma dispensa por justa causa pelo simples fato de o empregado imprensar um feriado sem justificar. É desproporcional a punição, excessiva. Também não será necessário abrir todo um processo disciplinar para tal.

No âmbito dos direitos constitucionais do trabalho, é de incluir-se a proporcionalidade no princípio maior da igualdade, integrando o que Barbagelata denomina de princípios de direito do trabalho de 2ª geração.

Justa causa do empregador — da mesma forma, na apreciação das hipóteses do art. 483, deve-se levar em conta todos esses princípios, onde forem compatíveis.

---

(121) Ver nosso *O Resgate dos Valores na Interpretação Constitucional*. Cap. V, item 6.

Assim, não é qualquer capricho desarrazoado do empregado que vai ensejar uma despedida indireta.

Na apuração de dano causado pelo empregado ao empregador, também é de imperiosa necessidade a funcionalidade do princípio da proporcionalidade. A aplicação do art. 462, § 1º, da CLT, deve guardar as devidas proporções quando da aferição da culpa do empregado acusado de haver causado o dano. Da mesma forma, o empregador tem direito a indenizações por danos morais causados à empresa pelo empregado, apurado com as cautelas que o princípio impõe.

5.3. Fixação do quantum *indenizatório por danos morais*

A proporcionalidade é o parâmetro que o legislador estipulou para a determinação do valor das indenizações por danos morais, conforme dispõe o Código Civil:

> Art. 944. A indenização mede-se pela extensão do dano.
>
> Parágrafo único. Se houver excessiva desproporção entre a gravidade da culpa e o dano, poderá o juiz reduzir, equitativamente, a indenização.

Ora, qual a extensão do dano? Qual a gravidade da culpa?

Os danos, morais e materiais, causados pelo empregador, devem ser aferidos também absolutamente sob a batuta do princípio da proporcionalidade, para que não se tome o excesso de melindre como ofensa, nem se desdenhe do dano cometido.

Destarte, o valor da indenização deve tomar como base alguns parâmetros mais ou menos objetivos, como a extensão do dano (como aferir?), a gravidade da culpa (?), a capacidade econômica do ofensor, o nível social do ofendido, o grau de consciência do ofendido sobre a ofensa, a repercussão social do fato etc.

Em consequência, a indenização, fixada também à luz desse princípio, para que não seja ridícula nem absurda, deve cumprir as funções: a) sociais: pedagógica e de eficaz repressão a condutas ofensivas ao Direito; e b) individuais: caráter reparador e amenizador do constrangimento sofrido pelo ofendido.

6. SITUAÇÕES CONCRETAS NO SETOR PÚBLICO E NO ÂMBITO PRIVADO

No poder público — a atuação do poder público empregador que está vinculada ao Processo Administrativo.

Como princípio que atua contra o arbítrio e o abuso de poder e de direito, a proporcionalidade estabelece limites ao poder disciplinar do empregador enquanto órgão do poder público, o qual deve obediência aos requisitos da necessidade, do uso dos meios adequados e da justa proporção.

Nos órgãos estatais, é obrigatória a aplicação da Lei n. 9.784/1999, do processo administrativo, constitui pressuposto da punição ou dispensa do servidor o devido processo de apuração da falta. Isto em virtude de a administração pública, direta e indireta, encontrar-se jungida aos princípios esculpidos no art. 37 da Constituição, da legalidade, impessoalidade, moralidade, publicidade e eficiência. Certo que a Lei n. 9.784/1999[122] refere-se à esfera federal. Entretanto, serve de parâmetro para as situações que envolvam as esferas estadual e municipal, na ausência de lei destas unidades federadas, em virtude do princípio da simetria. A inobservância desse procedimento prévio nulifica o ato demissório. Entendem-se por entes públicos a Administração direta, autárquica, fundacional, empresa pública e sociedade de economia mista, da União, Estados, Distrito Federal e Municípios; outrossim, já se cogitam extensão dos princípios administrativos aos entes paraestatais, como as autarquias profissionais e os órgãos do sistema S.

Como a matéria está, neste particular, afeta ao Direito Administrativo, vejamos o que diz o acatado professor Bandeira de Mello: "Deveras, nas 'Disposições Gerais', seu artigo de abertura, o 37, deixa explicitamente enunciado que o que ali se dispõe contempla o universo administrativo em sua mais completa abrangência."[123]

A Lei n. 9.784/1999, que regula o processo administrativo na administração federal direta e indireta, estabelece em seu art. 2º os seguintes princípios obrigatórios a serem observados para validade dos atos administrativos: legalidade, finalidade, motivação, **razoabilidade**, **proporcionalidade**, moralidade, ampla defesa, contraditório, segurança jurídica, interesse público e eficiência.

O art. 2º, parágrafo único, VII, exige a "*indicação dos pressupostos de fato e de direito que determinarem a decisão*". No art. 50, estabelece obrigatoriedade de motivação, quando "I — neguem, limitem ou afetem direitos ou interesses".

A propósito, diz Maria Sylvia Zanella di Pietro: "*A sua obrigatoriedade se justifica em qualquer tipo de ato, porque se trata de formalidade necessária para permitir o controle de legalidade dos atos administrativos.*" (*Direito Administrativo*. São Paulo: Atlas, 2003. p. 82.)

A propósito, dispõe o parágrafo único do art. 364 do Código Penal:

Equipara-se a funcionário público quem exerce cargo, emprego ou função em empresa pública, autarquia, sociedade de economia mista ou fundação instituída pelo Poder Público.

---

(122) "Art. 1º Esta Lei estabelece normas básicas sobre o processo administrativo no âmbito da Administração Federal direta e indireta, visando, em especial, à proteção dos direitos dos administrados e ao melhor cumprimento dos fins da Administração.
§ 1º Os preceitos desta Lei também se aplicam aos órgãos dos Poderes Legislativo e Judiciário da União, quando no desempenho de função administrativa."
(123) BANDEIRA DE MELLO, Celso Antônio. *Elementos de direito administrativo*. Malheiros, 1986. p. 230.

O art. 3º da Lei de Improbidade Administrativa (n. 8.429/1992) adotou a mesma regra penal. Vejamos estas interessantes ementas, que, pelo princípio sob comento, reconhecem a deficiência auditiva de um candidato em concurso público e a doença para aposentação de outro, respectivamente:

> CONCURSO PÚBLICO. DEFICIÊNCIA AUDITIVA BILATERAL. PRINCÍPIOS DA RAZOABILIDADE E DA PROPORCIONALIDADE. ISONOMIA. CONCESSÃO DA SEGURANÇA. Considerados os princípios da razoabilidade e da proporcionalidade, e em obediência à máxima da efetiva isonomia, reconhece-se como deficiente físico o candidato aprovado em concurso público que apresenta perda auditiva bilateral, superior a quarenta e um decibéis em uma das orelhas. Segurança concedida. (MS 29400-69.2011.5.21, AC 115.639, 21ª Região/RN, José Rêgo Júnior, DJRN de 20.3.2012.) In: Revista *Decisório Trabalhista*, n. 213, p. 30.
>
> APOSENTADORIA INTEGRAL — SERVIDOR PORTADOR DE HEPATOPATIA GRAVE. O art. 186, I e § 1º da Lei n. 8.112/90, ao elencar as doenças que conferem ao servidor direito à aposentadoria com proventos integrais, o faz de forma exemplificativa, permitindo que no exame do caso concreto se enquadre doenças como hepatopatia grave, catalogada com base na medicina especializada e prevista na legislação federal. (TRT da 8ª Região, RA 0000948-12.2011.5.08.0000, Rela. Desa. Alda Maria de Pinho Couto, DEJT de 14.9.2011.)

Na rescisão contratual

Neste ponto, a OJ n. 390 da SDI-1 pontua que, havendo previsão de distribuição de lucros, a rescisão contratual antecipada implica direito do empregado à participação proporcional. Da mesma forma, são devidos as férias e o 13º salário proporcionais ao ano incompleto trabalhado.

Conclusões

Por fim, a título de síntese conclusiva, temos que:

A proporcionalidade é o ponto de equilíbrio entre duas grandezas diferentes.

Proporcional é o justo e o justo é o proporcional.

Proporcional é a medida da equidade.

Entre o capital e o comunismo, o socialismo.

Entre pobreza e riqueza, a média classe.

Entre a fome e o desperdício, a boa alimentação de todos.

Entre o abusivo e o leniente, o providente.

Entre a temeridade e a covardia, a bravura.

Entre o excesso e a falta, o suficiente.

Entre a impunidade e a perseguição, a apuração.

Entre a euforia e a tristeza, a serenidade.

A virtude está no meio.

A medida da falta dita a medida da sanção.

O tamanho da falta se mede de acordo com o local, a natureza do trabalho e o grau de instrução do agente.

O empregador público deve obediência ao princípio da proporcionalidade em todos os atos a respeito dos servidores, inclusive punitivos ou demissórios.

Tudo
P OR UMA ATUAÇÃO
R EDISTRIBUTIVA DAS RIQUEZAS
O BSERVADA A
P ROPORCIONAL
O BRIGAÇÃO DE TODOS NA
R ECONSTRUÇÃO DA CARIDADE, DA
C ARIDADE
I GUALDADE DE
O PORTUNIDADES ENTRE OS
N ACIONAIS
A LIJADOS DA
L IBERDADE MATERIAL

CAPÍTULO XIII
Princípio da Boa-fé

1. NOÇÕES CONCEITUAIS

Sempre se teve *boa-fé* no sentido de expressar a *intenção pura*, isenta de dolo ou engano, com que a pessoa realiza o negócio ou executa o ato, certa de que está agindo na conformidade do Direito, consequentemente, protegida pelos preceitos legais[124].

O sentido da boa-fé interessante ao trabalho é o que a define como o respeito mútuo e a ausência de malícia entre as partes, para o fiel cumprimento das obrigações legais e pactuadas, ou que se vão pactuando, expressa ou tacitamente, no curso da execução do contrato de trabalho.

Álvaro Costa[125] entende que o conceito de boa-fé envolve um conteúdo psicológico, revestido de sanção moral e dotado de um mínimo de objetividade, pois o Direito não considera as intenções em si mesmas, mas nos atos e fatos em que elas se exteriorizam. Com muita felicidade, afirma que a boa-fé é de início qualidade de vontade, depois aparece provida de sanção moral e, por fim, passa para o mundo do Direito por meio da equidade.

No mesmo sentido, Orlando Gomes[126] relaciona a boa-fé com a interpretação do contrato, isto é, daquelas condições subentendidas, criadas por força do uso regular ou da equidade.

Este princípio guarda estreita relação com o da Primazia da Realidade, dado que este orienta o intérprete em direção aos fatos quando discrepam da forma, e a boa-fé empresta o conteúdo moral juridicizado à situação fática.

A esse propósito, o art. 456, parágrafo único, da CLT dita: "À falta de prova ou inexistindo cláusula expressa a tal respeito, entender-se-á que o empregado

---

(124) SILVA, *De Plácido e. Vocabulário Jurídico*.
(125) COSTA, Álvaro. *Do Princípio da Boa-Fé*, p. 7.
(126) GOMES, Orlando. *Contratos*, p. 47.

se obrigou a todo e qualquer serviço compatível com a sua condição social", e o 460 dispõe que "na falta de estipulação do salário ou não havendo prova sobre a importância ajustada, o empregado terá direito a perceber salário igual ao daquele que, na mesma empresa, fizer serviço equivalente, ou do que for habitualmente pago para serviço semelhante."

O princípio jurídico da boa-fé é fundamental na sustentação da teia das relações privadas. É um substrato moral incorporado pelo Direito. Tem sua origem ligada ao Direito Romano, quando se estabeleceu desde sua origem o dever de toda pessoa a proceder de boa-fé. Como é da característica de todo princípio sua autocompreensão, o sentido da boa-fé chega até as pessoas do povo com facilidade. Com efeito, os contratos se sustentam sobre duas colunas, uma moral — a confiança — e outra jurídica.

Álvaro Costa reconhece três modalidades de boa-fé:

1. intenção reta e honesta — serve para avaliação da vontade e interpretação dos negócios jurídicos;

2. lealdade e fidelidade à palavra dada — opõe-se à fraude e ao dolo;

3. crença conscienciosa e ativa, provida de erro escusável — esta é inocente, é a posição de quem ignora determinados fatos e julga legítima sua conduta, acreditando não estar causando prejuízos a ninguém.

O sentido da boa-fé interessante a este trabalho é o que a define como respeito mútuo entre as partes para o fiel cumprimento das obrigações pactuadas, ou que se vão pactuando expressa ou tacitamente no curso da execução do contrato.

Aplica-se a ambas as partes contratantes. Por isso, tem sofrido ataques como princípio de Direito do Trabalho. De fato, trata-se de um princípio jurídico geral. Contudo, faz-se-lhe referência no sistema trabalhista em virtude de o Direito do Trabalho alojar de maneira ímpar grande parte de pactos puramente verbais, e muitos tacitamente. Isto significa que a boa-fé atua no trabalho como substância moral juridicizada garantidora das relações jurídicas. Assim, o trabalhador deve fidelidade ao patrão, tem obrigação moral de dar tudo de si no desempenho das suas tarefas, não trabalhar para outrem durante o tempo, por contrato, devido ao seu empregador; de outro lado, o empregador tem obrigação de fornecer segurança ao trabalhador, de remunerar todo o trabalho tomado, de não exigir mais do que o suportável pelo assalariado.

Saliente-se que a boa-fé objetiva, na relação de trabalho, atua desde a pré-contratação, continuando durante a execução do contrato e por ocasião de sua ruptura. A pré-contratação gera uma expectativa que, frustrada gera direito a reparações; a execução do contrato não se limita ao seu conteúdo jurídico, mas sobretudo ao conteúdo moral, da confiança e da lealdade; a ruptura também deve se dar segundo as regras morais e legais, com todas as reparações de direito.

2. CONTEÚDO E DEVERES ANEXOS DA BOA-FÉ OBJETIVA

O conteúdo da boa-fé objetiva é vasto e indescritível, em virtude de seu propósito de nortear todos os atos da vida privada com o objetivo de realizar a perfeita inter-relação intersubjetiva, para a convivência pacífica de todos em sociedade.

No entanto, é oportuna a delimitação do conteúdo da boa-fé objetiva que Cláudia Ferreira Cruz[127] pontua em pelo menos cinco aforismos:

Venire contra factum proprium — princípio da coerência, ou seja, não se admite que a pessoa pratique ato ou conjunto de atos e em seguida adote conduta oposta.

Supressio — ou supressão, no caso de uma conduta deixar de ser adotada por um lapso temporal faz com que não seja mais admitida como prescrição lógica.

Surrectio — significando que a conduta reiterada de uma das partes faz *surgir* direito em relação à outra, como o hábito de pagar uma gratificação, que a torna direito.

Tu quoque, Brutus, fili mi! — situação em que, rompendo a confiança, coloca uma das partes em situação de injusta desvantagem. Pode ser expresso também na *exceptio non adimpleti contractus*, ou seja, a parte que primeiro não cumpre sua obrigação não pode exigir o cumprimento da obrigação da outra parte.

Exceptio doli, ou exceção dolosa — significa que deve ser sancionada a conduta em que o exercício do direito por uma das partes teve por finalidade prejudicar a parte adversa.

A boa-fé objetiva produz deveres, que são denominados *anexos*, valendo enumerar, dentre muitos, os seguintes: dever de proteção, lealdade, equidade, razoabilidade, colaboração, transparência, confiança.

3. FUNÇÕES DA BOA-FÉ

Cláudia Ferreira Cruz[128] traz-nos importantes considerações sobre o pensamento de Larissa Maria de Moraes Leal[129] sobre as funções da boa-fé objetiva: a) cânone hermenêutico-integrativo contratual; b) norma criadora de deveres jurídicos entre os contratantes; c) norma limitadora do exercício de direitos subjetivos.

A mesma autora registra o pensamento de Gagliano[130], para quem a boa-fé objetiva compreende três funções:

---

(127) CRUZ, Cláudia Ferreira. A boa-fé objetiva e os deveres anexos. In: ALMEIDA, Renato Rua de e OLMES, Cristina Paranhos. *Direitos fundamentais aplicados ao direito do trabalho*, p. 20/38.
(128) *Ibidem*.
(129) LEAL, Larissa Maria de Moraes. Aplicação dos princípios da dignidade humana e boa-fé nas relações de trabalho — as interfaces entre a tutela geral das relações de trabalho e os direitos subjetivos individuais dos trabalhadores. *Revista Jurídica*, Brasília, v. 8, n. 82, p. 84-99, dez./jan. 2007.
(130) GAGLIANO, Pablo Stolze. *Novo Curso de direito civil*. Vol. IV. São Paulo: Saraiva, 2010.

a) interpretativa da vontade das partes (cf. art. 125 do Código Civil);

b) criadora de deveres jurídicos (deveres de lealdade e confiança recíprocas, assistência, informação, sigilo ou confidencialidade);

c) função delimitadora do exercício dos direitos subjetivos, bem expressos no art. 187 do Código Civil e no art. 51 do Código de Defesa do Consumidor.

4. EXPRESSÕES LEGAIS DA BOA-FÉ

Em síntese, leva-se em consideração a boa-fé na interpretação de toda espécie de contrato, e com mais razão nos pactos de natureza trabalhista. Mas, nos instrumentos de negociação coletiva, com muito mais razão. O PL n. 4.430/2008 da Câmara dos Deputados, propõe a alteração do art. 615 da CLT, para estabelecer a obrigatoriedade de participação dos atores coletivos na negociação coletiva, sempre que convocados pela outra parte, observando-se o princípio da boa-fé, entendendo-se como tal:

> I — participar da negociação coletiva quando regularmente requerida, salvo justificativa razoável;
>
> II — formular e responder as propostas e contrapropostas que visem a promover o diálogo entre os atores coletivos;
>
> III — prestar informações, definidas de comum acordo, no prazo e com detalhamento necessário à negociação de forma leal e com honestidade;
>
> IV — preservar o sigilo das informações recebidas com esse caráter;
>
> V — obter autorização da assembleia de representados para propor negociação coletiva, celebrar convenção ou acordo coletivo de trabalho e provocar a atuação da Justiça do Trabalho, de árbitro ou de órgão arbitral para solução do conflito coletivo de interesses;
>
> VI — cumprir o acordado na mesa de negociação.
>
> § 2º A violação ao dever de boa-fé configura conduta antissindical.
>
> § 3º Não é obrigatória a celebração de convenção ou acordo coletivo de trabalho.

Pragmácio Filho[131] assim comenta o PL *supra*:

> O dever de negociar de boa-fé fica bastante claro, neste caso, quando é obrigatória a participação dos atores coletivos na negociação coletiva sempre que convocada pela outra parte, salvo justificativa razoável, quando as partes devem formular e responder as propostas e contrapropostas que visem a promover o diálogo entre os atores coletivos e, sobretudo, quando

---

(131) PRAGMÁCIO FILHO, Eduardo. *A boa-fé nas negociações coletivas trabalhistas*, p. 88.

devem cumprir o acordado na negociação, revelando tudo isso a postura da lealdade, honestidade e esforço que os negociantes devem fazer para entabular o acordo.

Veja-se que a boa-fé já é um princípio e, portanto, norma jurídica. Logo, já é aplicável, pois possui caráter preceptivo. O que o PL *supra* propõe é objetivá-lo em regras jurídicas, para, quem sabe, maior efetividade.

O Direito protege todo aquele que age de boa-fé, quer mediante a resilição do ato que não deve persistir no mundo jurídico, quer com as reparações legais, quer convalidando aquele que deve ser respeitado.

Em regra, a boa-fé se presume, cabendo a quem alega provar a má-fé de outrem. Entretanto, no setor público, quando o administrador está jungido a regras estreitas da legalidade, a simples postergação do comando legal já é presunção de má-fé. Essa mesma regra se aplica às partes que deliberadamente ignoram as cláusulas dos instrumentos de negociação coletiva de trabalho.

Com efeito, o Positivismo jurídico separou a moral do Direito. Mas o Pós-Positivismo trouxe-a de volta. Como reflexo dessa doutrina, Ronald Dworkin assevera que o Direito é indissociável da Moral e que existem as categorias de direitos morais, ou direitos que se sustentam na Moral. Na legislação, sua presença já é ostensiva no art. 37 da Constituição Federal (princípio da moralidade pública) e na Lei do Processo Administrativo.

Portanto, a boa-fé representa um princípio jurídico de origem moral fundamental a todo o complexo das relações jurídicas, principalmente nas relações privadas e com maior razão nas relações laborais. O Novo Código Civil reanima esse princípio moral citando mais de 100 vezes as palavras *boa-fé* e *má-fé*. E, nos arts. 110 a 114, sintetiza o caráter moral da interpretação dos atos de vontade:

> Art. 110. A manifestação de vontade persiste ainda que o seu autor haja feito a reserva mental de não querer o que manifestou, salvo se dela o destinatário tinha conhecimento.
>
> Art. 111. O silêncio importa anuência, quando as circunstâncias ou os usos o autorizarem, e não for necessária a declaração de vontade expressa.
>
> Art. 112. Nas declarações de vontade se atenderá mais a intenção nelas consubstanciada do que o sentido literal da linguagem.
>
> Art. 113. Os negócios jurídicos devem ser interpretados conforme a boa-fé e os usos do lugar de sua celebração.
>
> Art. 114. Os negócios jurídicos benéficos e a renúncia interpretam-se estritamente.

E no art. 442 sacramenta a regra da boa-fé nos contratos:

> Art. 422. Os contratantes são obrigados a guardar, assim na conclusão do contrato, como em sua execução, os princípios da probidade e boa-fé.

Por fim, concluindo um tema inexorável, transcreve-se, por oportuna, a seguinte expressão de Almeida[132]:

> Informar aos trabalhadores e seus representantes e a causa objetiva da despedida em massa por motivo de ordem ecnômico-conjuntural (art. 5º, inciso XIV da CF/88), e de negociar as suas consequências (art. 7º, inciso XXVI da CF/88). Esses deveres anexos da boa-fé objetiva podem e devem também ser deduzidos das Convenções ns. 98, 135 e 154 da Organização Internacional do Trabalho, todas já ratificadas pelo Brasil... Portanto, o não cumprimento pelo empregador desses deveres anexos da boa-fé objetiva na despedida em massa torna-a abusiva, em razão da ilicitude por abuso de direito, pelo que deve ser reparada com o pagamento de indenização, nos termos do art. 927 do Código Civil, a ser medida pela extensão do dano causado aos trabalhadores despedidos, a teor do art. 944 do mesmo diploma civil.

---

(132) ALMEIDA, Renato Rua de. Subsiste no Brasil o direito potestativo do empregador nas despedidas em massa? In: *Revista LTr*, ano 73, n. 4, p. 392, abril de 2009.

CAPÍTULO XIV
OUTROS PRINCÍPIOS

Diversos outros princípios são apontados por vários autores, como também nem todos os autores mencionam todos os expostos nas páginas anteriores. Assim, encontram-se, sob aceitação não unânime, os princípios: do rendimento e da colaboração. Segundo o direcionamento da presente tese, estão todos compreendidos nos princípios já analisados, valendo, entretanto, breve consideração a título de reforço para o intérprete do Direito do Trabalho.

1. PRINCÍPIO DO RENDIMENTO

Por este princípio, entende-se que o trabalhador deve atuar em sintonia com os objetivos da empresa no sentido de atingir a maior produtividade possível. Vê-se que se trata de um princípio programático, estendível ao empregador e teve largo emprego no regime do nacional socialismo.

A rigor, está compreendido no princípio da boa-fé. Pesa-lhe a crítica de que, por operar mais contra o trabalhador do que a favor, não se aplica ao Direito do Trabalho, que se destina a proteger o empregado. Essa crítica não merece acolhida, porque o Direito do Trabalho visa a proteger o trabalho e o trabalhador, mas, acima de tudo, a sociedade. E produzir é uma exigência social.

Este princípio voltou à moda, com a nova ordem mundial no campo da economia e das relações de trabalho. A corrida pela eficiência, para maior competitividade, transbordou dos corpos diretivos e chegou aos postos de trabalho.

Percebendo essa necessidade hodierna, o governo regulamentou a participação no lucro e no resultado da empresa. São, portanto, duas modalidades de participação: no lucro — que é o resultado contábil de acréscimo patrimonial; no resultado — que é o atingimento de metas. Com isso, o trabalhador passa a ser partícipe e corresponsável, porque a sua melhoria salarial depende do crescimento da empresa.

2. PRINCÍPIO DA COLABORAÇÃO

Por este princípio, presume-se que o trabalhador não se limita a cumprir ordens, mas age *sponte sua* no interesse da empresa. O empregado deve zelar pelo nome de sua empregadora, guardar-lhe os segredos, zelar o patrimônio, manter fidelidade. O empregado colabora quando: evita um dano à empresa, comunica algo errado na execução dos trabalhos, divulga o produto, recomenda sua empresa a quem procura os bens que ela vende ou produz.

3. PRINCÍPIO DO ORDENAMENTO JUSTO

Trata-se de um princípio próprio do Direito em geral e não só do Direito do Trabalho. Seu registro deve-se à sua vinculação estreita com a realização prática do Direito, matéria essencial deste trabalho.

A aplicação prática de todos os princípios de Direito do Trabalho constitui uma verdadeira operação de *cata das partículas de justiça* contidas no Ordenamento Jurídico para aplicação aos casos concretos.

Isto porque o Ordenamento Jurídico abriga os valores da justiça reinantes no meio social ao qual serve, os imperantes em cada época. Pelo menos esta é a regra em período de normalidade política.

Nessa linha de raciocínio, toda lei pode ser justa, de acordo com a interpretação que se lhe dê, à luz dos raios de justiça brotados do Ordenamento. Este não se limita ao Direito escrito, mas vai além, vai até o sentimento de justiça reinante na comunidade. Assim é que no mesmo corpo legal pode servir a um regime autoritário e depois a um regime democrático, tudo por força das doutrinas e ideias dominantes.

A aplicação do princípio em estudo não consiste em ir contra a lei, mas sim em ir ao seu leito, em interpretá-la consoante a justiça que o meio social está exigindo. Se impossível seu ajustamento, afasta-se sob o argumento de que é inaplicável, por mais que se afigure como aplicável. Neste ponto, entra um pouco da lógica do razoável de Siches.

O bom Juiz Magnaud, agora como deputado, pronunciou em sua defesa: "O Tribunal de *Château 33-Thierry* não violou lei alguma (...) Ah! o que ele violou, por exemplo, foi a jurisprudência... Eu nunca me substituí à lei, repito; com o que não me conformei foi com as jurisprudências estabelecidas, e estabelecidas de tal forma que são tidas como a própria lei — eis tudo."[133]

Positivamente, o nosso sistema é rico em regras de sobredireito, orientadoras do intérprete. A matriz encontra-se no art. 5º, *caput*, da CF, que elegeu cinco valores fundamentais à sociedade brasileira:

---

(133) *Apud* Eduardo Espínola e Espínola Filho, *op. cit.*, vol. IV, p. 200.

Todos são iguais perante a lei, sem distinção de qualquer natureza, garantindo-se aos brasileiros e aos estrangeiros residentes no País a inviolabilidade do direito à *vida,* à *liberdade,* à *igualdade,* à *segurança* e à *propriedade.* (destaques nossos)

No art. 5º da LINDE, encontra-se: "Na aplicação da lei, o juiz atenderá aos fins sociais a que ela se dirige e às exigências do bem comum"; o art. 8º da CLT manda decidir, conforme o caso, na ausência da lei e do contrato, pela jurisprudência, analogia, equidade, usos e costumes, princípios de direito, direito comparado, mas sempre de maneira que nenhum interesse de classe ou particular prevaleça sobre o interesse público.

PRINCÍPIOS DE DIREITO DO TRABALHO DE 2ª GERAÇÃO

PARTE 4

CAPÍTULO I
DIREITOS FUNDAMENTAIS DO TRABALHO

Barbagelata (2008, p. 19-29) alude aos princípios de direito do trabalho de 2ª geração, que equivalem aos direitos fundamentais do trabalho, calcados nos princípios da dignidade, da igualdade, da liberdade, da intimidade, da segurança. Essa categoria de direitos respalda ações de reparação por danos morais e ações civis públicas, ação para fazer cessar práticas ofensivas, ação penal e ação para restituição do *status quo ante*, com pesados ônus para as empresas que os infringem, quer na prática discriminatória, nos atos antissindicais, nas agressões à dignidade, à intimidade, ao meio ambiente de trabalho, à segurança e saúde do trabalho, a outros direitos personalíssimos.

O conjunto desses direitos encontra-se textualizado principalmente no art. 5º da Constituição, dos quais todos gozam, mas alguns são mais sensíveis ao cidadão enquanto trabalhador, ou cuja violação lhe atingem mais nessa condição.

Não se trata de romantismo, mas de direitos concretos, de consequências econômicas. Consequência direta do neoconstitucionalismo, ou nova hermenêutica constitucional, ou direitos constitucionais calcados em valores.

Assusta de certa maneira o fato de os tratadistas da Constituição e dos direitos humanos omitirem a problemática dos trabalhadores como titulares de direitos humanos, ou a questão dos direitos humanos sob o enfoque do drama do trabalho, que é um dos seus principais berços.

Com efeito, os trabalhadores formam a massa social mais desfavorecida, a mais pobre, a mais doente, a menos letrada, a mais faminta, a ascendente e a descendente dos miseráveis, a que forma o cinturão de miséria das cidades. Por isso, não é demais dizer que são os trabalhadores os principais credores de direitos humanos, por serem as principais vítimas da organização social. Do mesmo modo, sob o enfoque coletivista, nem democracia existe sem liberdade sindical. Logo, a liberdade sindical é o primeiro instrumento da democracia. Entretanto, lamentavelmente, os tratadistas do direito constitucional passam ao largo dessa realidade. Justifica-se, assim, a presente abordagem, limitada, porém, ao objetivo de despertar para tão instigante questão.

Para esse desiderato, cumpre interpretar os preceitos fundamentais da Constituição sob o viés da valorização do trabalho e dos humanos trabalhadores.

O valor do trabalho constitui um dos fundamentos da República, um pilar da Ordem Econômica e o mancal da Ordem Social. A lei nasce da necessidade de regular fatos. E, efetivamente, verifica-se uma tendência do mercado de trabalho a continuar no esvaziamento da personalidade do trabalhador. Daí essa nova categoria de proteção.

Hoje, não se compra mais só o trabalho, mas todas as qualidades da pessoa, espirituais e físicas. Compra-se o corpo, a força, a liberdade física e a intelectual. À pessoa são ditadas forma física, condutas, estado civil, moda, limitações da locomoção, como no mundo artístico, do esporte, da moda e muitas outras atividades, em que os contratos obrigam a pessoa a tirar a roupa, ditam a grife, o modo de vestir, do corte do cabelo etc.

Como condições peculiares ao contrato, são cláusulas permitidas, desde que: (i) não agridam a dignidade da pessoa; (ii) haja consentimento expresso; (iii) interpretam-se restritivamente tais cláusulas; e (iiii) na dúvida, em favor da pessoa.

CAPÍTULO II
Princípios Internacionais do Trabalho de 2ª Geração

A OIT, a partir das Convenções Internacionais do Trabalho ns. 87, 98, 100, 105, 111 e 138, sintetizou cinco princípios internacionais de Direito do Trabalho: a *liberdade sindical*, a *livre negociação*, a *eliminação do trabalho forçado*, a *eliminação do trabalho infantil* e o *fim da discriminação*. Vejamos em resumo cada um.

A liberdade sindical encontra-se assegurada no art. 8º da CF/1988, sob as duas versões: coletiva e individual: a) a primeira, sob duas vertentes, uma decorrente da liberdade associativa (art. 5º, XVII e XVIII), que consiste no direito dos trabalhadores e dos empresários de constituírem sindicato; em outra vertente, trata-se da autonomia da entidade coletiva, de organizar-se, administrar-se e atuar sem interferência do Estado; b) a segunda versão refere-se à liberdade individual dos trabalhadores e empresários de se associarem, permanecerem filiados e desfiliarem do sindicato.

Os atos que cerceiem essas liberdades denominam-se condutas antissindicais. A liberdade coletiva abrange a livre atuação das lideranças sindicais na defesa da categoria. Assim, os atos de perseguição a elas caracterizam a infringência à liberdade sindical.

O direito de organização sindical consta do art. 23, 4, da Declaração Universal dos Direitos Humanos de 1948.

O princípio da livre negociação está protegido pelo art. 7º, XXVI, CF ("reconhecimento das convenções e acordos coletivos do trabalho"). Na Lei, o berço principal são os arts. 611 a 625 da CLT. A livre negociação decorre do *princípio da autodeterminação coletiva* do trabalho.

Princípio da liberdade de trabalho — *fim do trabalho forçado*. Art. 5º, XIII (é livre o exercício de qualquer trabalho, ofício ou profissão) e XLVII, c (não haverá pena de trabalho forçado). O Brasil cumpre esse princípio mediante um conjunto de políticas de combate ao trabalho sob condição análoga à de escravo. Comentaremos logo mais em capítulo autônomo o **trabalho escravo**.

Princípio da proteção trabalhista à criança — fim do trabalho infantil. A Constituição proíbe o trabalho ao menor de 16 anos, salvo na condição de aprendiz a partir dos 14 anos (arts. 7º, XXXIII e 227, § 3º, I). E proíbe ao menor de 18 anos trabalho noturno, insalubre e perigoso. A CLT detalha a matéria nos arts. 402 a 441.

O Brasil promulgou, através do Dec. n. 3.597/2000, a Convenção Internacional n. 182 e a Recomendação Internacional n. 190, da OIT, sobre a proibição das piores formas de trabalho infantil e a ação imediata para eliminá-las. O Dec. n. 6.481/2008 aprova a *Lista das Piores Formas de Trabalho Infantil.* Dita o art. 4º:

> Para fins de aplicação das alíneas *a, b* e *c*, do art. 3º da Convenção n. 182, da OIT, integram as piores formas de trabalho infantil:
>
> I — todas as formas de escravidão ou práticas análogas, tais como venda ou tráfico, cativeiro ou sujeição por dívida, servidão, trabalho forçado ou obrigatório;
>
> II — a utilização, demanda, oferta, tráfico ou aliciamento para fins de exploração sexual comercial, produção de pornografia ou atuações pornográficas;
>
> III — a utilização, recrutamento e oferta de adolescente para outras atividades ilícitas, particularmente para a produção e tráfico de drogas;
>
> IV — o recrutamento forçado ou compulsório de adolescente para ser utilizado em conflitos armados.

O art. 5º trata da lista TIP das piores formas de trabalho infantil.

Princípio da não discriminação — o fim da discriminação. O art. 3º da CF trata dos objetivos da República. Consta como um dos princípios fundamentais, portanto, do mais elevado grau hierárquico na ordem constitucional: *"promover o bem de todos, sem preconceito de origem, raça, sexo, cor, idade e quaisquer outras formas de discriminação."*

No art. 5º, preceitua que *"todos são iguais perante a lei, sem discriminação de qualquer natureza"*; no inciso XLI, diz que *"a lei punirá qualquer discriminação atentatória dos direitos e liberdades fundamentais"*; e, no inciso XLII, preceitua que *"a prática do racismo constitui crime inafiançável e imprescritível".*

Essa é a base constitucional geral. Particularmente, para o trabalho, a CF dedica o art. 7º, incisos:

> XXX — proibição de diferença de salários, de exercício de funções e de critério de admissão por motivo de sexo, idade, cor ou estado civil;
>
> XXXI — proibição de qualquer discriminação no tocante a salário e critérios de admissão do trabalhador portador de deficiência;
>
> XXXII — proibição de distinção entre trabalho manual, técnico e intelectual ou entre os profissionais respectivos;
>
> XXXIV — igualdade de direitos entre o trabalhador com vínculo empregatício permanente e o trabalhador avulso.

Detalharemos no item seguinte este princípio.

CAPÍTULO III
Princípios de Direito do Trabalho de 2ª Geração na CF/1988

Da Constituição de 1988, dentre muitos, emergem os seguintes direitos fundamentais do trabalho:

1. PRINCÍPIO DA DIGNIDADE DO TRABALHADOR

Emergente dos princípios fundamentais da Constituição, cravado no art. 1º, III.

Consequência do progresso humano, da democracia e do ideal republicano, todos querem sua dignidade preservada. A dignidade nos dois sentidos: positivo, significando o direito de existir como ser humano livre para exercer suas liberdades e habilidades, com o respeito da sociedade e do Estado; e sentido negativo, a significar que a dignidade requer que a sociedade e o Estado proporcionem os meios de desenvolvimento em todos os sentidos da pessoa humana.

Em virtude disso, as pessoas tiveram mais percepção das agressões, tornando-se mais sensíveis. De fato, as antigas chibatadas, que cortavam a carne, foram substituídas por agressões sutis, mas que dilaceram a alma.

INDENIZAÇÃO POR DANO MORAL. VISTORIA DIÁRIA. EMPREGADOS EM ROUPAS ÍNTIMAS. A submissão de empregados a revistas apenas em roupa íntima juntamente com outros colegas de trabalho, cujo procedimento é repetido a cada vez que tivessem que entrar ou sair da empresa, configura prática vexatória e constrangedora, que fere a dignidade dos seus empregados, direito fundamental, irrenunciável, previsto no art. 5º, inciso X, da Constituição Federal. Recurso de revista conhecido e provido no tema. (TST-RR-1388200-71.2004.5.09.0002, 6ª T., R. Min. Aloysio Corrêa da Veiga, DEJT de 23.4.2010.)

DANO MORAL. REVISTA ÍNTIMA. DIGNIDADE DA PESSOA HUMANA. DIREITOS DA PERSONALIDADE. Comprovado o exercício, pela reclamada, de abuso em seu direito potestativo de fiscalizar e organizar sua atividade empresarial, previsto no art. 2º da CLT, por meio de reprovável revista íntima, está caracterizado o dano moral, por se tratar de lesão de cunho não patrimonial. "O cidadão empregado, quando da execução do contrato de trabalho tem seus direitos de personalidade salvaguardados, inclusive contra eventuais abusos da parte do empregador. Caso o trabalhador seja ofendido em sua honra, privacidade, nome, imagem etc. haverá lesão a um interesse extrapatrimonial que é tutelado em direito e a reparação desse dano moral estará enquadrada na responsabilidade civil contratual, máxime porque agente e vítima ostentavam a figura jurídica de contratante (empregado e empregador) no momento da consumação do dano." (José Afonso Dallegrave Neto) Incólumes os arts. 187 e 188, I e II, do Código Civil e 2º da CLT. (TST-RR-174900-04.2004.5.15.0058, 3ª T., R. M. Rosa Maria Weber, DEJT de 9.4.2010.)

2. RESPEITO À VIDA E À INTEGRIDADE FÍSICA DO TRABALHADOR

Mediante normas de saúde, higiene e segurança do trabalho — art. 7º, XXII e XXIII. Aqui entra o direito a um meio ambiente sadio e equilibrado de trabalho, seguro e protegido contra acidentes de trabalho. Este preceito decorre do preceito geral do art. 5º *caput*, que a todos assegura o direito à segurança.

O inciso XXVIII do art. 7º preceitua que é garantido "seguro contra acidentes de trabalho, a cargo do empregador, sem excluir a indenização a que está obrigado, quando incorrer em dolo ou culpa". Esse seguro corresponde a um percentual recolhido juntamente com a contribuição previdenciária mensal obrigatória, variando de acordo com a classificação da empresa no grupo de ocorrências.

Aí ocorre o comodismo patronal. Recolhe o seguro-acidente e proporciona as condições básicas de higiene e segurança. E pronto! O resto é sorte ou azar.

Qual a novidade que se impõe? Incorporar a teoria da responsabilidade objetiva, textualizada no art. 927, parágrafo único, do Código Civil. Aliás, essa teoria já tem mais de cem anos. Nasceu na França, a partir de casos em que os operários vitimados nas obras e, pela teoria da responsabilidade subjetiva, nunca recebiam reparações. É algo tão velho, que consagrou o bom juiz Magnaud no final do século XIX (que desenvolveu no Tribunal de que participou jurisprudência consistente em condenar empresas a indenizarem os trabalhadores que sofriam acidente de trabalho). No entanto, ainda causa alvoroço na doutrina e jurisprudência, somente explicável tal hesitação no fato de serem beneficiários da tese os mais pobres. Contudo, já se verifica acentuado avanço:

ACIDENTE DE TRABALHO. EVENTO LESÃO CORPORAL GRAVÍSSIMA. INDENIZAÇÃO POR DANOS MATERIAIS E MORAIS. TEORIAS DA RESPONSABILIDADE OBJETIVA E SUBJETIVA DO EMPREGADOR.

O obreiro que sofreu lesão corporal gravíssima em virtude de acidente de trabalho faz jus à indenização por danos materiais e morais sofridos, uma vez que restaram configurados os elementos necessários para a concessão, quais sejam: o risco à saúde e à vida do trabalhador e um dano efetivo decorrente de seu trabalho. Inteligência do art. 2º da CLT e art. 927, parágrafo único do CC, que proclamam a teoria da responsabilidade objetiva do empregador. (TRT 22ª Região, RORO n. 00509-2006-1-2-00-7, Rel. Des. Francisco Meton Marques de Lima, Jul./2008.)

A propósito, o Tribunal Superior do Trabalho lançou uma campanha contra o acidente de trabalho, que redundou numa série de medidas por parte de outros órgãos governamentais, sendo a mais significativa a decisão da AGU de perseguir a empresa culpada pelo acidente para reaver-lhe o valor que o órgão previdenciário desembolsou.

3. PRINCÍPIO DA NÃO DISCRIMINAÇÃO NO TRABALHO

De qualquer natureza e de qualquer origem, conforme se deduz do Preâmbulo da Constituição, dos seus arts. 3º, 5º e 7º, bem assim da Convenção Internacional do Trabalho n. 111, ratificada pelo Brasil, a qual define discriminação como:

> a) qualquer distinção, exclusão ou preferência apoiada em motivos de raça, cor, religião, opinião política, ascendência nacional ou origem social, que tenha por efeito anular ou alterar a igualdade de oportunidade ou de trato no emprego e na ocupação;

> b) qualquer distinção, exclusão ou preferência que tenha por efeito anular ou alterar a igualdade de oportunidades ou de trato no emprego ou ocupação, que poderá ser especificada pelo membro interessado depois de prévia consulta às organizações representativas de empregadores e de trabalhadores, quando ditas organizações existam, e a outros organismos apropriados.

A jurisprudência vem evoluindo no sentido de reprimir duramente as condutas discriminatórias, consoante eloquente ementa a seguir:

> **ASSÉDIO MORAL. TRATAMENTO DISCRIMINATÓRIO E HOSTIL FUNDADO NA OPÇÃO SEXUAL DO EMPREGADO. APLICAÇÃO DA TEORIA DA *PUNITIVE DAMAGES*.** Caracterizada a reincidência e gravidade da conduta ilícita, não se deve apenas ter por viável a concepção compensatória da indenização, pois esta, por vezes, apesar de buscar reparação completa dos prejuízos, se mostra ineficaz. O ofensor, mesmo depois de lhe ser imposto o pagamento compensatório, não raras vezes se mostra indiferente ao ocorrido, pois normalmente pode pagar o preço, gerando-lhe ganhos, tendo por consequência o enriquecimento ilícito com a persistência da prática, a morosidade da prestação da justiça, uma vez que se protela o momento da quitação, tendo por prejudicado não só o ofendido, mas toda a sociedade. Constatando-se que a indenização fixada no juízo primevo deixou de levar em conta o caráter punitivo-pedagógico, mister elevar-se o valor fixado, de modo a punir o ofensor, fazê-lo perceber o caráter odioso de sua conduta e, assim, desestimulá-lo da prática da ilicitude no futuro. (TRT 3ª Região, proc. n. 00780-2011-03-007-RO, Rel. Des. Ana Maria Amorim Rebolças, DJMG de 16.2.2012.)

Com base nesses dispositivos constitucionais e fundados no princípio da máxima efetividade da norma constitucional, trabalhadores postulam isonomia salarial, embora não preenchendo os requisitos do art. 461 da CLT. De fato, o texto do art. 461 citado, com interpretação cristalizada na Súmula n. 6 do TST, não atende mais aos princípios constitucionais da isonomia e da não discriminação, ao exigir para a equiparação salarial que se verifiquem quatro requisitos: a) tempo de serviço não superior a dois anos entre paradigma e paragonado; b) trabalho no mesmo local; c) mesma produtividade e qualidade técnica; d) ausência de plano de carreira legalizado na empresa. Com efeito, a globalização e a facilidade das comunicações e de transporte, bem como a extensão interestadual das empresas levam à necessidade de reinterpretação do item "mesma localidade"; a diferença de tempo de serviço também deve ser revista, pois pode uma pessoa estar no emprego há dez anos e outra há sete, ou seja, esses três anos de diferença de tempo não podem justificar uma diferença salarial *ad eternum*.

Na I Jornada do Trabalho promovida pela ANAMATRA em novembro de 2007, foi aprovado o Enunciado n. 16, acolhendo a tese deste autor:

> SALÁRIO. I — PRINCÍPIO DA ISONOMIA. Os estreitos limites das condições para a obtenção da igualdade salarial estipulados pelo art. 461 da CLT e Súmula n. 6 do Colendo TST não esgotam as hipóteses de correção das desigualdades salariais, devendo o intérprete proceder à sua aplicação na conformidade dos arts. 5º, *caput*, e 7º, inc. XXX, da Constituição da República e das Convenções 100 e 111 da OIT.
>
> II. TERCEIRIZAÇÃO. SALÁRIO EQUITATIVO. PRINCÍPIO DA NÃO DISCRIMINAÇÃO. Os empregados da empresa prestadora de serviço, em caso de terceirização lícita ou ilícita, terão direito ao mesmo salário dos empregados vinculados à empresa tomadora que exercem função similar.

Nessa interpretação evolutiva, a jurisprudência já se consolidou na Súmula n. 443 do TST, no sentido de considerar discriminatória a despedida de pessoas portadoras de HIV ou doença estigmatizante.

Esse princípio constitucional da não discriminação pode ser desdobrado em vários itens, valendo destacar dois deles:

3.1. *Da pessoa portadora de deficiência ou portadora de necessidades especiais*

É vedada qualquer discriminação quanto aos salários e critérios de admissão. Os arts. 7º, XXXI (proíbe a discriminação do deficiente), 24, XIV (competência concorrente da União, Estados, DF e Municípios para legislar sobre o tema), 37, VIII (cota do deficiente nos concursos públicos), e 227, § 2º (A lei disporá sobre normas de construção dos logradouros e dos edifícios de uso público e de fabricação de veículos de transporte coletivo, a fim de garantir acesso adequado às pessoas portadoras de deficiência), da CF; a Lei n. 7.853/1989 e o Dec. n. 3.298/1999 consolidam a legislação tutelar do deficiente.

A Lei n. 12.587/2012 instituiu as diretrizes da Política Nacional de Mobilidade Urbana, garantindo ampla acessibilidade — "facilidade disponibilizada às pessoas que possibilite a todos autonomia nos seus deslocamentos desejados".

Cumprindo a vontade constitucional, o art. 93 da Lei n. 8.213/1991 institui cotas no mercado de trabalho para os deficientes habilitados e os trabalhadores reabilitados: de 2% para empresas que tenham entre 100 e 200 empregados; 3% entre 201 e 500 empregados; 4% entre 501 a 1.000; e 5% de 1.001 em diante. A multa pelo descumprimento, conforme art. 133 da Lei n. 8.213, varia de R$ 1.195,13 a R$ 119.512,33.

Para o setor público, o art. 37, VIII, determina que a lei reservará vagas no serviço público para deficientes. O Estatuto do Servidor Público, Lei 8.112/1990, regulamenta essa matéria.

Cumpre definir o que é deficiente. O prof. Marques de Lima pesquisou o assunto, expressando que:

> A Organização Mundial de Saúde estabeleceu a trilogia de elementos conceituadores de *deficiências*, os quais são: a) no plano físico, o *impedimento* (assim entendido como a perda ou anomalia de estrutura e função psicológica, fisiológica ou anatômica; b) no plano funcional, a *inabilidade* (compreendida por restrições ou falta de habilidade — resultante de *impedimento* — para desempenhar uma atividade dentro da escala considerada normal); e c) no plano social, a incapacidade (apontada como uma desvantagem para um certo indivíduo resultante de impedimento ou deficiência que limite ou lhe impeça o desempenho de um papel considerado normal para o mesmo, dependendo da idade, sexo e fatores socioeconômicos).

O citado autor deduz de seus estudos que "*deficiente físico*, para efeitos trabalhistas, é toda pessoa tolhida, total ou parcialmente, de assegurar por si mesma as necessidades de uma vida individual ou social normal, em decorrência de inabilidade, incapacidade ou impedimento, quer de ordem física (orgânica), quer de ordem mental"[134].

Certo que no conteúdo do conceito de deficiência, observa Moacyr de Oliveira, são considerados elementos de três naturezas: a) *moral* — valorização da pessoa humana; b) *social* — integração ou reintegração no meio social; c) *econômica* — reabilitação para um desempenho produtivo.

A Convenção n. 159 da OIT (ratificada pelo Decreto Legislativo n. 51/1989) trata da matéria. O art. 3º do Decreto n. 3.298/1999, que consolida as normas de proteção ao deficiente, considera:

---

(134) MARQUES DE LIMA, Francisco Gérson. *Igualdade nas relações de trabalho*. São Paulo: Malheiros, 1997. p. 200/2001.

I — deficiência — toda perda ou anormalidade de uma estrutura ou função psicológica, fisiológica ou anatômica que gere incapacidade para o desempenho de atividade, dentro do padrão considerado normal para o ser humano;

II — deficiência permanente — aquela que ocorreu ou se estabilizou durante um período suficiente para não permitir recuperação ou ter probabilidade de que se altere, apesar de novos tratamentos.

O art. 4º do referido Decreto classifica a deficiência em cinco categorias: física, auditiva, visual, mental e múltipla. O inciso I considera pessoa portadora de deficiência física a que se enquadra nas seguintes categorias:

I — deficiência física — alteração completa ou parcial de um ou mais segmentos do corpo humano, acarretando o comprometimento da função física, apresentando-se sob a forma de paraplegia, paraparesia, monoplegia, monoparesia, tetraplegia, amputação ou ausência de membro, paralisia cerebral, nanismo, membros com deformidade congênita ou adquirida, exceto as deformidades estéticas e as que não produzam dificuldades para o desempenho de funções.

Cumpre registrar que a deficiência, com a incapacitação para o trabalho ou a redução da capacidade laborativa, muitas vezes decorre de acidente de trabalho ou doença ocupacional. Nesses casos, a consequência imediata é a reparabilidade dos danos morais e materiais, bem como o direito a readaptação no trabalho.

Para garantir efetividade a esse aparato normativo, além da fiscalização do Ministério do Trabalho, a Lei n. 7.853/1989 dispõe sobre o apoio às pessoas portadoras de deficiência, sua integração social, sob a Coordenadoria Nacional para Integração da Pessoa Portadora de Deficiência (CORDE), institui a tutela jurisdicional de interesses coletivos ou difusos dessas pessoas, disciplina a atuação do Ministério Público, define crimes e dá outras providências.

A discriminação no trabalho do portador de deficiência implica reparação de danos morais.

DESPEDIDA IMOTIVADA. DANOS MORAIS. Se a despedida imotivada se deu por motivo de deficiência física da reclamante e resultou em sofrimento psicológico e deste dano moral, deve a empregadora ser condenada a repará-lo mediante indenização compensatória, cujo arbitramento deve considerar a proporcionalidade em relação ao dano e atentar para o princípio da razoabilidade, em conformidade com a gravidade e com os efeitos do dano, o poder econômico do agente causador e o caráter sancionatório da condenação. (TRT da 8ª Região, RO 0000486-28.2011.5.08.0009, Rel. Des. Luis José de Jesus Ribeiro, DEJT de 18.8.2011.)

3.2. Proibição de discriminação em virtude de sexo, idade ou estado civil

Quanto aos salários, exercício de função e critério de admissão — art. 7º, XXX e Lei n. 9.029/1995, que proíbe a exigência de atestado de gravidez e de esterilidade;

as Leis ns. 7.437/1985, 7.716/1989, 9.263/1996, 9.459/1997, o art. 230 da CF e a Lei n. 10.741/2003 (Estatuto do Idoso) proíbem o preconceito. Importante frisar que aqui entra em discussão o problema da diversidade sexual e da vedação de discriminação por este motivo.

O Estatuto da Igualdade Racial, Lei n. 12.288/2010, altera as Leis ns. 7.716, 7.347, 9.029 e 10.778 e destina-se a "garantir à população negra a efetivação da igualdade de oportunidades, a defesa dos direitos étnicos individuais, coletivos e difusos e o combate à discriminação e às demais formas de intolerância étnica". Os arts. 38 a 42 tratam das políticas públicas do trabalho em favor do negro. Nos arts. 60 a 63, altera as Leis 7.716, para agravar os casos de discriminação por motivo racial, 9.029, para agravar as sanções de quem a descumprir, 7.347, para reverter o valor das condenações por discriminação coletiva ao fundo específico de apoio ao combate da discriminação racial e 10.778, para ampliar as hipóteses de violência contra a mulher, por motivo étinico-racial.

Ver final do item 2 acima, sobre este princípio da não discriminação.

RESCISÃO INDIRETA. DISCRIMINAÇÃO CONTRA EMPREGADA GESTANTE.
A discriminação praticada pelo empregador contra empregada em estado de gravidez constitui motivo para a rescisão indireta do contrato de trabalho e o deferimento das verbas indenizatórias (art. 483, alíneas "d" e "e", da CLT). Ofensa a preceito constitucional e a garantia consagrada nos direito humanos. (TRT-8ª, RO 0000856-472010.5.08.0007, Rel. Des. Vicente José Malheiros da Fonseca, DEJT de 17.5.2011.)

4. PRINCÍPIO DA ISONOMIA NA RELAÇÃO DE TRABALHO

A igualdade está catalogada como valor supremo no Preâmbulo da Constituição, como princípio fundamental no *caput* do art. 5º, e reafirmado em vários princípios específicos e regras jurídicas no próprio documento constitucional. No Trabalho, é pródiga sua afirmação. No art. 7º, manda tratar igualmente empregados e trabalhadores avulsos (XXXIV) e proíbe a distinção entre trabalho manual, técnico e intelectual ou entre os profissionais respectivos (XXXII). Na Consolidação das Leis do Trabalho, é referência o art. 5º: "A todo trabalho de igual valor corresponderá salário igual, sem distinção de sexo."

Na jurisprudência, a referência é farta, de que é um bom exemplo a Orientação Jurisprudencial n. 383 da SBDI-I do Tribunal Superior do Trabalho:

TERCEIRIZAÇÃO. EMPREGADOS DA EMPRESA PRESTADORA DE SERVIÇOS E DA TOMADORA. ISONOMIA. ART. 12, A, DA LEI N. 6.019, DE 3.1.1974:

A contratação irregular de trabalhador, mediante empresa interposta, não gera vínculo de emprego com ente da Administração Pública, não afastando, contudo, pelo princípio da isonomia, o direito dos empregados terceirizados às mesmas verbas trabalhistas legais e normativas asseguradas àqueles contratados pelo tomador dos serviços, desde que presente a igualdade de funções. Aplicação analógica do art. 12, *a*, da Lei n. 6.019, de 3.1.1974.

5. PRINCÍPIO DA LIBERDADE NA RELAÇÃO DE TRABALHO

A liberdade é um conceito esférico, compreendendo a do homem animal, que é de locomoção, e as do homem racional, como a de pensamento, de comunicação, de criação, credo religioso, associação, de reunião, de partido político, de opção sexual etc.

Logo no seu Preâmbulo, a Constituição eleva a liberdade à condição de valor supremo. No *caput* do art. 5º, relaciona a liberdade como direito fundamental, e no inciso II desse artigo preceitua que *"ninguém será obrigado a fazer ou deixar de fazer alguma coisa senão em virtude de lei"*. No inciso XIII, assegura a liberdade profissional e no inciso XLVII, *c*, proíbe a pena de trabalho forçado.

O Código Penal Brasileiro, em vários tipos penais, reprime as condutas atentatórias contra a liberdade.

Pois bem, o trabalhador enquanto tal, no ambiente de trabalho, também tem direito a essas liberdades, não podendo ser constrangido ou discriminado em virtude delas. Caso a empresa viole alguma das liberdades dos seus trabalhadores, ficará sujeita a sofrer ações judiciais de naturezas várias, civis e criminais, individuais e coletivas.

Ver adiante o item sobre trabalho escravo em capítulo autônomo.

5.1. Liberdade ideológica, política e religiosa do trabalhador

É o que preceitua a Constituição, no art. 5º, incisos:

VI — é inviolável a liberdade de consciência e de crença, sendo assegurado o livre exercício dos cultos religiosos e garantida, na forma da lei, a proteção aos locais de culto e suas liturgias;

VIII — ninguém será privado de direitos por motivo de crença religiosa ou de convicção filosófica ou política, salvo se as invocar para eximir-se de obrigação legal a todos imposta e recusar-se a cumprir prestação alternativa, fixada em lei.

Implicando que o trabalhador não pode ser constrangido a negar sua ideologia, convicção política ou religiosa para adotar as do seu empregador.

5.2. Liberdade sindical

Segundo o art. 8º, a todos é assegurado o direito de filiação, de permanência no sindicato e de desfiliação. Esse item tem respaldo na Convenção n. 87 da OIT e no art. 23, 4, da Declaração Universal dos Direitos Humanos.

O sindicato é uma associação profissional a que a Constituição confere prerrogativas especiais. Por outro lado, essa mesma Constituição assegura ao associado da associação sindical prerrogativas que os associados de associações não sindicais não possuem, como, por exemplo, o de não ser excluído. Mas a principal liberdade sindical diz respeito ao direito de toda categoria de trabalhadores e de empregadores formarem seus sindicatos.

> AÇÃO DECLARATÓRIA. DISSOCIAÇÃO DE SINDICATO. POSSIBILIDADE. PRINCÍPIO DA LIBERDADE SINDICAL. A teor do art. 571 da CLT é possível a criação, por desmembramento ou fracionamento, de entidade sindical específica que melhor represente os anseios e interesses da categoria profissional, desde que observados os requisitos legais, como ocorreu na espécie, sendo consequência do princípio constitucional da liberdade sindical. (TRT da 22ª Região, RO n. 00735-2009-004-22-00-5, rel. Des. Enedina Maria Gomes dos Santos, 7.12.2009.)

5.3. Liberdade de arena

Ou o direito do trabalhador de, sendo profissional de público, como artista, atleta, estar em cena e participar da renda do espetáculo em virtude do uso da sua imagem. Isto coíbe as contratações só para o profissional não trabalhar. Desse direito, decorrem várias consequências contratuais, como indenizações por quebra contratual ou por abuso na execução de cláusula.

5.4. Liberdade sexual

Ou seja, é crime o assédio sexual — Lei n. 10.224/2001, que acrescenta ao Código Penal o art. 216-A. Esse crime é eminentemente trabalhista, pois sua tipificação se configura pela conduta assediadora em função da relação hierárquica do trabalho. Mas não é só isso. Essa liberdade toma contornos muito amplos, como a de opção sexual, a de abstinência sexual, a de escolha de parceiros etc. Assim, ninguém poderá censurar a opção sexual de ninguém, nem o trabalhador poderá ser discriminado por isso.

A Lei n. 10.778/2003 determina a notificação compulsória do caso de violência contra a mulher que for atendida nos serviços de saúde públicos ou privados. Define como violência contra a mulher "qualquer ação ou conduta, baseada no gênero, que cause morte, dano ou sofrimento físico, sexual ou psicológico à mulher, tanto no âmbito público como no privado". Compreende a violência física, sexual ou psicológica, no âmbito familiar, como violação, estupro e abuso sexual; ou no âmbito da comunidade, do trabalho ou da educação implique violação, abuso sexual, tráfico de mulheres, prostituição forçada, sequestro, assédio sexual.

O alcance desta lei é superior ao da Lei Maria da Penha, porque transborda da violência decorrente da relação afetiva e do âmbito familiar.

6. DIREITO À INTIMIDADE E À PRIVACIDADE

Ou seja, as revistas corporais são proibidas; e o empregador não tem que invadir a esfera da vida privada do trabalhador (art. 5º, X). A subordinação do empregado ao empregador enclausura-se nos limites jurídicos que formam o liame empregatício. Por sua vez, os poderes do empregador encurralam-se no estrito interesse operacional. O trabalhador é um cidadão. E os poderes sobre a pessoa do cidadão só o Estado os tem. Convém observar que a CLT consolida a legislação trabalhista da década de 1930, quando saíamos do Coronelismo, instituição político-social pela qual o Governo confiava aos coronéis de patente a ordem social e aos patrões o disciplinamento dos trabalhadores. Esse paradigma de superioridade do empregador, portanto, mudou para o paradigma da igualdade de todos. Ver mais no Capítulo sobre o princípio da proporcionalidade.

Ainda no tocante à vida privada, o empregador não há de discriminar pelo modo de viver do trabalhador, se casado, se solteiro, sob união estável, se controla a natalidade, modo da sua moradia, enfim, conduta exterior que não interfere na qualidade do trabalho.

Com efeito, "a honra, sentenciou Ariosto — está acima da vida. E a vida — pregou Vieira — é um bem mortal; a vida, por larga que seja, tem os dias contados; a fama, por mais que conte anos e séculos, nunca lhe há de achar conto, nem fim, porque os seus são eternos. A vida conserva-se em um só corpo, que é o próprio, o qual, por mais forte e robusto que seja, por fim se há de resolver em poucas cinzas; a fama vive nas almas, nos olhos, na boca de todos, lembrada nas memórias, falada nas línguas, escrita nos anais, esculpida nos mármores e repetida sonoramente sempre nos ecos e trombetas da mesma fama. Em suma, a morte mata, ou apressa o fim do que necessariamente há de morrer; a infâmia afronta, afeia, escurece e faz abominável a um ser imortal; menos cruel e mais piedosa se o puder matar"[135].

Dentro desse princípio, há que se entender que o empregador não tem o direito de fazer revista íntima em seus empregados, pois nenhum cidadão, senão o Estado, mediante o devido processo legal, tem o poder sobre a pessoa de outro cidadão. A jurisprudência avança neste sentido, apesar de ainda admitir as revistas coletivas, desde que não discriminatórias, o que ainda é um ranço medievo.

PROCESSO N. 01750.2006.084.02-00-5 (20060495809). RECURSO ORDINÁRIO
ORIGEM: 84ª VARA DO TRABALHO/SÃO PAULO

Revista Íntima prevista em regulamento empresarial. Dano Moral caracterizado. A obrigatoriedade de o obreiro despir-se perante os demais colegas conduz ao procedimento patronal comprometedor da dignidade e violador da intimidade do trabalhador. A inserção de regras de conduta estabelecidas em regulamento próprio não excluem os direitos de personalidade do trabalhador.

DANO MORAL. REVISTA ÍNTIMA. O acórdão recorrido expressamente registrou que a revista íntima praticada pela empresa era vexatória, pois obrigava o reclamante

---

(135) Antonio Chaves, no Prefácio à Responsabilidade Civil por Dano à Honra, de Aparecida I. Amarante, citando Padre Vieira. In: *Revista do Direito Trabalhista*, ano 13, n. 8/2007.

a despir-se de seu uniforme em uma sala e passar a outra para vestir suas roupas pessoais, juntamente com outros colegas, conforme depoimento do próprio preposto. Dessa forma, resta comprovado o tratamento vexatório, humilhante a que se submetia o reclamante, quando das revistas. Inadmissível a atitude do empregador, ao submeter seus empregados a tais constrangimentos. A atividade patronal, qualquer que seja, não justifica expor o empregado à revista vexatória, ainda que seja apenas visual e que o empregado mantenha suas roupas íntimas; prática esta abusiva que excede o poder diretivo do empregador, pois atinge a intimidade e a dignidade do ser humano, direitos pessoais intransponíveis, previstos nos incisos III e X do artigo 5º da Lei Maior. O empregador não se apropria do pudor das pessoas ao contratá-las. Se a empresa necessitasse fazer controle dos medicamentos, deveria ter adotado outros meios de fiscalização, capazes de impedir delitos, preservando, no entanto, a intimidade de cada um. E esses outros meios de fiscalização a empresa encontrou e adotou, passando a utilizar detectores de metais, o que mostra que a revista levada a cabo pela reclamada não era a única forma de se verificar eventual desvio de medicamentos. Como bem entendeu o e. TRT, essa alteração apenas reforça o entendimento de que a conduta anterior da empresa não estava correta. No particular, o mestre Luiz de Pinho Pedreira da Silva, em festejado compêndio, lembra que ao trabalhador assiste direito a uma esfera privada em que não pode haver intromissão de outras pessoas nem do Estado. E, com apoio em Pietro Ichino, define como esfera privada o conjunto dos espaços de que a pessoa tem um gozo exclusivo, aí se situando o próprio corpo com tudo o que o reveste (A reparação do dano moral no Direito do Trabalho, LTr, 2004, p. 66). (TST-RR-24100-10.2007.5.02.0061, 3ª T., Rel. Min. Horácio Raymundo de Senna Pires, DEJT de 6.8.2010.)

Sigilo — telefônico, de correspondência etc. Contudo, esse direito não deve ser exercido no sentido de causar dano a outrem. O empregado, p. ex., que faz mau uso de *e-mail* corporativo, assim entendido o que é utilizado no trabalho com equipamentos do empregador, está passível de punição disciplinar, podendo, inclusive, o empregador rastrear esse *e-mail*, ante indícios de uso que comprometa a imagem da empresa. Mais cauteloso seria a empresa munir-se de prévia autorização judicial.

CAPÍTULO IV
Assédio Moral na Relação de Trabalho

1. NOÇÕES CONCEITUAIS

O *Princípio do respeito profissional* é outro direito fundamental dos trabalhadores, cuja violação pode desaguar no assédio moral ou constrangimento psicológico.

O mancal do direito tutelado é o art. 5º, V e X, da CF. Preceitua o último: "*são invioláveis a intimidade, a vida privada, a honra e a imagem das pessoas, assegurado o direito a indenização pelo dano material ou moral decorrente de sua violação.*"

E a base dogmática da reparação é o art. 186 do Código Civil: "*Aquele que, por ação ou omissão voluntária, negligência ou imprudência, violar direito e causar dano a outrem, ainda que exclusivamente moral, comete ato ilícito.*"

Assédio moral ou tortura psicológica praticada pelo empregador. Em essência, trata-se de uma velha, mas, atualmente, preferida prática de empregadores e gerentes "modernos", consistente em desencadear intensa pressão psicológica sobre o empregado do qual desejam se "livrar", forçando-o a pedir demissão.

O assédio moral a uma pessoa contamina todo o ambiente de trabalho, tornando-o impróprio para a saúde dos trabalhadores, com sérias consequências pessoais e na produtividade.

Assédio dá uma ideia de cerco, pressão, opressão. Moral, significa em torno da estrutura psicológica do indivíduo. Daí o nome assédio moral. Caracterizam-no as condutas abusivas, reiteradas e prolongadas no tempo e que causem degradação do ambiente de trabalho para a vítima. O assédio moral pode ser constatado na família, na sociedade e até na escola. No trabalho, classifica-se em vertical e horizontal. O vertical é *descendente* — do superior hierárquico para o inferior — ou *ascendente* — dos subalternos para com o superior hierárquico. O horizontal se verifica quando é praticado pelos trabalhadores contra o colega de trabalho.

Um dos métodos consiste em esvaziar a pessoa, desqualificar sua capacidade de serviço, enchendo-lhe de tarefas inúteis, sonegando-lhe informações, descartando-a das reuniões, dando-lhe, enfim, uma ideia de inutilidade, de incompetência, criando um ambiente hostil com os colegas de trabalho, que passam a vê-la com desdém. A pressão irracional para o atingimento de metas e as sanções pelo seu não cumprimento poderão desaguar no assédio moral.

O alvo principal são os empregados estáveis, como diretores de sindicato e funcionários públicos. Protegidos contra dispensa sem justa causa, a estratégia é vencê-los pelo cansaço. Outro alvo são os trabalhadores que sofreram acidente de trabalho, ou qualquer doença, ou que adquiriram LER — Lesão por Esforço Repetitivo, ou DORT — Distúrbios Osteomoleculares Relacionados ao Trabalho.

Essa prática sutil também é adotada por mandatários públicos, em perseguição política, e por empresas estatais que, na ânsia de "enxugar a folha", desencadeiam toda espécie de tortura psicológica, que conduz à depressão, complexo de inferioridade, conflito com a família e até a suicídio.

Um dos ardis materializa-se pelo PDV — Planos de Desligamento Voluntário, criando na vítima a chamada *ilusão monetária*. O Sindicato dos Bancários de São Paulo revela que uma pesquisa aponta que 90% se arrependem. Até porque a maioria adere em virtude do terror psicológico: ameaça de demissão e de transferência para localidade distante.

Colhe-se do Jornal *Folha de São Paulo* o seguinte trecho, que, embora já antigo, continua elucidativo:

> Escolhido o alvo, basta seguir a cartilha: sobrecarregá-lo de tarefas inúteis, sonegar-lhe informações e fingir que não o vê. Em pouco tempo, os próprios colegas voltam-se contra a vítima. Isolada, sente-se culpada e incompetente. Só lhe resta pedir as contas.
>
> O problema é mundial. Pesquisa de 1996 da OIT (Organização Internacional do Trabalho) diz que cerca de 8% dos trabalhadores da União Europeia, 12 milhões de pessoas, sofrem desse drama.
>
> Na Suécia, onde o assédio é reconhecido desde 1993, estima-se que ele atinja 9% dos trabalhadores. Na França, um caso de suicídio foi admitido como acidente de trabalho, resultado de pressão moral sofrida pelo trabalhador.
>
> No Brasil, o tema é pouco discutido, mas os números também assustam. Estudo feito em 97 empresas de São Paulo (setores químico, plástico e cosmético) mostra que, dos 2.072 entrevistados, 870 deles (42%) apresentam histórias de humilhação no trabalho.[136]

---

(136) Jornal Folha de São Paulo, Classificados, Empregos, p. E 15, de 1º de julho de 2001, subscrito pelo *Free-lance* Luciano Grüdtner Buratto.

O dano moral decorre de um abalo emocional na vítima, ou seja, no centro de equilíbrio nervoso da pessoa, fazendo desmoronar toda a sua estrutura orgânica, conforme bem analisou Spolidoro (2007, p. 3/9), em síntese a seguir exposta.

2. ABALO EMOCIONAL, EMOÇÕES E SENTIMENTOS

Abalo emocional — é o abalo moral, relativo aos princípios do bem e do mal. Emoções são energias muito poderosas, comparáveis a um vulcão, cuja erupção causa reações nem sempre racionais. Emoções e sentimentos são coisas diferentes.

Emoções são complexos psicofisiológicos que se caracterizam por súbitas rupturas no equilíbrio afetivo de curta duração, com repercussão na integridade da consciência e do sistema nervoso.

Sentimentos — são estados afetivos mais duráveis, mais atenuados na sua intensidade vivencial que as emoções, geralmente revestidos de ricas e nobres tonalidades intelectuais e morais, e não acompanhados, obrigatoriamente, de correspondentes somáticos dignos de nota. Podem provir de emoções que lhe são anteriores e com as quais guardam correlações compreensíveis quanto aos seus conteúdos específicos.

As emoções são primárias e secundárias.

Emoções primárias são inatas e diretamente ligadas à vida instintiva, à sobrevivência. Dentre estas, destacam-se a Emoção-Choque, a Emoção Colérica e a Emoção Afetuosa. As três integram o patrimônio básico ou original da pessoa. As duas primeiras referem-se à sobrevivência individual; a última diz respeito ao prazer, à infusão do eu com o mundo.

A **Emoção de Choque**, que é a catastrófica, de Goldstein, caracterizada por espanto ou desencadeada por situações que representam ameaça evidente. Neste caso, ocorre a contração generalizada dos músculos flexores, com possibilidade de se assumir uma atitude regressiva fetal, vasoconstrição periférica, palidez da face e esfriamento das extremidades, com brevíssima parada dos movimentos respiratórios e dos batimentos cardíacos, seguida de aceleração compensadora. É comum atitude de pânico, com tendência à fuga desatinada ou à imobilidade total.

A **Emoção Colérica** é uma atitude dirigida à anulação de um objeto representado como incômodo e contrário à inclinação natural ao prazer. É uma reação agressiva contra o estímulo externo de desconforto.

A **Emoção Afetuosa** é uma expressão tranquila de bem-estar, tendente à lassidão, seguida da ampliação dos movimentos respiratórios e redução numérica dos batimentos cardíacos, desencadeados em reação ao apreço para com algum objeto ou situação que represente prazer. É a infusão do eu com o mundo.

As Emoções Secundárias são estados afetivos de estrutura e conteúdos mais complexos que as primárias. Em verdade, são sentimentos sensoriais, os quais se manifestam sob duas formas: a) os *sentimentos sensoriais* que acusam estados de prazer e de dor, agradáveis e desagradáveis; b) os *estados emotivos vitais* dizem respeito aos estados afetivos vitais de Scheler, representados por bem-estar, mal-estar, animação, desanimação etc. Diferem das anteriores por estarem ligadas a excitações localizadas em partes do corpo. São sentimentos orgânicos que emprestam colorido específico a determinados estados orgânicos.

As Emoções Secundárias podem se alterar nas atitudes neuróticas, em que as sensações orgânicas sofrem a influência dos afetos, convertendo-se numa linguagem especial dos indivíduos, para si e para os outros. É o que se verifica no hipocondríaco, no histérico, no êxtase místico, no faquismo.

Emoções mistas são aquelas que envolvem mesclas de estados afetivos contrastantes, causando **conflito emocional** consciente, com maior ou menor repercussão na conduta individual. Compõem-se de estados afetivos de conteúdos vários e opostos, caracterizando uma representação da realidade sob o ponto de vista da angústia existencial, ou da angústia patológica.

As emoções desorganizam a conduta. O terror-pânico, por exemplo, compromete todas as defesas racionais possibilitadas pelo temor, pelo receio, pela prudência dos sentimentos.

As emoções representam uma resposta a determinadas situações. Essas reações são as mais inesperadas, racionais e irracionais. O desmaio, ante um perigo iminente, será um paroxismo emocional. Da mesma forma, o medo fóbico, a ansiedade exagerada, o pânico e o terror.

As emoções do pânico-terror podem conduzir à sintomatologia da Síndrome do Pânico por valorizar indevidamente como ameaçadora uma realidade originariamente não hostil.

Como se vê, a estrutura orgânica dá suporte às emoções e estas são responsáveis pelo equilíbrio orgânico. Portanto, a ofensa moral atinge diretamente o centro das emoções, causando perturbações neurofisiológicas, com repercussões no rendimento profissional e nos relacionamentos interpessoais.

3. INDENIZAÇÃO POR DANOS MORAIS DECORRENTES DO ASSÉDIO MORAL

Em síntese, o agravo moral, aflição emocional, estrago moral ou tortura psicológica causam no indivíduo várias formas de reação: aflição moral, perturbação psíquica, desequilíbrio emocional, depressão, deficiência imunológica, prostração moral, insegurança, pânico-terror ou síndrome do pânico, desequilíbrio nervoso, instabilidade emocional, demolidores da capacidade pensante e produtiva da pessoa.

Daí o fundamento da compensação financeira ao ofendido, que, em verdade, deságua numa compensação patrimonial, em face das avarias morais à pessoa que abalam sua qualidade profissional.

Ainda não temos legislação específica sobre a matéria, porém, é cabível o seu enquadramento no princípio geral de incolumidade da dignidade da pessoa — arts. 1º, III e 5º, III, da Constituição e 12 do Código Civil, bem como a regra geral do art. 186 do Código Civil, que obriga a quem violar direito ou causar dano a outrem indenizá-lo.

O dano dessa natureza deve ser reparado pelo seu causador. Não se trata de *pecunia doloris* ou *pretium doloris*, diz Cezar Peluso, citado por Luiz Cláudio Amerise Spolidoro, "que não se pode avaliar e pagar; mas satisfação de ordem moral, que não ressarce prejuízos, mas representa a consagração e o reconhecimento, pelo direito do valor e importância desse bem, que se deve proteger tanto quanto, senão mais do que os bens materiais e interesses que a lei protege". (*Revista de Direito Trabalhista*, ano 13, n. 8/2007).

A condenação do agressor tem dupla função: a) indenizar o dano da vítima; e b) punir o causador do dano. A primeira, de natureza compensatória, é de interesse individual; a segunda, de natureza punitiva, é de interesse social, pois a ordem jurídica assegura a manutenção da ordem e do Estado Democrático de Direito, cujo fim é assegurar o exercício dos direitos individuais e sociais, a igualdade, a segurança, o bem-estar, o desenvolvimento, a dignidade e a justiça.

Logo, a indenização deve ser razoável, não excessiva nem irrisória. Já a punição deve ser o suficiente para desestimular as práticas ofensivas.

Assim, algumas variantes devem ser consideradas: situação econômico-social do ofendido; situação econômica do ofensor; grau de compreensão da ofensa do ofendido; gravidade da ofensa; reprovabilidade social da conduta ofensiva.

Por outro lado, como a doutrina dos direitos individuais e da reparabilidade de danos advém do liberalismo iluminista, vejo a reparação moral como mais uma manifestação materialista da vida — coisificação da pessoa e da honra.

O assédio moral perpetrado pelo empregador e seus prepostos gera duas consequências imediatas: a) o direito do trabalhador à rescisão indireta — art. 483 da CLT, alínea *d*, cumulativamente, conforme o caso, com as alíneas *b*, *c*, *e* e *g*; e b) reparação por dano moral, arts. 12 e 186 do Código Civil.

Os diretores e gerentes poderão responder solidariamente com a empresa a eventual ação de reparação por danos morais. E, ao contrário do assédio sexual, a prova é relativamente fácil, porque a ação ofensiva é continuada e exterior, aos olhos visível, testemunhável. São três indenizações possíveis: uma trabalhista e duas civis — uma de ordem material e outra moral.

ASSÉDIO MORAL NO AMBIENTE DE TRABALHO. INDENIZAÇÃO POR DANOS MATERIAIS E MORAIS.

Robustamente comprovada nos autos a prática de assédio moral por parte da empresa contra o reclamante (assédio moral vertical descendente), consubstanciada na utilização de diversas condutas intencionais, abusivas e repetitivas, com o intuito de desestabilizá-lo emocionalmente, degradar o seu ambiente de trabalho e alcançar determinados objetivos empresariais, provocando danos à sua saúde e ferindo a sua dignidade, faz jus o reclamante à indenização por danos morais e materiais sofridos, com fundamento na Constituição Federal, artigos 1º, III, e 5º, V e X, bem como no Código Civil, que prevê nos seus artigos 186 e 927 a responsabilidade subjetiva do agente causador do dano, no caso o próprio empregador. (TRT 22ª Região, Ac. ref. ao Proc. 05468-2005-004-22, Rel. Des. Francisco Meton Marques de Lima, Sessão de 5.9.2007.)

CAPÍTULO V
Trabalho Escravo

Escravidão — Trata-se de uma das mais sérias agressões aos direitos humanos, por ferir os princípios da liberdade, da dignidade, da igualdade, dos direitos sociais etc., de ordem nacional e internacional. Constitui uma das preocupações mais antigas e ainda atual da OIT. A prática da escravidão fere o princípio basilar emanado da Declaração Universal dos Direitos do Homem (arts. 1º e 23, I), proclamados pela ONU em 1948, e das Convenções da OIT.

Liberdade profissional e de trabalho — significando que todos são livres para escolher sua profissão e *ninguém deve trabalhar sob regime forçado* (art. 5º, XIII e XLVII, *c*). Pois bem, o trabalho escravo viola principalmente esses dois princípios.

Por fim, é proibido o trabalho degradante, assim entendido aquele que priva o trabalhador de sua dignidade, que o desconsidera como sujeito de direitos, que o rebaixa e prejudica, ou em face de condições adversas corrói sua saúde. Nem sempre o trabalhador sob essa condição tem consciência de que está escravizado. É que ele vem de tão longe, de uma vida tão sofrida, é de muito boa-fé, que acha normal a exigência que lhe fazem de pagar uma dívida forjada. Por outro lado, nem toda irregularidade pode resvalar na tipificação do trabalho escravo.

Quem é o escravo? Responde o Fórum Social Mundial de 2003: "São nordestinos inexistentes, aí entendidas aquelas pessoas que não possuem registro civil, hansenianos, prostitutas, mulheres, índios, crianças pobres de qualquer etnia, portadores de deficiências e imigrantes clandestinos", diz Marinalva Cardoso Dantas; "são aquelas pessoas que estão marcadas desde o nascimento, estão condenadas desde o nascimento a perpetuar o abismo que existe na nossa estratificação social, separando, de um lado, o proprietário de terras e, do outro, o trabalhador", completa Loris Rocha Pereira Júnior.

Quem escraviza? É o capital insensível e desumano. É o lucro pelo lucro. A exploração do homem pelo homem, a insensibilidade. A globalização é que produz este resultado, averba Roberto de Figueiredo Caldas (*Anais da Oficina Trabalho Escravo, Uma chaga aberta, do Fórum Social Mundial*).

As causas são a miséria e a falta de políticas públicas de inclusão social, pois a falta de emprego e a fome ainda não têm perspectiva de recuo. Tanto, que o maior problema do combate ao trabalho escravo é a recorrência, pessoas resgatadas que, ao retornarem para a terra natal, encontram o vazio de perspectivas, e novamente se aventuram às condições subumanas de trabalho.

A matéria gera discussões conceituais, como a diferença entre "trabalho forçado" e "trabalho reduzido à condição análoga à de escravo". Assim, "trabalho forçado" seria o que, conquanto o trabalhador seja constrangido a trabalhar, goza de uma margem de liberdade de ir e vir.

A Convenção n. 29 da OIT define trabalho forçado como sendo *todo trabalho ou serviço exigido de uma pessoa sob ameaça de sanção e para o qual não se tenha oferecido espontaneamente*.

Verifica-se que o trabalho sob condição análoga à de escravo ocorre predominantemente no campo. Com a onda do biocombustível, essa modalidade de exploração vem aumentando, a exigir redobrada atuação do Poder Público e da sociedade. Este é o trabalho degradante mais notado e combatido. Porém, já é tempo de se acordar para o trabalho escravo urbano, dos estrangeiros clandestinos, de prostitutas, o trabalho sob as formas de subterceirização etc.

Como no entorno do mal só o mal se reproduz, a prostituição, o trabalho escravo infantil e a degradação dos valores campeiam.

Legislação — a Convenção n. 29 da OIT proíbe o trabalho forçado; a n. 95, ratificada pelo Brasil, veda a prática da retenção do trabalhador por endividamento.

O art. 5º da CF veda essa prática nos incisos II ("ninguém será obrigado a fazer ou deixar de fazer alguma coisa senão em virtude de lei"), III ("ninguém será submetido a tortura nem a tratamento desumano ou degradante"), XIII (liberdade de exercício profissional, aí compreendido o direito de não trabalhar) e XLVII, *c* (proibição de pena de trabalho forçado).

Como se vê, trata-se de uma das mais graves agressões aos direitos fundamentais, pois de uma vez só fere os princípios da liberdade, da igualdade, da liberdade profissional, da proibição de trabalho forçado, bem como todo o art. 7º da Constituição. Viola normas da Constituição e dos Tratados Internacionais.

O art. 186 da Constituição verbaliza que a função social da propriedade é verificada, dentre outros itens, pela "observância das disposições que regulam as relações de trabalho", no caso, a CLT e a Lei do Trabalho Rural. Logo, a propriedade em que se verifica trabalho escravo deixa de cumprir sua função social. Centrada neste ponto, tramita uma PEC para possibilitar o *confisco* dessas propriedades e sua reversão ao programa de reforma agrária. Certo que a Lei n. 8.629/1993 já prevê a *desapropriação* da propriedade que não cumprir sua função social, mas desapropriação requer pagamento.

Toda a CLT é repressora das condutas infringentes da relação de emprego. Estabelece multa para cada conduta ilegal e por trabalhador em situação irregular. Multa pela falta de registros na CTPS, pelo não pagamento de salário mínimo, pela jornada excessiva, pela falta dos repousos e das férias etc.

O Código Penal tutela o bem jurídico por meio de vários tipos legais: o art. 149 tipifica o trabalho sob condição análoga à de escravo; do art. 197 ao 207 tipifica outras condutas antitrabalhistas.

O trabalho escravo, como crime contra os direitos humanos, está a exigir maior pressão social para que o Ministério Público Federal e a Justiça Federal despertem para a gravidade do problema e venham a processar e condenar os agressores da liberdade de trabalho.

A exploração de trabalho escravo implica mais males do que se possa imaginar, porque priva o ser humano do que lhe é mais precioso, sua liberdade, reproduzindo outros grandes males, que é o trabalho escravo infantil, a discriminação da mulher, a degradação ambiental, esgarçamento da moral.

Soares Filho[137] relaciona o trabalho escravo com toda atividade ilícita e, principalmente com a degradação do meio ambiente, sob dois enfoques: a) meio ambiente do trabalho, uma vez que não são observadas as regras de segurança, medicina e higiene do trabalho; e b) meio ambiente geral, dado que, se o empregador não tem apreço nem à vida humana, muito menos ao meio ambiente. Destarte, o trabalho escravo tem sido utilizado nas grandes degradações ambientais, como os desmatamentos ilegais, as queimadas, a extração ilícita de madeira, as carvoarias etc.

A implicação da categoria dos direitos humanos com os direitos trabalhistas clássicos ainda carece de uma melhor sistematização e de uma reflexão crítica, à luz do novo trabalhismo, que propõe resgatar o trabalho como valor fundamental à agregação humana, à ordem social, econômica, financeira, psicológica, como o sacrifício que fomenta a subsistência, mas também mediante o qual se almeja a felicidade.

---

(137) SOARES FILHO, João Batista Luzardo. Meio Ambiente e Trabalho Escravo. In: SÉGUIN, Elida e FIGUEIREDO, Guilherme José Purvin de (Coords.). *Meio Ambiente do Trabalho*. Rio de Janeiro: GZ Ed., 2010.

HERMENÊUTICA E APLICAÇÃO DOS PRINCÍPIOS DO DIREITO DO TRABALHO

PARTE 5

CAPÍTULO I
Aplicação dos Princípios do Direito do Trabalho

1. RAZÕES QUE JUSTIFICAM O EMPREGO DOS PRINCÍPIOS DE DIREITO DO TRABALHO

A CLT tem apenas 922 artigos, todos bem enxutos. Mas, em matéria trabalhista, há mais de 600 súmulas dos tribunais superiores, inclusive oito súmulas vinculantes do Supremo Tribunal Federal, cerca de 800 Orientações Jurisprudenciais do TST, uma centena de Precedentes Normativos do TST. Daí dizer Gérson Marques que o Direito do Trabalho e o Processo Trabalhista são direitos de princípios.

A técnica sugerida requer do exegeta conhecimento dos fundamentos do Direito e da lei em estudo, da história posta em sua base, para com isso revelar a história que devem esse mesmo Direito e essa mesma lei escrever na atualidade. Ronald Dworkin fala de um Juiz Hércules, aquele que conhece todos os fundamentos da sociedade e do direito em que vive. Como é impossível o juiz encarnar tamanha façanha, que ele tente ser pelo menos um Juiz Hermes, um semideus.

O Direito do Trabalho constitui um dos instrumentos por meio do qual se promove a justiça social. Consequentemente, a finalidade posta no fundo de toda norma trabalhista é a *justiça social*, compreendida sempre de maneira progressiva, seguindo os passos da sociedade, cujas exigências são crescentes.

Os princípios ora analisados fornecem insumos mediante quais o intérprete identificará os componentes novos que a sociedade injetou na norma; componentes esses trazidos pela correnteza dos fatos históricos, da mudança dos usos e costumes, das novas ideias. Dessa forma, indicam a *verdadeira finalidade da lei: aquela que a atualidade requer, e não a que orientou a sua criação.*

Leciona Radbruch que de todas as ciências humanas é o Direito que se manifesta de maneira mais rude, mais áspera e sem arte, quando deve ser o contrário, motivo pelo qual tem merecido críticas mordazes dos poetas e artistas em geral, das pessoas de sensibilidade maior[138].

---

(138) RADBRUCH, Gustav. *Filosofia do Direito*, p. 221 a 225.

A propósito, Cesarino Jr. reforça que os princípios "constituem o fundamento do ordenamento jurídico do trabalho, pelo que não pode haver contradição entre eles e os preceitos legais"[139].

2. OS PRINCÍPIOS COMO CRITÉRIOS OBJETIVOS NA INTERPRETAÇÃO

O Ministro Castro Nunes, do Supremo Tribunal Federal, já admitia na década de 1950 que a Justiça do Trabalho exerce uma *jurisdição de equidade*. A propósito, o professor Miguel Reale emite pensamento idêntico. O certo é que, de uma forma ou de outra, o Direito do Trabalho é animado pelo sentido de ajuste a situações humanas concretas, atuando a equidade como critério constitutivo de interpretação. Mas adverte que essa equidade não pode ir contra a lei, porque compromete a certeza jurídica[140].

Por sua vez, o art. 17 do anteprojeto da CLT de Süssekind dispõe: "A aplicação das normas de proteção ao trabalhador far-se-á tendo em vista o bem comum, a justiça social e a equidade." Este artigo resume o pensamento corrente entre nós, brasileiros, assim como todo o exposto nesta unidade. Tudo isso, porém, carece de critérios objetivos que possam orientar o intérprete. Até aqui temos o início e o fim, isto é, o problema e a lei e o fim a atingir — a solução do problema. Resta se forneçam os meios. Esses meios são os Princípios de Aplicação do Direito do Trabalho, que correspondem a um segundo sentido ou segundo momento dos princípios do Direito do Trabalho. Estes, entendidos como *substância, norma* integrativa das lacunas jurídicas; aqueles, como *instrumento* de que se deve valer o intérprete na tarefa interpretativa.

Assim, parece compreensível a seguinte afirmação: a interpretação do Direito do Trabalho é teleológica quanto ao fim a ser atingido e PRINCIPIOLÓGICA quanto ao meio de atingir o fim.

3. RAIO DE ALCANCE DOS PRINCÍPIOS

Vários são os princípios sugeridos, como o da valorização do trabalho, o da progressão legislativa etc. Porém, parte deles interessa ao legislador e parte somente à parcela substancial do Direito, motivo por que este trabalho selecionou somente o que interessa ao objeto visado. Os princípios do direito do trabalho são compatíveis com todas as modalidades de contrato de trabalho subordinado e parassubordinado, ou seja, trabalhadores empregados, avulsos, eventuais e autônomos que tenham relação de dependência econômica do tomador do serviço.

---

(139) A. F. Cesurino Jr., *op. cit.*
(140) *Estudos de Filosofia do Direito*, p. 99.

À primeira vista, dirão que se está singrando os mares do Direito Livre. Engano. Sugerem-se caminhos de fazer justiça, mas todos eles compreendidos nos limites do Ordenamento Jurídico Nacional. Não se prega nenhuma interpretação contra texto de lei; recomenda-se a aplicação da norma mais favorável ao trabalhador, em caso de mais de uma regra dispondo sobre o mesmo caso; aconselham-se *interpretação atualizadora da norma e descoberta de sua finalidade atual*; os conceitos se ampliam em favor do empregado e se encolhem quando forem contra.

A luz dos princípios deve orientar o intérprete em todas as fases processuais, desde a postulação, as audiências, a tomada de provas, a interpretação do Direito e dos fatos até a avaliação da prova. Somente a regra matemática do ônus da prova não é suficiente. Em muitos casos, o trabalhador não tem condições de satisfazê-lo, enquanto o empregador dispõe de elementos esclarecedores e omitidos do processo. Em alegações de periculosidade e de insalubridade, o empregador comodamente contesta e espera que o empregado faça sua prova. Ora, o empregador também deve interessar-se pela realização da perícia. A orientação deveria ser no sentido de que se presumisse até prova em contrário a ocorrência da periculosidade e insalubridade. A jurisprudência vem-se inclinando no sentido de acolher a inversão do ônus da prova em raros casos. Contudo, já é um passo.

A interpretação principiológica dará mais segurança aos julgadores, fará progredir o Direito Social e poupará o legislador de muitas pequeninas coisas, como dizer que: deve ser dificultada a despedida sem motivação; é devido adicional noturno e horas extras ao doméstico; todos os dirigentes sindicais têm estabilidade no emprego etc., que a jurisprudência ainda nega, no aguardo do poder legislativo, quando a Constituição já os alberga.

Com isso, o Poder Judiciário não invade a esfera do Legislativo, pois está-se a sugerir a aplicação dos princípios de Direito do Trabalho já incorporados ao sistema positivo, encontrados ora expressa, ora implicitamente. *A regra que se obtém por meio da interpretação principiológica não caracteriza invasão de competência, mas sim exercício pleno da competência,* mesmo porque o dogma da separação dos poderes é visto como entrosamento dos poderes, um complementando o outro.

Por outro lado, da mesma forma que se condena a aplicação mecânica da lei e dos dogmas em geral, recomenda-se o afastamento da aplicação cega dos princípios. Em cada um deles, declinam-se as reservas necessárias e a prudência devida.

Dizíamos na 1ª edição, de 1989, que os princípios eram aplicados timidamente e sem referência expressa. Certamente por culpa do pouco caso que a matéria tinha merecido da doutrina. Poucos eram os autores que pelo menos faziam-lhes referência em suas obras. No cotidiano, permaneciam ignorados dos juízes, procuradores, advogados e assessores empresariais. Tal comportamento tinha custado o emperramento do Direito, a proliferação de leis, a rigor desnecessárias, para suprir lacuna que o Judiciário tinha autorização e meios para fazê-lo.

Destarte, os Cursos de Direito do Trabalho não dedicavam nenhum capítulo aos princípios, vindo a fazê-lo a partir da publicação deste livro pela LTr em 1994, acolhido pelo Ministro A. Süssekind, que abriu novo capítulo nas *Instituições de Direito do Trabalho* a partir de 1996. De então para cá, popularizaram-se na pena dos doutrinadores, dos advogados e procuradores em suas petições e dos juízes em seus veredictos.

4. EXEMPLOS DE CORREÇÃO DE JUSTIÇA LEGAL POR MEIO DOS PRINCÍPIOS

Exceção de Incompetência em Razão do Lugar

Preceitua o art. 651 da CLT que o foro da reclamação trabalhista é o da prestação do serviço, ainda que o contrato tenha sido firmado em outro lugar. Ora, neste Brasil continental, mas também de ampla liberdade de locomoção, os trabalhadores, como aves migratórias, arribam em busca de trabalho. Depois de algum tempo, retornam ao torrão natal. E os direitos trabalhistas ficam para trás, pois como acompanhar uma reclamação trabalhista em lugar tão distante?

Pois bem. O Tribunal Regional do Trabalho da 22ª Região, sediado no Piauí, resolveu essa situação. Firmou jurisprudência no sentido de que o trabalhador pode reclamar no foro da prestação do serviço, no da contratação ou no de seu domicílio. E o fez com base no princípio do acesso à Justiça e no da proteção ao hipossuficiente. Ademais, os parágrafos do art. 651 abrem possibilidades semelhantes em relação ao trabalhador pracista. Esta tese já foi submetida e confirmada pelo Tribunal Superior do Trabalho.

Ademais, o acolhimento das exceções de incompetência, nesses casos, com remessa de autos para o foro da prestação de serviço, onde o trabalhador dificilmente acompanha o processo, equivale à denegação de justiça.

Fase Probatória

Muitos flagrantes se registraram de total desinteresse do magistrado, deixando o ônus da prova totalmente às partes, como se se estivesse numa Justiça totalmente privada e entre partes absolutamente iguais em economia e escolaridade. Resultado — o trabalhador perde a causa porque não lhe explicaram que era para apresentar documentos, testemunhas, impugnar documentos etc.; porque não soube inquirir as testemunhas, não soube contraditá-las formalmente.

Quando a situação exige perícia, o TRT-22 também resolveu a questão da seguinte maneira: se a atividade declinada pelo trabalhador se enquadra entre as perigosas e/ou insalubres, fatos provados mediante a prova convencional, determina que o empregador adiante o valor dos honorários periciais, pois cabe a quem alega fato modificativo, extintivo ou impeditivo do direito do autor fazer a prova. Da mesma forma, se a prova convencional for suficiente, dispensa-se perícia. Com efeito, se ficar provado que o trabalho se dava na coleta de lixo urbano, a NR-15 da Portaria n. 3.214 já a enquadra como insalubre em grau máximo. Para que perícia? Se o trabalhador alega e prova que exercia função de frentista de posto de combustível, para que perícia, se a NR-16 da Portaria n. 3.214 já a enquadra como perigosa, com direito a adicional de 30%?

Cumpre registar, no entanto, que essa não é a posição do Tribunal Superior do Trabalho, que ainda não se libertou, neste particular, da formalidade como um fim em si mesmo.

Fase Recursal

O pequeno assalariado, que percebe até dois salários mínimos, quando perde na primeira instância, raramente recorre, primeiro porque não entende dos rituais, prazos etc.; segundo porque, se for assistido, o advogado nem sempre se esforça para fazê-lo em face de ser pequena a causa. Em casos que tais, a lei devia permitir o recurso de ofício.

Já o demandado pessoa física ou microempresa, que declarar impossibilidade econômico-financeira para demandar, deve ter a plena gratuidade processual (inciso LXXVIII do art. 5º da Constituição). Porém, o TST vem entendendo que a gratuidade não alcança o depósito judicial. No entanto, essa jurisprudência deve ser urgentemente revista, porque a Lei n. 1.060, com nova redação, preceitua que a gratuidade processual implica dispensa de depósitos para recorrer.

Fase Executória

Inconcebível a numerosa lista de recursos procrastinatórios posta à disposição do devedor faltoso. Ora, em se tratando de sentença transitada em julgado, como título judicial indiscutível, deve-se podar, via indeferimento liminar, parte dos recursos formalmente legais, mas materialmente vazios, puramente procrastinatórios. A lei dispõe neste sentido, mandando aplicar pena ao procrastinador, mandando o juiz velar pela celeridade e lealdade processuais. Muitas execuções se arrastam por anos à falta de medidas processuais enérgicas dos juízes, autorizadas por lei, a exemplo do art. 601 do CPC. Vale citar que as Leis ns. 8.432/1992 e 8.542/92 dificultam o agravo de petição e o recurso em geral.

Na busca da utilidade do processo, o Congresso Nacional imprimiu uma série de alterações no CPC, que bem merecem aplicação no processo do trabalho, valendo citar a imposição de multa ao embargante em caso de embargos de declaração protelatórios e de multa diária pelo descumprimento de obrigação de fazer — arts. 538 e 461, § 4º, respectivamente (com a redação dada pela Lei n. 8.950/1994). As alterações posteriores também foram positivas, valendo destacar a possibilidade de pagamento parcelado da execução e o agravamento das multas pela recalcitrância do devedor.

CAPÍTULO II
Aplicação do Direito do Trabalho

1. CONSIDERAÇÕES GERAIS

O art. 8º da CLT assim dispõe: "As autoridades administrativas e a Justiça do Trabalho, na falta de disposições legais e contratuais, decidirão, conforme o caso, pela jurisprudência, por analogia, por equidade e outros princípios e normas gerais de direito, principalmente do Direito do Trabalho, e, ainda, de acordo com os usos e costumes, o direito comparado, mas sempre de maneira que nenhum interesse de classe ou particular prevaleça sobre o interesse público. Parágrafo único. O direito comum será fonte subsidiária do Direito do Trabalho, naquilo em que não for incompatível com os princípios fundamentais deste."

Esse artigo fornece as Fontes e os meios de integração do Direito do Trabalho. As fontes formais primários: a lei, o contrato (no contrato, estão os regulamentos da empresa); a jurisprudência, os princípios, o direito comparado, os usos e costumes, a analogia e a equidade, compõem as fontes formais secudários do Direito do Trabalho.

2. FONTES DO DIREITO DO TRABALHO

Orlando Gomes e Elsoll Gottschalk (*Curso de Direito do Trabalho*, vol. l, p. 53 e 54) lecionam que a fonte primária é a vontade das partes na fixação das cláusulas contratuais: fonte voluntária. Essa fonte tem sua capacidade limitada pelas fontes imperativas, que penetram nas disposições contratuais independentemente da vontade dos contratantes. Classificam as fontes imperativas em: fontes de produção estatal, fontes de produção profissional, fontes de produção mista e fontes de produção internacional. De produção estatal é a lei em sentido amplo; de produção profissional é a convenção coletiva de trabalho e o regulamento da empresa; de produção mista é a convenção-lei e a sentença normativa; de produção internacional são os convênios e recomendações internacionais oriundos da Organização Internacional do Trabalho.

3. HIERARQUIA DAS FONTES

Orlando Gomes e Elson Gottschalk formulam uma hierarquia das normas trabalhistas, da seguinte maneira:

a) havendo conflito entre as fontes imperativas de produção estatal e as de produção internacional, prevalecem as últimas;

b) havendo conflito entre as fontes estatais e as *fontes de produção mista*, prevalecem as primeiras;

e) havendo conflito entre as fontes de produção mista e as fontes de produção profissional pura, prevalecem as primeiras;

d) havendo conflito entre as normas oriundas da *fonte profissional pura* (usos e costumes, regulamento de empresa, convenção coletiva), prevalecem as de âmbito mais *generalizado*[141].

Do ponto de vista formal, o esquema Kelseniano *supra* é incensurável, aplicável ao direito comum. Porém, em sede do direito tutelar, ressalvadas as exceções atinentes às normas de caráter proibitivo, a pirâmide inflexível de Kelsen é modulada, como um brinquedo infantil, de maneira que cada peça da estrutura piramidal pode ser trocada de lugar com outra peça, caso a caso.

Isto porque o Direito do Trabalho é pluricêntrico e multinormativo, isto é, possui várias fontes emissoras de normas (partes, associações sindicais, empresas, Estado, Convenções Internacionais, Tratados) e vários instrumentos normativos disciplinando a mesma hipótese fática. Por exemplo, a licença médica para tratamento de saúde está prevista na CLT, na Lei de Benefícios Previdenciários (n. 8.213), nas Convenções e nos Acordos Coletivos de Trabalho e nos Regulamentos de Empresa.

Ante essa particularidade, dois instrumentos são postos às mãos do aplicador da lei operária para a fixação da hierarquia das normas, caso a caso: *finalidade da lei* — art. 5º da LINDB (método teleológico) e *valor* (método axiológico), portanto, os elementos de ordem sociológica e filosófica. O primeiro aspecto diz respeito à finalidade política da norma e sua conformação às exigências sociais — é um elemento frio, quase matemático; o segundo origina-se da consciência do juiz, do sentimento do justo, o justo a que a Lei Maior visa, dentro do seu espírito de tratar desigualmente os desiguais na exata proporção das desigualdades. Isto atende plenamente à lógica do razoável de Récasens Siches[142], segundo a qual o ato do juiz é um tanto de ciência e outro tanto de consciência. Com a ciência, o intérprete faz a operação lógica; com a consciência lapida o resultado da operação lógica para

---

(141) Orlando Gomes e Elson Gottschalk, *op. cit.*, p. 53 a 84.
(142) SICHES, Récasens. *Nueva Filosofía de la interpretación del Derecho*. México: Porrúa, 1973.

atingir a justiça do caso. Por isso, é que Barata e Silva diz que o juiz tem de possuir qualidades morais irrepreensíveis e ser religioso, de qualquer credo[143].

A interpretação, portanto, é que determina a posição hierárquica da norma em relação ao caso examinado. Amauri Mascaro Nascimento (*Curso de Direito do Trabalho*, vol. 1, p. 168 a 177) admite a existência de hierarquia entre as normas trabalhistas, porém, o critério de hierarquia se fixa tendo em vista o aspecto teleológico, e não da mesma forma que no direito comum. Admite o emprego do princípio da norma mais favorável ao trabalhador, com exceção das normas proibitivas do Estado, as quais não podem ser melindradas, como é o caso das normas que vedam cláusulas coletivas que conflitem com a política econômica do Governo (art.623 da CLT). Acrescenta ainda que não há conflitos de normas trabalhistas, mas sim vigência paralela, uma completando a outra e a *mais favorável afastando a menos favorável*, acrescentamos.

Esse procedimento tem amparo constitucional. Antes de elencar os direitos dos trabalhadores o art. 7º da CF comanda: "..., além de outros que visem à melhoria de sua condição social." Com isso, o constituinte flexibilizou a hierarquia formal das fontes legais em favor da valoração social, baseada na progressão da condição social do trabalhador.

Esse comando reforça-se no art. 114, § 2º, da mesma Constituição, que outorga o poder normativo da Justiça do Trabalho, podendo esta "decidir o conflito, respeitadas as disposições mínimas legais de proteção ao trabalho, bem como as convencionadas anteriormente". Por esse artigo, a norma oriunda da convenção, do acordo, ou do contrato coletivo de trabalho, sendo mais favorável, prevalece sobre a sentença normativa, ou seja, uma norma oriunda de fonte estatal (tribunal) cedendo a outra de fonte meramente profissional.

Formalmente, o acordo coletivo de trabalho prevalece sobre a convenção, porém, se as condições estabelecidas nesta forem mais favoráveis ao trabalhador, prevalece a convenção coletiva de trabalho — art. 620 da CLT.

Graças ao sistema próprio de hierarquia adotado no Direito do Trabalho, o empregado se beneficia nos seguintes exemplos, além de outros:

- um trabalhador foi admitido em determinada empresa quando vigia regulamento interno que assegurava ao empregado 45 dias de férias por ano, diante do pretório trabalhista, o empregador não se eximiria da obrigação sob o fundamento de que a CLT só garante trinta dias. Suponhamos que uma Convenção Internacional do Trabalho ratificada pelo Brasil reduzisse o repouso da mulher gestante para quatro semanas antes e quatro depois do parto, ao invés de 28 dias antes e 91 depois, como prevê a lei nacional,

---

[143] A Influência do Desenvolvimento Social no Direito do Trabalho. In: *Revista do TRT 8ª Reg.*, Belém, n. 32, 1984.

prevaleceria a lei brasileira, que é mais condizente com o princípio da melhoria da condição social do trabalhador.

4. O DIREITO COMUM COMO FONTE SUBSIDIÁRIA

O parágrafo único do art. 8º da CLT diz que: "O direito comum será fonte subsidiária do Direito do Trabalho, naquilo em que não for incompatível com os princípios fundamentais deste."

Veja-se que se faz menção ao direito comum e não só à legislação do direito comum. Assim, os institutos jurídicos e conceitos básicos são melhor estudados no milenar Direito Civil. Por exemplo, os conceitos de pessoa jurídica, domicílio, personalidade jurídica, obrigação, solidariedade etc.; no Direito Penal, estudamos os conceitos de culpa, dolo, excriminantes etc.; no Direito Empresarial, embora dentro do Código Civil, encontramos os conceitos de falência, das diversas espécies de sociedade, das coligações de empresa — grupos econômicos, dos títulos de crédito. E assim por diante.

No entanto, tudo isso está limitado àquilo que não contrarie os princípios fundamentais do Direito do Trabalho. Os princípios de Direito do Trabalho, interpõem-se como cláusulas de barreira contra a invasão do Direito do Trabalho pelo Direito Comum, de modo a descaracterizá-lo. Por isso, tenho dito que o direito comum será fonte subsidiária, condicional e adaptada, ou seja, só deve ser invocada na ausência de lei trabalhista, que não contrarie os princípios do trabalho e, uma vez invocada, sofre a imantação do caráter de norma trabalhista.

Essa limitação é reafirmada em relação ao direito processual comum: "Nos casos omissos, o direito processual comum será fonte subsidiária do direito processual do trabalho, exceto naquilo em que for incompatível com as normas deste título." (art. 768 da CLT) O título mencionado tem a seguinte denominação: "Do Processo Judiciário do Trabalho".

E, mais, no processo de execução trabalhista a lei supletória é a dos executivos fiscais (art. 889 da CLT) e não o CPC. Este se oferece como segunda subsidiariedade, onde não contrarier com as normas de fontes celetária e fiscal.

À falta de leitura atenta desses dispositivos é que renomados advogados e doutrinadores incorrem no engano de aconselhar o emprego quase indiscriminado do Código de Processo Civil nas lides trabalhistas, mormente no tocante às execuções e aos formais das petições iniciais.

CAPÍTULO III
Interpretação do Direito do Trabalho

1. REGRAS GERAIS

Na interpretação e aplicação do Direito do Trabalho e do Processo do Trabalho, o juiz terá em vista produzir uma solução justa, equitativa e que atenda ao interesse das partes e ao bem comum, mas de modo que o direito individual não prevaleça sobre o coletivo e este não suplante o interesse público. Essa é a regra geral que se deduz dos arts. 8º, 852 e 765 da CLT.

Depois da regra geral, consideremos os seguintes postulados de ordem finalística:

a) o Direito do Trabalho é um instrumento do capitalismo. Instala-se a partir de uma relação de trabalho onerosa e multitributada pelo Estado;

b) o Direito do Trabalho visa à proteção imediata dos interesses de categorias profissionais e o interesse individual do trabalhador;

c) visa à paz social, impondo ao empregador as obrigações mínimas para com o empregado e a este seus deveres de obediência e disciplina;

d) a finalidade última da criação desse ramo do Direito foi salvar o capitalismo, ou seja, adaptar as relações de trabalho ao neocapitalismo, como instrumento de esvaziar os movimentos operários e manter o sistema econômico;

e) "o princípio da democracia econômica e social é um *elemento essencial de interpretação* na forma de *interpretação conforme a Constituição*"[144];

Infere-se daí que a proteção se destina à sociedade, num primeiro momento, e, em outro momento, ao operário, no sentido individual ou de classe. Portanto, trata-se de um direito social quanto ao motivo de sua institucionalização e proletário quanto à sua destinação imediata.

---

(144) CANOTILHO, J. J. Gomes. *Curso de dereito constitucional*, p. 475/476.

Parte-se do pressuposto de que o Direito do Trabalho nasceu para acomodar o trabalhador dentro do capitalismo em sua modalidade vigente.

Como ramo do direito social, o Direito do Trabalho enfatiza em alta proporção as considerações de natureza sociológica, sem olvidar o aspecto axiológico, apego preferido dos latinos.

Por outro ângulo, as fontes de Direito Operário revestem-se de particularidades, brotando as substanciais de movimentos políticos, sociais e econômicos de repercussão marcante, ou seja, de verdadeiros conflitos sociais. Mesmo as fontes formais emanam não somente do Estado, mas também do regulamento de empresa, das negociações coletivas e das Convenções Internacionais, ratificadas. Eis o motivo pelo qual Amauri Mascaro Nascimento diz que o Direito do Trabalho é pluricêntrico e multinormativo.

Destarte, atente-se para a natureza imperativa das normas trabalhistas, respeitadas as exceções necessárias.

O contrato de trabalho é um contrato-realidade — serviço alugado, salário devido — podendo ser tácito ou expresso, escrito ou verbal. Somente os contratos especiais subordinam-se a formalidades legais na sua constituição. O que tem importância maior é o fato, pouco importando o que se tenha escrito a respeito. A personalidade do empregador também é fática, não vinculada a sua constituição jurídica, seu titular — quem foi, quem está sendo ou quem será — ou denominação da empresa. Acata-se a teoria da despersonalização da pessoa jurídica, ou da personalização da empresa. Despontam como características do trabalhismo os contratos de equipe e o coletivo, bem como o trabalho temporário ou *marchandage,* em que figuram mais do que os dois sujeitos do contrato.

Em outra vertente, o Direito do Trabalho no setor público sofre os influxos do Direito Público, de modo que os órgãos estatais e paraestatais devem obediência aos princípios da Administração Pública, formando uma outra espécie de Direito do Trabalho: o Direito Público do Trabalho.

Portanto, na interpretação, deve-se, antes de tudo, observar as particularidades acima expostas, para depois incursionar nas regras propriamente ditas da Hermenêutica.

2. MÉTODOS APLIÁVEIS AO DIREITO DO TRABALHO

O Direito do Trabalho foi positivado quando já esfriara a contenda das diversas Escolas, quando já saíra vitoriosa a repulsa ao fetichismo legal e à plenitude lógica dos Códigos, no sábio ensinamento de Alípio Silveira[145].

---

(145) *Hermenêutica no Direito Brasileiro*, vol. 1, p. 461.

A interpretação das leis trabalhistas se faz amplamente, orientada pelo método teleológico, com ampla aplicação do art. 5º da LINDB. A maioria dos autores defende que se devem empregar os métodos sociológicos, à semelhança da doutrina de Holmes e Pound, nos EUA, com indagação subordinada somente à melhor solução do conflito, sem, contudo, desaguar no direito livre. Cesarino Jr. adverte contra esse método, por entender que ele põe em risco a segurança jurídica, preferindo o emprego moderado.

Amauri Alascaro Nascimento leciona que o Direito do Trabalho deve ser interpretado segundo a jurisprudência axiológica ou de valores[146].

E mais adiante afirma que a jurisprudência de valores no Direito do Trabalho encontra bons fundamentos na Escola do Direito Livre, pois o juiz do trabalho é um legislador secundário e às vezes até mesmo principal. A jurisprudência trabalhista é entendida não somente como sancionadora, mas também constitutiva, não só por meio de sentenças normativas, bem como nas decisões proferidas em dissídios individuais. A lei é um dos instrumentos de que o juiz do trabalho se vale para fazer justiça. Nem sempre a técnica gramatical conduzirá o juiz a um resultado justo.

Em verdade, todos os métodos e técnicas de interprctação têm aplicação ao Direito do Trabalho, que é apenas um direito especial e não excepcional. A tomada de posição por qualquer um dos métodos depende da formação cultural do intérprete.

Entretanto, é aconselhável a desvinculação subalterna a qualquer escola ou técnica. Preferível é o respeito a todos os métodos e técnicas como úteis e necessários, mas não como dogmas. Digamos que todos os recursos de hermenêutica devem ser encarados como simples *topoi*, ou pontos de partida para a solução do caso.

Neste sentido, diz Russomano: "A lei trabalhista aplicável ao caso deve ser interpretada e aplicada não apenas dentro dos processos estritamente jurídicos de análise dos textos, mas também sob a influência do chamado critério sociológico. É esse método que nos revela os aspectos *econômicos, políticos e sociais* que se escondem por detrás dos fenômenos jurídicos da vida trabalhista."[147]

Seguindo essa orientação, o saudoso Coqueijo Costa declina as regras norteadoras do aplicador do Direito Processual do Trabalho:

— economia dos juízos: o máximo de atuação da lei com o mínimo de atividade processual;

---

(146) NASCIMENTO, *Amauri Mascaro, op. cit.*, p. 191 a 197.
(147) RUSSOMANO, Mozart Victor. *Comentários à CLT, art. 8º*.

— de nada vale a interpretação gramatical ou literária: às vezes, a letra mata e o espírito vivifica;

— justifica-se a interpretação das leis processuais com espírito equitativo, principalmente no direito processual coletivo do trabalho;

— os Tribunais do Trabalho, por sua função social, têm obrigação de interpretar equitativamente as normas processuais de trabalho 'condulzor de justicia para los obreros (Trueba Urbina)', de acordo com o espírito, pressupostos e convicções sociais que lhe dão vitalidade;

— o princípio da celeridade beneficia os trabalhadores, dado o caráter alimentar do salário, mas é necessário para liberar os depósitos recursais ao meio circulante;

— em caso de dúvida, interpreta-se a favor do empregado, que é o mísero (art. 18 da Lei Mexicana do Trabalho)[148].

Além desses princípios modernos, os brocardos fornecem-nos intenso grau de luminosidade, como os a seguir transcritos:

— *Ad impossibilia nemo tenetur* — ninguém está obrigado ao impossível;

— *Commodissimum est, id accipi, quo res de qua agitur, mogis valeat quam pereat* — prefira-se a inteligência dos textos que torne viável o seu objetivo, ao invés da que os reduza à inutilidade;

— *Commodum eius esse debet, cuius periculum est* — a vantagem (ou o proveito) deve ser daquele do qual é o risco. Lassalle interpretou esse brocardo exatamente na construção da teoria da responsabilidade objetiva, dizendo que os riscos são de quem tem as vantagens (quem goza dos cômodos arca com os incômodos)[149].

---

(148) *Princípios de Direito Processual do Trabalho*. São Paulo: LTr, 1976. p. 15.
(149) A propósito da aplicação dos brocardos, recomenda-se a leitura do livro *Lei de Introdução ao Código Civil e Aplicação do Direito do Trabalho*, de Francisco Gérson Marques de Lima, Malheiros, 1996.

CAPÍTULO IV
PARTICULARIDADES NA INTERPRETAÇÃO DO DIREITO DO TRABALHO

1. DOUTRINA

Como ramo do Direito, o Direito do Trabalho interpreta-se segundo as regras de hermenêutica jurídica e as técnicas empregadas na interpretação do Direito em geral. Entretanto, sua qualidade de direito especial exige adaptações das regras gerais da hermenêutica tradicional, resultando numa técnica própria de interpretação de suas normas. Aliás, todo ramo do Direito tem suas particularidades.

Nem todos os juslaboralistas pensam assim. Segundo os opositores da interpretação especial do Direito do Trabalho, os princípios *in dubio pro operario* e da norma mais favorável e outros tiveram importância na época em que o Direito do Trabalho ainda estava em formação, com regulamentações incompletas dos seus institutos, quando imperava no meio jurídico a preferência pelos métodos da exegese e da dogmática. No entanto, não é bem assim.

Délio Maranhão conclui textualmente: "O que dissemos sobre a aplicação e interpretação do Direito em geral se estende, sem tirar nem pôr, ao Direito do Trabalho que é *Direito* e integra, assim, o ordenamento jurídico total..." Acrescenta ainda que os mecanismos são os mesmos, o direito a aplicar ou interpretar é que varia. Vai mais longe, afirmando: "Pretender que os velhos meios de interpretação sejam sumariamente afastados na aplicação do Direito do Trabalho, é, na melhor das hipóteses, uma demonstração de ingenuidade. Algumas vezes, sê-lo-á de hipocrisia."[150]

Em outra obra repete idêntica posição: "Nada há de especial no processo de interpretação e aplicação, pelo juiz, das leis de proteção ao trabalho. Não é ver-

---

(150) MARANHÃO, Délio. Aplicação e Interpretação do Direito do Trabalho. In: *Instituições de Direito do Trabalho*, de A. Süssekind, S. Vianna e D. Maranhão, vol. I, p. 227.

dadeiro que, na dúvida, deva sempre o juiz interpretá-la no sentido favorável ao trabalhador."[151]

Entretanto, ele próprio reconhece que na prática a interpretação do Direito do Trabalho assume aspectos muito particulares. Tanto que no mesmo capítulo reconhece esse fato: "O que se dá é que o Direito do Trabalho, por seu conteúdo humano, obriga o jurista a ir além das discussões formais e ver, por detrás dos argumentos jurídicos, a luta dos homens."[152] "Como nessa luta ocupa o empregado posição mais vulnerável, a valorização da norma que a disciplina, pelo juiz, tende a lhe ser favorável."[153]

Mas a grande maioria dos juslaboristas entende de maneira assumida que o Direito do Trabalho tem método próprio de interpretação.

Mario de La Cueva diz: "A interpretação do Direito do Trabalho consiste em julgá-lo de acordo com a sua natureza, isto é, como estatuto que traduz a aspiração de uma classe social para obter, imediatamente, uma melhoria das suas condições de vida."[154]

Afirma, ainda, que a interpretação do Direito do Trabalho é particular porque, ao contrário do Direito Civil, é preciso investigar, antes de mais nada, que norma é aplicável, posto que a função das fontes formais de Direito do Trabalho não é, como no Direito Civil, cobrir lacunas da lei, mas melhorá-las em benefício dos trabalhadores.

Paul Durand e Josserand vislumbram que o particularismo do Direito do Trabalho justifica sua completa independência e a adoção de método próprio.

2. REGRAS PARTICULARIZADORAS DO DIREITO DO TRABALHO

Orlando Gomes e Elson Gottschalk, a exemplo de Cabanellas, entendem que o Direito do Trabalho regeu-se pelos princípios do Direito Civil, mas depois adotou método próprio, reservando ao direito comum apenas a subsidiariedade. A seguir, discriminam várias particularidades:

— aceita-se aditamento da petição inicial em audiência, com suporte na doutrina e na jurisprudência e por ser compatível com o Direito do Trabalho;

— acata-se o princípio *in dubio pro misero*, porque, se o legislador quis proteger o trabalhador, ao intérprete cumpre segui-lo (Durand, Barassi), em matéria de prova judicial;

---

(151) Délio Maranhão. *Direito do Trabalho*, p. 30.
(152) Délio Maranhão cita nesta passagem Gérard Lyon-Caen.
(153) Délio Maranhão. *Direito do Trabalho*, p. 31.
(154) Mario de La Cueva. *Derecho Mexicano del Trabajo*. Porrúa, 1960.

— nos dissídios coletivos prevalecem os critérios de equidade e oportunidade econômica (Santoro Passarelli);

— a equidade tem ampla aplicação também nos dissídios individuais — aí o *summum jus summa injuria* se manifesta em toda sua histórica expressividade como simulacro de justiça;

— os usos e costumes, como prática de dar gratificações, ganham coercitividade;

— na interpretação dos contratos impera o *favor debitoris,* isto é, o princípio consagrado do Código Civil italiano, segundo o qual, em caso de dúvida, interpreta-se o contrato contra quem o formulou. Geralmente, contratos em formulários[155].

Catharino também reconhece as particularidades hermenêuticas do Direito do Trabalho: "A norma trabalhista pode ser estendida até os limites da sua própria finalidade, fundamentalmente social. E, por ser especial, comporta, também, exegese específica."[156] Enfatiza, ainda, que suas normas exigem regras especiais, as quais, em síntese, são duas: 1) restrinja-se o desfavorável e amplie-se o favorável; 2) na dúvida, em favor do trabalhador. Destaca ainda a importância do emprego da equidade.

Eduardo Espínola e Espínola Filho trazem-nos preciosos fragmentos do pensamento de Castro Nunes, Oliveira Viana e Waldemar Ferreira: o primeiro, seguindo a Inojosa Ferrer, entendia que a liberdade do juiz é um pressuposto do sistema trabalhista — mesmo da Itália, onde se preceitua que em tais espécies o julgamento se fará *secundum legis,* o sentido da legislação social deve guiar o juiz, juiz especial, ainda que tirado da magistratura comum, cujos critérios e poderes, informa Pergolesi, excedem os normais dos juízes ordinários[157]. O segundo, Oliveira Viana, entende que em direito público, principalmente nas questões trabalhistas, a interpretação deve ser ampla, livre, adiantada, reservando ao direito privado a pura exegese, acanhada e tradicionalista, manietando o direito e subordinando as realidades da vida às regras impassíveis e retrógradas dos códigos[158]. O terceiro, Waldemar Ferreira, opina que não é possível aplicar a lei trabalhista sem interpretações. Faz suas palavras de Gallart-Folch, segundo as quais a jurisdição do trabalho tem de ser uma jurisdição especial, caracterizada pela simplicidade processual, pela rapidez e pela gratuidade; e seus titulares devem ser pessoas que, no terreno dos fatos, conheçam todas as particularidades do trabalho industrial, toda a complexidade das categorias profissionais, toda a variedade dos usos e costumes trabalhistas, e que, no terreno dos fatos, desfrutem de dilatada margem de arbítrio judicial, que

---

(155) Orlando Gomes e Elson Gottschalk, *Curso de Direito do Trabalho*, p. 48 e 49; Cabanellas, *Tratado de Derecho Laboral*. Buenos Aires, 1949. p. 383.
(156) CATHARINO, José Martins. *Compêndio de Direito do Trabalho*, vol. I, p. 93 e 94.
(157) *Op. cit.*, p. 50
(158) *Idem*, p. 52 e 53.

deixe campo aberto para o critério da equidade, predominando nelas o espírito consoante com o que anima as instituições do Direito do Trabalho[159].

Gentil Mendonça chama a atenção para o comando do patrão como ponto particularizador do Direito do Trabalho, assim como a acentuada inflexão deste aos fatos e às normas derivadas de contratos coletivos[160].

Como demonstrado, por meio da doutrina pioneira e da atual, o Direito do Trabalho deve ser interpretado de acordo com sua finalidade, com a sua destinação imediata de proteger o trabalhador. Assim, além dos pontos relacionados por Gomes e Gottschalk, Catharino e outros juristas ilustres, registram-se outros elementos inconfundíveis, como a seguir:

— no Direito do Trabalho, o indivíduo procura esconder-se por detrás do coletivo na pugna pelos seus direitos;

— no direito privado comum, aceita-se, de regra, a renúncia, enquanto no Direito do Trabalho constitui exceção;

— no direito privado, opera o princípio *pro devedor*, enquanto no Direito do Trabalho esse mesmo princípio opera de forma inversa, ou seja — *pro operario*, quando em litígio como empregador;

— a hierarquia das normas, em Direito do Trabalho, estabelece-se segundo uma apreciação valorativa, de acordo que sobe ao ápice da pirâmide aquela que se apresentar mais favorável ao empregado naquele momento;

— do ordenamento trabalhista extrai-se o princípio da continuidade do emprego, em virtude do qual milita sempre presunção em favor da manutenção do emprego; ou substituição pelas indenizações legais máximas;

— o princípio protetor preside a apreciação do processo judiciário em todas as suas fases, desde a apreciação das provas até a interpretação das normas e observação dos fatos;

— o Direito do Trabalho deve ser interpretado como um fator de promoção da justiça social, de aprimoramento da condição social do trabalhador.

3. RAZÕES DA INTERPRETAÇÃO ESPECIAL

Por que dispensar ao Direito do Trabalho tratamento especial no tocante à sua interpretação?

Por um motivo muito simples: o Direito do Trabalho foi criado com uma missão muito difícil, que é arrefecer os ânimos de reação do trabalhador contra a ordem econômica. Esses ânimos, demonstrados nos inúmeros movimentos popu-

---

(159) *Princípios de Legislação Social e Direito Judiciário do Trabalho*, 1º vol., 1983, p. 121.
(160) *A interpretação no Direito do Trabalho*, p. 121.

lares, tendiam e tendem ao radicalismo. Empregar os métodos e processos tradicionais, como uma estrutura petrificada, corresponde a jogar pela janela a proteção que ao trabalhador foi dada pela porta. De que valeria o direito novo diante de práticas tradicionais, inadequadas até ao direito comum no contexto atual? *À aplicação precede a interpretação. A má interpretação torna má a lei boa.* Por outro lado, o bom intérprete torna boa a lei antiquada. É mais vantajoso que se tenha bons juízes do que boas leis, porque o bom juiz, de posse da arte de interpretar, é capaz de corrigir o direito injusto sem ir contra ele[161].

A justiça que foi criada com características particulares para atender a um reclamo social — como é o caso da Justiça do Trabalho — deve agir como dita sua finalidade, primar pela sua função, sob pena de cair no descrédito da classe trabalhadora e por consequência não conseguir serenar os ânimos revoltosos contra o capital e contra o Estado. A Justiça é o próprio Estado e a este cumpre distribuir riquezas, por meio da intervenção na iniciativa privada e da proteção aos menos afortunados.

Assim como o Estado assegura o livre exercício da indústria, do comércio e dos serviços, a ele assiste a obrigação de exigir a função social da atividade econômica. Não se assegura o direito de livre-iniciativa privada em benefício somente do empregador, mas principalmente em benefício da coletividade, a começar pelos trabalhadores, que fazem render o capital, dão vida à matéria-prima bruta, animam o inanimado.

No tocante ao processo, o Direito do Trabalho caracteriza-se pela simplicidade, pela gratuidade para o trabalhador, e pela oralidade. Prescinde de assistência advocatícia; entre a verdade formal e a real, dá preferência à última; vale-se do processo civil subsidiariamente; nas execuções, além dos dispositivos consolidados, operam, paralela e subsidiariamente, o CPC e a Lei das Execuções Fiscais, mesmo assim, com as adaptações devidas; a representatividade dos sindicatos; tanto as reclamações como as contestações poderão ser verbais.

4. PRECONCEITO DOS JURISTAS

Orlando Gomes, numa mensagem pessimista, entende restrita a liberdade do juiz do trabalho: "O drama dos juízes mais novos e mais particularmente dos que exercem a judicatura trabalhista resume-se, por isso mesmo, numa grande e grave contradição; a de terem de julgar no ambiente de um sistema jurídico que criticam, e até condenam. Seja, porém, qual for a convicção política do juiz, não tem ele alternativa; estará, por definição e dever, preso ao sistema a que deve servir como peça *ancilar*; nada mais do que isso."[162]

---

(161) A respeito Hélio Tornaghi faz bela pregação na introdução ao seu *Curso de Processo Penal*.
(162) Casta dos Juristas. In: *Revista da Faculdade de Direito da Universidade Federal do Ceará*, UFC, vol. XXII, p. 72, 1981.

Certo que o professor baiano exagerou; mas é certo também que na prática a liberdade não é exercida como preconizada. E por justo motivo: os cursos jurídicos dão pouco destaque ao Direito Laboral, realçando os romanismos tradicionais, formando bacharéis individualistas e aferrados aos rituais do direito comum; e dentre esses bacharéis figuram os futuros juízes do trabalho, razão por que não conseguem libertar-se da casa grande do engenho e do carro de boi.

5. TRATAMENTO DA MATÉRIA NO DIREITO POSITIVO

A regra legal de sobredireito no sistema jurídico nacional compõe o art. 4º da Lei de Introdução às Normas do Direito Brasileiro — LINDB: "Na aplicação da lei, o juiz atenderá aos fins sociais a que ela se dirige e às exigências do bem comum." No Direito do Trabalho, a CLT fornece no seu art. 8º os meios de colmatação das lacunas legais e de interpretação.

A primeira diferença extrai-se dos meios de integração e da ordem no emprego desses meios. O art. 4º da LINDB determina que o juiz, na omissão da lei, decida o caso de acordo com a analogia, os costumes e os princípios gerais de direito. Essa ordem é vinculativa: primeiro, a analogia; segundo, o costume, se a analogia não foi suficiente; terceiro, os princípios gerais de direito, na insuficiência da analogia e dos costumes.

Enquanto isso, o art. 8º consolidado fornece outros meios integrativos da norma, sem ordem preferencial, senão vejamos:

> Art. 8º As autoridades administrativas e a Justiça do Trabalho, na falta de disposições legais ou contratuais (a), decidirão, conforme o caso (b), pela jurisprudência, por analogia (c), por equidade (d), e por outros princípios e normas gerais de direito, principalmente do Direito do Trabalho, e ainda de acordo com os usos e costumes, o direito comparado, mas sempre de maneira que nenhum interesse de classe ou particular prevaleça sobre o interesse público (e).
>
> Parágrafo único. O direito comum será fonte subsidiária do Direito do Trabalho, naquilo em que não for incompatível com os princípios fundamentais deste.

a) As autoridades administrativas e a Justiça do Trabalho, na falta de disposições legais ou contratuais — primeiro o legislador coloca em paralelo a lei e o contrato, aqui extensivo aos regulamentos de empresa e pactos de natureza coletiva.

b) Conforme o caso — significa que os meios integrativos ali relacionados não obedecem entre si a uma ordem hierárquica de preferência. Todos têm aplicabilidade paralela, cabendo ao julgador eleger o meio que melhor se amolda à solução justa do caso. Significa que o juiz trabalhista tem maior mobilidade interpretativa para compor a lide dentro do espírito do direito social e da democracia social. Assim posto o caso, ante a ausência de disciplinamento completo na lei e no contrato, o juiz tem um leque de opções, sem hierarquia formal, mas sim axiológica, definível caso a caso.

O legislador, contudo, forneceu o balizamento à livre investigação do direito que outorgou ao julgador: "Mas sempre de maneira que nenhum interesse de classe ou particular prevaleça sobre o interesse público."

O parágrafo único oferece o direito comum como fonte subsidiária do Direito do Trabalho, mas só naquilo em que não for incompatível com os princípios fundamentais deste.

Essa mobilidade conferida ao aplicador do Direito do Trabalho é seguida pelo Digesto Processual Trabalhista: "Os Juízos e Tribunais do Trabalho terão ampla liberdade na direção do processo e velarão pelo andamento rápido das causas, podendo determinar qualquer diligência necessária ao esclarecimento delas" — art. 765 da CLT.

CAPÍTULO V
Apanhado e Observação dos Fatos

As circunstâncias qualificam os fatos e estes dão vida aos textos normativos.

1. A HIDRA DAS INCERTEZAS

Como uma hidra, quanto mais avança a instrução processual, quanto mais prova se colhe, mais a dúvida se multiplica. Em cada pronunciamento dos advogados, nova interpretação surge dos fatos. As soluções com base na prova surgem porque se faz inicialmente um juízo prévio sobre a verdadeira versão, e sob a inspiração desse juízo prévio se conduz à prova ou sua interpretação.

Inúmeros compêndios e tratados ensinam a interpretar o Direito a partir da norma jurídica, como se os fatos chegassem ao pretório prontos e acabados para serem enquadrados. Engano!

Com efeito, já advertia Augustín Gordillo que o Direito não nasce das normas, o Direito nasce dos fatos. Antes de tudo, o juiz precisa avaliar os fatos. É aqui que se demora sua angústia, que a prova tem razão de ser.

No Direito do Trabalho, os fatos gozam de grande idoneidade, em virtude de vários fatores, como o princípio da primazia da realidade, a total oralidade do processo, a ilimitada possibilidade de prova testemunhal.

Dentro da teoria tridimensional do direito, de Miguel Reale, o fato compõe a essência do direito, juntamente com o valor e a norma. Dessa forma, interpretar o direito é muito mais do que interpretar o enunciado normativo. A observação do fato requer mais argúcia, conhecimento sociológico, psicológico, experiência do que os demais aspectos do direito.

Os fatos não são neutros, pois ganham a valoração do meio e do momento. Seu grau de importância decorre de sua imersão axiológica. Já o texto da norma é neutro e estático. O fato, axiologicamente apreciado, é que é dinâmico, imprimindo dinâmica ao texto da norma que lhe é correlato. Por outra vertente, só o que ocorre no mundo dos fatos pode ser justificado objetivamente. O problema que se estabelece é o de saber qual a verdade dos fatos, pois Nietzche observa que não há fatos, mas a versão deles.

Rabenhorst escreve sobre *A Normatividade dos Fatos*, onde ele dialoga entre os juízos de valor e os juízos de realidade, concluindo que o fosso que os separa está mal fundamentado[163].

Sobre o fato jurídico, se alojam as reais dúvidas, as quais têm de ser dirimidas, embora com o emprego de presunções e juízos dedutivos. É na análise do fato que o juiz coça a cabeça, lê e relê documentos e depoimentos; por fim, tira suas conclusões, nunca com cem por cento de segurança, perante si próprio.

Os fatos é que ditam o conteúdo da norma que sobressai do texto. O texto é inerte, nunca se altera, mas os fatos imprimem dinâmica em seu sentido.

Em cada peça do processo, em cada fase, em cada pronunciamento das partes, algo novo surge, dando coloração diferente aos fatos. O autor expõe sua versão na peça inicial; o réu vem com outra versão; em cada prova colhida, os fatos tomam outra feição. Em um processo, o mesmo fato pode ser interpretado de centenas de maneiras, todas lógicas, aceitáveis. Pelo menos de três maneiras a prova testemunhal desfigura os fatos:

1. a mesma testemunha se contradiz;

2. as testemunhas arroladas por uma das partes discrepam entre si;

3. as arroladas por uma parte chocam-se com as da outra.

Interessante notar que os fatos não surgem isoladamente. O fato central da quizila já teve causa numa sucessão de outros fatos, remotos ou imediatos. O verdadeiro labor judiciário, especialmente em matéria trabalhista, consiste na identificação dos fatos. Aqui o julgador põe em prática tudo o que aprendeu de Direito, Sociologia, Psicologia, Filosofia, Religião, Literatura, Política, experiência, sensibilidade emocional. Enfim, o verdadeiro Direito se faz na intrincada caminhada pelos fatos.

Todo fato jurídico é um fato social. O inverso não é verdadeiro. Aliás, o próprio Direito atuando no meio social constitui um fato social, primeiramente no momento de sua concretização, isto é, quando o Ordenamento Jurídico incide sobre um fato valorado para formar o direito-relação. A esse fato valorado chamamos direito-fato. Em segundo plano, consideramos fato social a própria existência e efetiva atuação do Direito na coletividade, seja no momento de esta criar o Direito, seja no momento de este influir naquela.

---

(163) RABENHORST, Eduardo Ramalho. *A normatividade dos fatos*. João Pessoa: Vieira Livros, 2003.

2. O QUE É FATO JURÍDICO?

De um modo simplório, fato jurídico é todo fato que tenha consequência jurídica. O fato pode ser natural ou voluntário. O voluntário é decorrente de ação humana e se subdivide em atos jurídicos lícitos e ilícitos. Nessa ordem, o nascimento, a morte, uma enchente desabrigadora de populações humanas, um terremoto demolidor constituem fato jurídico natural; a compra, a venda, a deflagração de greve, a demolição de uma edificação, o ato de *matar* um veículo, a prática de delito constituem atos jurídicos voluntários.

Assim, constitui fato jurídico todo acontecimento capaz de provocar o nascimento, a modificação, a transferência, ou a extinção de uma relação jurídica. Se um açude arromba, sem a interferência da vontade humana, acarretará uma série de consequências jurídicas: diminuição do valor da propriedade onde se situa, causando destruição de plantações e moradias, morte de animais e até de pessoas etc.; a colisão de dois veículos tem implicações jurídicas entre os proprietários e/ou pilotos e entre estes e companhias de seguro.

O fato social só se torna jurídico depois de devidamente valorado pela norma jurídica. Um exemplo: a prática de sodomia é tipificada como crime em parte dos EUA; recentemente, uma decisão da Suprema Corte manteve a lei que tipifica a sodomia. Então esse fato que, em si, é irrelevante para o nosso Direito é fato jurídico para parte dos ianques.

O fato passa por dois momentos valorativos: aquele em que o Direito o contempla para elaboração da norma abstrata geral, e aquele que se presta para extração da norma particular, diante de um caso concreto. Exemplo do primeiro: o legislador criou o seguro-desemprego (valorou o fato *desemprego);* do segundo: o trabalhador é despedido do emprego já na vigência da lei e vai reivindicar o benefício (a valoração consiste em examinar o caso concreto diante da norma geral para extrair a norma particular, que é conceder o direito pleiteado).

Pontes de Miranda sugere um conceito de fato jurídico que abrange as situações acima expostas:

> Fato jurídico é, pois, o fato ou complexo de fatos sobre o qual incidiu a regra jurídica; portanto, o fato de que dimana, agora, ou mais tarde, talvez condicionalmente, ou talvez não dimane, eficácia jurídica. Não importa se é singular, ou complexo, desde que, conceptualmente, tenha unidade. (*Tratado de Direito Privado*, l, 77.)

A maneira tradicional de conceituar o fato jurídico pelos efeitos é condenada pela doutrina corrente, sob o argumento de que definir a causa pela consequência gera um ciclo vicioso quando se tiver de definir a consequência, que será pela causa. Adiante-se ainda que nem todo ato jurídico produz efeito jurídico, como é o caso do testamento anulado pelo testador[164].

Não obstante o posicionamento atual da doutrina, a definição tradicional ainda se revela a mais didática. Ademais, para a prática do direito forense, na aplicação do direito positivo, o que interessa mesmo são os efeitos do fato jurídico.

Cunha Gonçalves sugere que se denomine *fato jurígeno,* em se tratando de acontecimento que gera efeitos jurídicos (produtor de direito — *jus* — direito, *genere* — gerar). *Fato jurígeno* é, pois, uma espécie de fato jurídico, se é que se queira adotar a denominação. E é sob esse aspecto que o fato jurídico interessa ao presente trabalho.

O professor Miguel Reale sugere uma fórmula gráfica que torna plenamente compreensível o fato jurídico, senão vejamos:

Complexo Fático

Um raio luminoso (exigências axiológicas) que, incidindo sobre um prisma (multifacetado domínio dos fatos sociais, econômicos e técnicos), se refrata em um leque de *normas possíveis,* uma das quais apenas se converterá em *norma jurídica,* dada a interferência do Poder. (In: *Filosofia do Direito,* p. 477.)

3. *CLASSIFICAÇÃO DOS FATOS JURÍDICOS*[165]

Do ponto de vista processual, os fatos jurídicos classificam-se em: controvertidos, incontroversos, relevantes, determinados, notórios, que independem de prova, confessados, presumidos e de conhecimento do juiz. Cada uma das espécies não constitui um departamento estanque, havendo entrelaçamento e até coincidência, isto é, um mesmo fato pode alojar dois ou mais dos qualificativos acima. Atente-se para a terminologia processual, que dá a quase todos eles um conceito próprio, como fato incontroverso é diferente de fato notório, de fato confessado e de fato do conhecimento do juiz.

Controvertidos

Em síntese, são os fatos alegados por uma parte e refutados pela parte adversa, expressa ou implicitamente. Diz-se implicitamente porque, em alguns casos, o réu não contesta determinada parcela do pedido inicial, no entanto, traz com a contestação documentos contrariantes da dita parcela.

---

(164) A propósito, Marcos Bernardo de Melo, em sua *Teoria do fato jurídico,* condena a definição de fato jurídico pelos efeitos.

(165) A respeito, leia-se *A Prova no Processo do Trabalho,* de Manoel Antonio Teixeira Filho, LTr Editora.

Incontroversos

São os fatos alegados na inicial e confirmados na contestação, ou não contestados de forma alguma, sobre os quais não há necessidade de produzir provas — art. 334, III, do CPC.

Confessados

São os fatos que, elencados na inicial e contestados na defesa, resultam confessados perante a autoridade competente. Tanto pode o autor confessar que realmente pediu demissão, apesar do seu pedido de indenização próprio da despedida sem justa causa, como pode o empregador confessar que despediu o empregado, não obstante haver alegado na contestação que o trabalhador pediu demissão.

A confissão é expressa ou ficta. Expressa quando em depoimento o autor ou o réu admite a versão da parte contrária sobre determinado fato. Ficta, quando, intimado a prestar depoimento pessoal, não comparece, nem justifica, ou comparece mas recusa-se a depor.

Relevantes

São os fatos determinantes da causa, pouco importando a gravidade ou a simplicidade do fato. O que lhe mede a relevância é a sua relação com a causa. São relevantes os fatos que o processo visa a esclarecer utilizando-se da prova; são relevantes os fatos por motivo dos quais o processo se formou. Contrariamente, vêm os fatos irrelevantes, aqueles que entram no processo, mas apenas subsidiariamente, como reforço do fato principal ou como tendo influenciado no seu processo de formação. Somente dos fatos relevantes ou influentes se ocupa a prova.

Determinados

São os fatos individualizados, que constituem o supedâneo do pedido inicial ou da contestação. Os fatos determinados possuem características específicas capazes de diferenciá-los de quaisquer outros que com eles se possam assemelhar. O litigante deve expor com clareza os fatos; o autor, para que o réu lhes tenha amplo conhecimento e conteste-os; o réu, para que se firme o objeto da prova.

Fatos que Independem de Prova

Independem de prova os fatos notórios, os confessados, os incontroversos e aqueles em cujo favor milita presunção legal de veracidade — art. 334 do CPC.

Notórios

São aqueles de conhecimento de todos que compõem um determinado círculo social, sobre os quais não pesa dúvida. A notoriedade do fato, contudo, não vincula a decisão. Nada impede que se desconfie da notoriedade, muitas vezes, construída pela imprensa e pela manipulação da opinião pública. Assim, a notoriedade pode ser aparente. Só o juiz tem o poder de atribuir notoriedade ao fato. Muitas vezes, o litigante vem alegando notoriedade do fato; a opinião pública, à primeira vista, manifesta-se naquele sentido, mas o juiz desconfia, e essa desconfiança é o bastante para desqualificá-lo como notório[166].

Kohler e Ferrone[167] dão prioridade à verdade formal, não admitindo que o juiz conheça de fatos extraprova dos autos. Contudo, o primeiro fornece excelente consideração sobre o fato notório:

> Notório é tudo aquilo que chega, com segurança, ao conhecimento de uma classe inteira de homens, sem que se tenham servido de meios indevidos, ou se haja colhido na fonte turva das indagações puramente privadas. O que se passa no interior de um edifício privado não é, em regra, notório, mas o que ocorre no interior de um edifício público, que o povo costuma visitar, tem o juiz de aceitar como notório ... O notório não fica dependente de uma afirmação das partes, admite-o o juiz, porque é um homem dotado de razão e tem de julgar racionalmente. Naturalmente, a noção é relativa. Pode alguma coisa ser notória em um círculo e não ser em outro ... Não é, portanto, de modo algum extravagante que se promova, eventualmente, uma prova sobre o notório, como, por exemplo, indagar do burgomestre de uma comuna se este ou aquele fato é notório ali.

Presumidos

São aqueles aos quais se chega mediante operação lógico-dedutiva ou decorrente de lei. As deduções decorrentes de lei denominam-se presunções legais; as outras, presunções simples. A presunção legal pode ser *juris tantum* e *jure et de jure*. A primeira admite prova em contrário; a segunda, não. O filho nascido na constância do casamento, até prova em contrário, é do marido da mulher; porém, se não impugnada a paternidade pelo marido a presunção se torna *jure et de jure*.

À parte a quem beneficia a presunção legal, cumpre provar o direito ou fato em cuja base se assenta sua alegação.

No tocante à presunção simples (*presumpcionis juris*), três pressupostos concorrem para sua formação:

1 — um fato conhecido (fato-base);

2 — um fato desconhecido;

3 — um nexo de causalidade.

Provando-se o fato-base, opera-se com a lógica, seguido pelo nexo de causalidade que liga o fato conhecido e, por fim, extrai-se a presunção deste.

---

(166) A respeito, indica-se a leitura da obra *O Fato Notório*, de Lorenzo Carnelli, Tradução de Érico Maciel, José Konfino Editor, Rio de Janeiro, 1957.

(167) Citado por Eduardo Espínola & Eduardo E. Filho, *op. cit.*, vol. III, p. 47.

Fatos que são do conhecimento pessoal do juiz

Pregam os especialistas que o dever de imparcialidade do juiz, sua condição de superior entre as duas partes impõe-lhe o dever de firmar seu convencimento com base nos elementos trazidos ao processo pelos litigantes. Dizem que o juiz julgando com base no conhecimento pessoal do fato controvertido tomar-se-ia testemunha; portanto, faltando-lhe a necessária imparcialidade. Por isso, é que existem as figuras da suspeição e do impedimento.

Não é, porém, bem assim, pois o juiz não é um fantoche. Para julgar de acordo com a verdade real dos fatos, o ideal seria que o juiz deles tivesse conhecimento próprio. Quantas vezes, diante de infinitas dúvidas, debruçado sobre um processo, o juiz dirige-se discretamente ao local onde o fato se repete (regime de trabalho dos empregados em determinadas atividades, ou em determinada empresa).

Também não é preciso citar em suas razões de julgar que tem conhecimento próprio. Basta interpretar a prova de forma a conduzir a conclusão para o rumo da realidade que já apreendeu e fazer referência à sua experiência. O juiz, tendo conhecimento próprio do fato controvertido, terá facilidade de colher prova e de conduzi-la para o rumo da verdade real. Ademais, o fato de o juiz ter presenciado com os próprios olhos um delito, conhecendo a vítima e o agente, não se torna impedido de julgar o réu. Antes, sabendo que o juiz tem conhecimento próprio do fato, o litigante será bastante comedido na fabricação de sua prova.

Entretanto, para tomar conhecimento próprio do fato, o juiz não deve sair de sua postura imparcial para tornar-se vulgar. Segundo Kohler, o juiz deve ser um *gentleman*, que procede com dignidade e reserva; não deve escutar as paredes, nem ser um detetive, que surpreende os segredos; não se deixa determinar por meio de cartas anônimas, nem dar ouvidos, nos clubes e restaurantes, a todos os boatos populares; deve dirigir o processo com aquela reserva própria do seu cargo. Deve tomar em consideração aquilo de que no seu círculo tem ciência, com segurança, porque pertence ao notório[168].

4. INTERPRETAÇÃO DOS FATOS COM BASE NA PROVA

Cada prova sobre o mesmo fato traz um *plus*, indica outros fatos de somenos importância, mas que servem para identificar o fato principal, ou se prestam para dissipar-lhe a identidade. Um exemplo: o trabalhador reclama contra o patrão com base na despedida sem justa causa; o empregador comparece a juízo e defende-se dizendo que o reclamante pediu demissão; sobre o pedido de demissão, o trabalhador diz que o fez sob coação psicológica; essa coação psicológica será averiguada por uma sucessão de fatos citados; cada testemunha mencionará um fato novo e dará versão diferente ao fato central.

---

(168) Espínola e Eduardo Espínola Filho, *op. cit.*, vol. III, p. 47.

Angel Latorre enfatiza este ponto na seguinte passagem: "Um juiz decide sobre os factos provados, isto é, sobre os fatos de cuja veracidade tenha ficado convencido através das actuações verificadas em juízo." (*Introdução ao Direito*, p. 177.) O objeto da prova são os fatos, diz M. A. Teixeira Filho (*A prova no processo do trabalho*, p. 29).

Toda operação que se faz com a prova, para ver quem provou o que, navega sobre os fatos em questão. A prova de direito é pouca, fácil de produzir e não oferece dificuldade para o julgador. Não há operação mais cômoda do que julgar a reclamação trabalhista que visa a obter uma vantagem assegurada por instrumento de negociação coletiva, vindo ao processo esse instrumento.

A verdade demonstrada na prova dos autos vincula a formação do convencimento do juiz. Mas, entre as duas maneiras principais de apresentar-se a verdade — real e formal —, o Direito do Trabalho dá preferência à verdade real, ou seja, àquilo que efetivamente aconteceu, enquanto a verdade formal (resultante do conjunto da prova) só deve influenciar o julgador na medida em que se aproxima da verdade real, ou na total ausência de elementos identificadores desta. Um exemplo é bastante para demonstrar a praticidade do que se está dizendo: um empregado reclama direitos decorrentes da despedida sem justa causa; o empregador defende-se alegando pedido de demissão, e apresenta em audiência o pedido por escrito; o trabalhador examina o documento e diz que o assinou por ocasião da admissão, em branco, ou o assinou na saída para receber seus direitos etc.; diante do documento de pedido de demissão, a verdade formal está demonstrada, autorizando, à primeira vista, um julgamento antecipado; contudo, o juiz dá oportunidade de o empregado provar por meio de testemunhas que não pediu demissão, então aparecerá a verdade real, que pode até coincidir com a verdade formal. Já não se aceita a velha parêmia segundo a qual vence quem melhor prova produz, porque o gênio humano se desdobra em criatividade a fim de demonstrar uma verdade que não corresponde à realidade. O juiz, com pleno poder de dirigir o processo, pode e deve tomar iniciativas na colheita de provas quando percebe que a parte trabalha ardilosamente no sentido de distorcer a verdade real.

Por outro lado, o processo nada mais é do que uma incursão pelos fatos, visando demonstrar-lhes a verdade.

Em muitas ocasiões, o juiz respalda-se na verdade formal, ou presumida, por motivo de celeridade processual e em virtude do desinteresse manifesto do litigante. É o que ocorre na *ficta confessio* e no julgamento antecipado da lide quando o empregador não comparece à audiência de conciliação e julgamento (audiência inaugural).

5. PERQUIRIÇÃO DO FATO E IDENTIFICAÇÃO DA NORMA

A identificação da norma a ser aplicada ao caso tem como pressuposto a completa lapidação do fato, depois de depurado, destacado e julgado pelo seu intérprete. Por isso, é que se diz que o segredo do processo assenta no fato jurídico. Tendo-se o fato, o Direito aplicável é facilmente identificável. Aliás, o espírito prático do romano já editara para a eternidade o famoso brocardo: *Dá-me o fato que eu te dou o direito.*

O professor Miguel Reale leciona que o direito não é apenas uma concatenação lógico-formal de proposições. Nesse sistema, deve vislumbrar algo subjacente — os fatos sociais aos quais está ligado um sentido ou um significado que resulta dos valores, em um processo de integração dialética, que implica ir do fato à norma e da norma ao fato.

Por fim, a versão dos fatos é que ditará o conteúdo da norma, pois não há norma senão depois de interpretada. Antes disso, o que há é apenas o enunciado normativo, diz P. Häberle. Por isso, os advogados se esmeram em construir a versão dos fatos que interessa a suas teses.

VALORES DO TRABALHO

Tudo quanto foi exposto deve ser imantado nos valores do trabalho, pois é a categoria axiológica que humaniza a razão e a lógica, que qualifica os bens e as ações. É na instância dos valores que o círculo do direito se completa.

Abstraindo a complexa teoria dos valores, algumas breves informações cumpre externar.

Valor é mandado de otimização do agir humano, é um ser que qualifica os outros seres materiais e imateriais. O valor é o ser em ação. A valoração é o pressuposto da escolha. E só o homem é capaz de valorar. O valor transborda da razão e se abriga na intuição.

Machado Pauperio diz que o direito, como fenômeno cultural, é sempre um fato referente a um valor. Rocha averba que valor "é aquilo que é bom, útil, justo, honesto, belo, agradável para o homem"[169].

Mas, em verdade, não é só isso: o valor é o qualificador do ser e do obrar humanos, não necessariamente qualidade boa, pois a má também é um valor, denominado negativo ou opositivo.

Hessem assenta que os valores são a medida das qualidades. Assim como se tem o metro para medir a extensão das coisas, o grama para medir a massa, o grau para medir a temperatura etc., tem-se no valor a unidade de medida das qualidades, do ser e do agir humanos.

As normas enquadram-se na categoria deontológica, do dever-ser, e os valores na categoria axiológica. O que na esfera normativa deve ser, na axiológica deve ser melhor.

Tecendo as diferenças entre normas e valores, Habermas arremata[170]:

> Por se distinguirem segundo essas qualidades lógicas, elas não podem ser aplicadas da mesma maneira. Posso orientar o meu agir concreto por normas ou por valores, porém a orientação da ação não é a mesma nos dois casos. A pergunta: 'o que devo fazer numa situação dada?' não se coloca da

---
(169) ROCHA, Antonio Luiz de Souza. Ética e crise global em que vivemos. In: *Ética*, p. 141.
(170) HABERMAS, Jürgen. *Direito e Democracia entre faticidade e validade*, p. 317.

mesma maneira em ambos os casos nem obtém a mesma resposta. À luz de normas, é possível decidir o que deve ser feito; ao passo que, no horizonte dos valores, é possível saber qual o comportamento recomendável.

Com efeito, o valor é fundante do grau deontológico da normatividade. Logo, o valor é a alma da norma. Se a regra é o corpo, o princípio é a vida, o valor é a alma. É vinculante, ao mesmo tempo, tanto do legislador como do aplicador da norma. É pela via dos valores que o texto normativo mantém sua atualidade.

O conteúdo dos princípios jurídicos são os valores. Os princípios são como foguetes e os valores as ogivas.

Com essas ligeiras informações, pontuemos alguns valores na esfera do trabalho. Se bem que o próprio trabalho já é um valor, uma qualidade. Quando um cidadão comum quer impor sua autoridade, enche o peito e diz: "Me respeite, que eu sou um trabalhador." Trabalho, educação e religião são os principais fatores da disciplina social. *Ad exemplum*, pontuemos alguns valores do trabalho:

Assiduidade — não faltar ao serviço, salvo motivo realmente justificador.

Bons costumes — a CLT sempre se refere a bons costumes como uma esfera moral normativa. Assim, encontra-se, por exemplo, no art. 483, *a*, legitimando a recusa do trabalhador a realizar serviços contrários aos bons costumes. No art. 482, *a*, fala de mau procedimento, como justa causa.

Colaboração — contida nos deveres do empregado.

Coletivismo — todo o direito do trabalho é animado pelo coletivismo, bem representado pela organização sindical e negociação coletiva do trabalho.

Cooperação — também compreendida nos deveres do empregado para com a empresa.

Dignidade — destarte, o trabalho integra o complexo da dignidade e esta deve ser observada no espaço do trabalho. É uma via de dupla mão, portanto.

Disciplina — noção de obediência às regras da empresa. Art. 482, *h*.

Disposição — no sentido de prontidão, contrário a indiferença e inércia.

Estabilidade social — o trabalho é fator de estabilidade individual, familiar e social.

Lealdade — mútua. O trabalhador, no sentido de não concorrer com seu empregador nem de denegrir-lhe a imagem; o empregador, no sentido de ser transparente, não esconder os sucessos e os infortúnios da empresa.

Obediência — no sentido de acolher as ordens dos superiores hierárquicos. Art. 482, *h*.

Pontualidade — observância dos horários.

Probidade — honestidade, honradez. Art. 482, *a*.

Qualidade — o trabalhador deve dar o melhor de si, buscando qualidade no seu fazer e agir.

Respeito — mútuo, em sentido amplo, no ambiente de trabalho, perante os compenheiros, os superiores, os subordinados e os clientes.

Sobrevivência — o trabalho é fonte de alimentação do corpo e da alma.

Solidariedade — entre os companheiros de trabalho e o empregador e seus prepostos.

Tolerância — o trabalhador deve ser tolerante com seus companheiros, os superiores hierárquicos e os clientes da empresa. Da mesma forma, o empregador deve ser tolerante com as eventuais explosões do operário, típico da alma obreira.

Zelo — contrário de desídia no desempenho das funções. Art. 482, *e*.

Por fim, meus caros confrades, ainda que debalde o embate, nunca é em vão o combate.

BIBLIOGRAFIA

ACKER, Anna Brito da Rocha. *Estabilidade e fundo de garantia por tempo de serviço.* Simpósio promovido pelo Instituto de Direito Social. São Paulo: LTr, 1979.

AGOSTINI, Eric. *Direito Comparado.* Trad. Fernando Couto. Coleção Resjurídica. Porto: Rés-Editora Ltda., s. d.

ALEXY, Robert. *Derecho y Razón Práctica.* Madrid: Biblioteca de Ética Filosofía del Derecho y Política, s. d.

ALMEIDA, Isis de. *Curso de legislação do trabalho.* São Paulo: Sugestões Literárias, 1981.

ALMEIDA, Renato Rua de. Subsiste no Brasil o direito potestativo do empregador nas despedidas em massa? In: *Revista LTr,* ano 73, n. 4, p. 392, abril de 2009.

ALMEIDA, Renato Rua de (Coordenador), OLMOS, Cristina Paranhos (Organizadora). *Direitos fundamentais aplicados ao trabalho.* São Paulo: LTr, 2012.

AMARAL, Luiz. *Direito social.* Editora Guará, 1941.

ANDRADE, Manuel A. Domingos de. *Ensaio sobre a teoria da interpretação das leis.* Coimbra: Armênio Amado Editor, 1963.

Aristóteles. *A Política.* Trad. Nestor S. Chaves. Introdução de Ivan Lins. Rio de Janeiro: Edições de Ouro.

AQUINO, Tomás de. *Tratado da Lei.* Trad. Fernando Couto. Porto-Portugal: Rés-Editora Ltda., s.d.

AUTIÉ, Daniel. *La rupture abusive du contrat de travail.* Paris: Librairie Dalloz, 1955.

BANDEIRA DE MELLO, Celso Antônio. *Elementos de Direito Administrativo.* Rio de Janeiro: Forense, 1986.

BARACHO, José Alfredo de Oliveira. *Teoria Geral da Cidadania:* A Plenitude da Cidadania e as Garantias Constitucionais e Processuais. São Paulo: Saraiva, 1995.

_____. *O Princípio de Subsidiariedade:* conceito e evolução. Rio de Janeiro: Forense, 1996.

BARBAGELATA, Héctor-Hugo. *O direito do trabalho na América Latina.* Trad. Gilda Maciel Correia Meyer Russomano. Rio de Janeiro: Forense: 1985.

_____. Princípios de direito do trabalho de segunda geração. In: *Cadernos da AMATRA IV* (Associação dos Magistrados do Trabalho da 4ª Região), Porto Alegre, n. 7 abr./jun./2008.

BARROS JR. Cássio de Mesquita. Limitações ao direito de despedir. In: *Tendências do direito do trabalho contemporâneo.* São Paulo: LTr, 1980.

BASTOS, Celso Ribeiro e MARTINS, Ives Gandra. *Comentários à Constituição do Brasil.* São Paulo: Saraiva, 1989.

BATALHA, Wilson de Souza Campos. *Lei de Introdução ao Código Civil*, vol. I, fontes de interpretação do direito. Rio de Janeiro: Max Linionad, 1957.

_____ . *Tratado de direito judiciário do trabalho*. São Paulo: LTr, 1985.

BERNARDES, Hugo Gueiros. *Estabilidade e fundo de garantia na constituição*. Simpósio promovido pelo Instituto de Direito Social. São Paulo: LTr, 1979.

BETTI, Emilio. *Teoria Generale della Interpretazione*, II, Milão, 1990, p. 846.

BONAVIDES, Paulo. O método tópico de interpretação constitucional. In: *Revista do Curso de Direito da Universidade Federal do Ceará — UFC*, XXXII, 2, 1981.

_____ . *Curso de Direito Constitucional*. 6. ed. São Paulo: Malheiros, 1996.

BOTIJA, E. Perez. *Derecho del trabajo*. Madrid: Editorial Tecnos, 1955.

BRUN, André. Novos aspectos do direito do trabalho contemporâneo. In: *Tendências do direito do trabalho contemporâneo*, vol. I, São Paulo: LTr, 1980.

BURATO, Luciano Grüdtner. *Jornal Folha de São Paulo*, Classificados, Empregos, p. E 15, de 1º de julho de 2001, subscrito pelo *Free-lance*.

CABANELLAS. Guillermo. *Tratado de derecho laboral*. Buenos Aires, 1949.

CANOTILHO, J. J. Gomes. *Direito Constitucional*. 5. ed. 2ª reimp. Coimbra: Livraria Almedina, 1992.

CARDONE, Marly. In: *Estabilidade e fundo de garantia na constituição*. Simpósio promovido pelo Instituto de Direito Social. São Paulo: LTr, 1979.

CARNELLI, Lorenzo. *O fato notório*. Trad. Érico Maciel. Rio de Janeiro: José Konfino Editor, 1957.

CARREIRA, Ferrer. *Erro e interpretação na teoria do negócio jurídico*. São Paulo: Livraria Acadêmica, Saraiva & Cia. Editores, 1939.

CARRION, Valentin. Omissão e denegação de justiça. In: *Revista LTr de Direito e Legislação do Trabalho*, São Paulo: LTr, jul./84.

CATHARINO, José Martins. *Compêndio de direito do trabalho*. São Paulo: Saraiva, 1981.

_____ . Sistema de garantia de emprego. In: *Simpósio promovido pelo Instituto de Direito Social*. São Paulo: LTr, 1979.

CAVALCANTE FILHO, Teófilo. *O problema da segurança no direito*. São Paulo: Revista dos Tribunais, 1960.

CESARINO JR., A. F. *Direito social*. São Paulo: LTr, 1980.

_____ . Princípios fundamentais da consolidação das leis do trabalho. In: *Revista LTr de Direito e Legislação do Trabalho*, São Paulo, n. 47, 1983.

CHAVES, Antonio Chaves. Prefácio à Responsabilidade Civil por Dano à Honra, de Aparecida I. Amarante. Citando Padre Vieira. In: *Revista do Direito Trabalhista*, ano 13, n. 8/2007.

CHIARELLI, Carlos Alberto Gomes. *Trabalho na constuição*. São Paulo: LTr, 1989.

CLÈVE, Clèmerson Merlin, SARLET, Ingo Wolfgang e PAGLIARINI, Alexandre Coutinho (Coordenadores). *Direitos humanos e democracia*. Rio de Janeiro: Forense, 2007.

COELHO, Luís Fernando. *Lógica jurídica e interpretação das leis*. Rio de Janeiro: Forense, 1981.

COSTA, Álvaro. *Do princípio da boa-fé*. Fortaleza: Instituto do Ceará, 1947.

COSTA, Coqueijo. *Doutrina e jurisprudência do processo trabalhista*. São Paulo: LTr, 1978.

COUTURE, Eduardo. *Os mandamentos do advogado*. Trad. Ovídio A. Baptista da Silva e Carlos Otávio Athayde. Porto Alegre: Sérgio Antonio Editor, 1979.

CRUZ, Cláudia Ferreira. A boa-fé objetiva e os deveres anexos. In: ALMEIDA, Renato Rua de e OLMES, Cristina Paranhos. *Direitos fundamentais aplicados ao direito do trabalho*. São Paulo: LTr, 2012. p. 20/38.

DANTAS, Ivo. *Princípios Constitucionais e Interpretação Constitucional*. Rio de Janeiro: Lumen Juris, 1995.

DAVID, René. *Os Grandes Sistemas do Direito Cantemporâneos (Les Grands Systèmes du Droit Contemporains (Droit Comparé)*. Trad. de Hermínio A. Carvalho. São Paulo: Martins Fontes, 1996.

DE CASTRO, F. *Derecho civil en España* (reed. Facs. Madrid, 1984), I.

DELGADO, Mauricio Godinho. *Princípios de direito individual e coletivo do trabalho*. São Paulo: LTr, 2001.

DEL VECCHIO, Giorgio. *Los Principios Generales del Derecho*. Barcelona, 1933.

_____ . *Lições de filosofia do direito*. Trad. Antônio José Brandão. Coimbra: Armênio Amado Editor, Sucessor, 1979.

DHYANI, S. N. O direito do trabalho na Índia — problemas e reformulação na estratégia. In: *Tendências do Direito do Trabalho Contemporâneo*, vol. I. São Paulo: LTr, 1980.

DONATO, Messias Pereira. Greve. In: *Curso de direito do trabalho — em homenagem a Evaristo de Morais Filho*. São Paulo: LTr, 1993.

DRUCKER, Peter F. *Uma era de descontinuidade. Orientações para uma sociedade em mudança*. Trad. J. R. Brandão Azevedo. Rio de Janeiro: Zahar Editores, 1976.

DURKHEIM, Émile. *Regras do método sociológico*. Trad. Maria Isaura F. de Queiroz. São Paulo: Companhia Editora Nacional, 1960.

DUVERGER, Maurice. *Sociologia política*. Trad. Maria Helena Kunner. Rio de Janeiro: Forense, s. d.

_____ . *Os regimes políticos*. Trad. Geraldo Gerson de Sousa. São Paulo: Difusão Europeia do Livro, 1962.

DWORKIN, Ronald. *Los Derechos en Serio*. Trad. de Marta Guastaviuo. 1. ed., 2ª reimp. Barcelona: Editora Ariel, 1995.

ESPÍNOLA, Eduardo e ESPÍNOLA FILHO, Eduardo. *Tratado de direito civil brasileiro*, vols. III (Da interpretação e da aplicação do direito objetivo) e IV (O método positivo na interpretação das normas jurídicas). Rio de Janeiro: Livraria Editora Freitas Bastos, 1939 o primeiro e 1940 o segundo.

ESPÍNDOLA, Ruy Samuel. *Conceito de Princípios Constitucionais*. São Paulo: Revista dos Tribunais, 1999.

FARIAS, James Magno A. *Direito sociais no Brasil*. São Luís: Azulejo Editora, 2010.

FERRARI, Irany e COSTA, Armando Casimiro. O direito em São Paulo antes de 1930. In: *Tendências do direito do trabalho contemporâneo*. São Paulo: LTr, 1980.

FERRERA, Francisco. *Interpretação e aplicação das leis*. Trad. Manuel A. D. de Andrade. São Paulo: Saraiva, 1934.

FERREIRA FILHO, Manoel Gonçalves. *Direito Constitucional do Trabalho — Estudos em Homenagem ao Prof. Amauri Mascaro Nascimento*. São Paulo: LTr, 1991.

FRIEDMAN. Lawrence M. *Il Sistema giuridico nella prospettiva delle scienze sociale*.

FLÓREZ-VALDÉS, Joaquín Arce y. *Los Principios Generales del Derecho y su Formulación Constitucional*. Mdrid: Cadernos Cívitas, 1990.

FRANÇA, Rubens Limongi. *Formas e aplicação do direito positivo*. São Paulo: Revista dos Tribunais, 1969.

FRANZEN DE LIMA, Mário. *Da interpretação jurídica*. Rio de Janeiro: Forense, 1955.

GAGLIANO, Pablo, Stolze. *Novo curso de direito civil*. Vol. IV. São Paulo: Saraiva, 2010.

GARCÍA DE ENTERRÍA, Ramón Fernández. *Curso de Derecho Administrativo*, I, 1974.

GÉNY, Francisco. *Método de interpretación e fuentes de derecho privado positivo*. Madrid: Editora Reus S.A., 1925.

GIGENA, Julio Isidro Altamira. *Los Principios Generales del Derecho como Fuentes del Derecho Administrativo*. Buenos Aires: Editorial Astrea de Rodolfo Depalma y Hinos, 1972.

GIVRY, Jean. A humanização do ambiente de trabalho — a nova tendência na proteção do trabalhador. In: *Tendências do direito do trabalho contemporâneo*. São Paulo: LTr, 1980.

GOMES, Orlando. *Direitos reais*. 9. ed.; *Obrigações*. 7. ed.; *Contratos*. 9. ed. Rio de Janeiro: Forense, 1983.

_____ . Casta dos juristas. In: *Revista do Curso de Direito da Universidade Federal do Ceará — UFC*. Fortaleza: Imprensa Universitária, vol. XXII, n. 1, 1981.

GOMES, Orlando e GOTTSCHALK, Elson. *Curso de direito do trabalho*. Rio de Janeiro: Forense, 1978.

GONÇALVES, Emílio. Condições de validade, interpretação e alteração do regulamento de empresa. In: *Revista de Direito e Legislação do Trabalho*. São Paulo: LTr, n. 33, 1982.

GORZ, André. *Estratégia operária e neocapitalismo*. Trad. Jackeline Castro. Rio de Janeiro: Zahar Editores, 1968.

GUASTINI, Ricardo. *Dalle fonti alle norme*. Turim, 1990.

GUERRA FILHO, Willis Santiago. Princípio da Isonomia, Princípio da Proporcionalidade e Privilégios Processuais da Fazenda Pública. In: *NOMOS Revista do Curso de Mestrado em Direito da UFC*, vols. XIII/XIV, ns. 1/2, jan./dez. 1994/1995.

_____ . Metodologia jurídica e interpretação constitucional. *Revista de Processo*, n. 62.

GURVITCH, Georges. *Sociologia Jurídica*. Trad. Djacir Menezes. Rio de Janeiro: Livraria Kosmos Editora, s.d.

HIRSH, Fred. *Limites sociais de crescimento*. Trad. Waltensir Dutra. Rio de Janeiro: Revista dos Tribunais, 1979.

HUBERMAN, Leo. *História da riqueza do homem*. Trad. Waltensir Dutra. Rio de Janeiro: Zahar Editores, 1984.

IHERING, Rudolf Von. *A luta pela direito*. Trad. João Vasconcelos. Rio de Janeiro: Forense, 1985.

KELSEN, Hans. *A justiça e o direito natural*. Trad. João Baptista Machado. Coimbra: Armênio Amado Editor, Sucessor, 1979.

KROTOSCHIN, Ernesto. *Curso de legislación del trabajo*. Buenos Aires: Editorial de Palmas, 1950.

LARENZ, Karl. *Metodologia da ciência do direito*. Trad. José de Sousa e Brito e José Antônio Veloso. 2. ed. Lisboa: Fundação Calouste Gulbenkian.

LA TORRE, Angel Sanchez de. *Principios clasicos del derecho*. Madrid: Union Editorial S. A., 1975.

LEAL, Larissa Maria de Moraes. Aplicação dos princípios da dignidade humana e boa-fé nas relações de trabalho — as interfaces entre a tutela geral das relações de trabalho e os direitos subjetivos individuais dos trabalhadores. *Revista Jurídica,* Brasília, v. 8, n. 82, p. 84-99, dez./ jan. 2007.

LIMA, Francisco Gérson Marques de. *Lei de Introdução ao Código Civil e aplicação do direito do trabalho*. São Paulo: Malheiros, 1996.

_____ . *Igualdade nas relações de trabalho*. São Paulo: Malheiros, 1997.

LIMA, Francisco Gérson Marques de, LIMA, Francisco Meton Marques de e MOREIRA, Sandra Helena Lima. *Repensando a doutrina trabalhista — o neotrabalhismo em contraponto ao neoliberalismo*. São Paulo: LTr, 2009.

LIMA, Francisco Meton Marques de. *Interpretação e aplicação do direito do trabalho à luz dos princípios jurídicos*. Fortaleza: Imprensa Oficial do Ceará, 1989.

_____ . *Elementos de direito do trabalho e processo trabalhista*. 14. ed. São Paulo: LTr, 2013.

_____ . *O resgate dos valores na interpretação constitucional — pela reabilitação do homem como "ser-moralmente-melhor"*. Fortaleza: ABC Editora, 2001.

_____ . O avanço dos direitos sociais nos 20 anos da Constituição. In: LIMA, Francisco Meton Marques de e PESSOA, Robertônio Santos. *Constitucionalismo, direito e democracia*. Rio de Janeiro: GZ Editora, 2009.

LOBO, Eugênio Roberto Haddock. Justiça social e participação dos empregados no universo da empresa. In: *IX Conferência Nacional da OAB*.

MAIA FILHO, Napoleão Nunes. *A herança liberal e a tentação tecnocrática*. Fortaleza: Imprensa Universitária da Universidade Estadual do Ceará, 1980.

MAGANO, Octavio Bueno. Proteção ao trabalho da mulher. In: *Revista LTr* de agosto/1985.

MANDIOLA, Hector Escríbar. Insalubridade no ambiente de trabalho. In: *Tendências do Direito do Trabalho Contemporâneo*, vol. III. São Paulo: LTr, 1980.

MARANHÃO, Délio. *Direito do trabalho*. 10. ed. Rio de Janeiro: Editora da Fundação Getúlio Vargas, 1982.

_____ . Contrato de trabalho — execução. In: *Curso de direito do trabalho, edição em homenagem a Evaristo de Morais Filho*. São Paulo: LTr, 1983.

MARTINS FILHO, Oséas de Souza. *Desenvolvimento com equilíbrio social*: um desafio para o Brasil. Dissertação de Mestrado, composta no serviço de Imprensa e Obras Gráficas do Estado — SIOGE. São Luís-MA, 1985.

MAXIMILIANO, Carlos. *Hermenêutica e aplicação do direito*. Rio de Janeiro: Forense, 1984.

MAZA, Miguel Angel. *La irrenunciabilidad de los créditos laborales — alcances e interpretación del artículo 12 de la ley de contrato de trabajo*. Buenos Aires: Rubinzal — Culzoni Editores, 2010.

MELLO, Marcos Bernardes de. *Teoria do fato jurídico*. São Paulo: Saraiva, 1985.

MENDONÇA, Carlos Raimundo Lisboa de. O menor — protegido ou marginalizado pela sua legislação? In: *Revista do Tribunal Regional do Trabalho da 8ª Região*, n. 32, Belém, 1984.

MENDONÇA, Gentil. *Interpretação do direito do trabalho*. São Paulo: LTr, 1978.

MIRANDA, Pontes de. *Comentários ao Código de Processo Civil*. 24 ed. Rio de Janeiro: Forense.

_____ . *Tratado de direito privado*. Vol I. Rio de Janeiro: Forense.

MORAES FILHO, Evaristo de. *Direito do Trabalho*. São Paulo: LTr, 1982.

_____ . *Introdução ao direito do trabalho*. São Paulo: LTr, 1982.

MOREIRA, Ruy. *O movimento operário e a questão cidade-campo no Brasil — estudo sobre sociedade e espaço*. Petrópolis: Vozes, 1985.

NAGY, Lászó. Papel do direito do trabalho na implantação da igualdade de direito entre homem e mulher. In: *Tendências do direito do trabalho contemporâneo*, vol. I. São Paulo: LTr, 1980.

NASCIMENTO, Amauri Mascaro. Normas internacionais do emprego. In: *Curso de direito do trabalho em homenagem a Evaristo de Moraes Filho*. Organizado por Nair Lemos Gonçalves e Arion Sayão Romita. São Paulo: LTr, 1983.

_____ . *Curso de direito do trabalho*. São Paulo: LTr, 1981.

NERY JR., Nelson. *Princípios do processo civil na Constituição Federal*. São Paulo: Revista dos Tribunais, 1992.

NUSDEO, Fábio. O Programa de Integração Social e a participação nos lucros da empresa. In: *Tendências do direito do trabalho contemporâneo*. São Paulo: LTr, 1980.

OIT — Organização Internacional do Trabalho. *Direito internacional do trabalho e direito interno — manual de formação para juízes, juristas e docentes em direito*. Turim: Centro Internacional de Formação da OIT, 2011.

OLEA, Manoel Alonso. *Introdução ao direito do trabalho*. Trad. Carlos Alberto Barata e Silva. Porto Alegre: Edições Sulinas, 1969.

OLIVEIRA, Antonio Carlos A. A garantia de emprego. In: *Revista de Direito e Legislação do Trabalho*. São Paulo: LTr, 1985.

PAES, Arnaldo Boson. Os limites do poder de direção do empregador em face dos direitos fundamentais dos trabalhadores. In: ALMEIDA, Renato Rua de e OLMES, Cristina Paranhos. *Direitos fundamentais aplicados ao direito do trabalho*. São Paulo: LTr, 2012. p. 9/19.

PATON, Roberto Perez. *Derecho social e legislación del trabajo*. Buenos Aires: Edições Arayú, 1954.

PAULON, Carlos Artur. *Direito administrativo do trabalho*. São Paulo: LTr, 1984.

PERA, Giuseppe. Evolução do direito do trabalho italiano. In: *Tendências do direito do trabalho contemporâneo*. vol. I, São Paulo: LTr, 1980.

PERELMANN, Chaïm. *Ética e Direito*. Trad. Maria Ermantina Galvão G. Parreira. São Paulo: Martins Fontes, 1996.

PIMENTA, Joaquim. *Sociologia jurídica do trabalho*. 3. ed. Rio de Janeiro: Editora Nacional do Direito, 1948.

PORTUGAL. *Novo Código do Trabalho* — Lei n. 99/2003, de 27 de agosto. Porto Editora.

PRAGMÁCIO FILHO, Eduardo. *A boa-fé nas negociações coletivas trabalhistas*. São Paulo: LTr, 2011.

PRADO, Roberto Barretto. Evolução histórica do direito do trabalho no Brasil. In: *Curso de direito do trabalho — em homenagem ao Ministro Mozart Vitor Russomano*. Coordenado por Octavio Bueno Magano. São Paulo: LTr.

RABENHORST, Eduardo Ramalho. *A normatividade dos fatos*. João Pessoa: Vieira Livros, 2003.

RADBRUCH, Gustav. *Filosofia do direito*. Trad. L. Cabral de Moncada. Coimbra: Armênio Amado Editor, Sucessor, 1979.

REALE, Miguel. A ordem jurídica e a transformação social. In: *NOMOS, Revista dos Cursos de Mestrado da Bahia, Ceará e Pernambuco*. Fortaleza: Imprensa Universitária, 1978.

REIS DE PAULA. Carlos Alberto. *O aviso-prévio*. São Paulo: LTr, 1986.

REVORIO, Francisco Javier Díaz. *Valores Superiores en la Constitución Española*. Madrid: Centro de Estúdios Constitucionales, 1997.

ROCHA, Cámem Lúcia Antunes. *O direito constitucional à jurisdição*: garantias do cidadão na justiça. São Paulo: Saraiva, 1993.

RODRIGUEZ, Américo Plá. *Princípios de direito do trabalho*. Trad. Wagner D. Giglio. São Paulo: LTr, 1978.

ROMITA, Arion Sayão. *A subordinação no contrato de trabalho*. Rio de Janeiro: Forense, 1979.

_____ . *Equidade e dissídios coletivos*. Rio de Janeiro: Editora Brasília/Rio de Janeiro, 1976.

RUPRECHT, Alfredo J. *Conflitos coletivos do trabalho*. Trad. José Luiz Ferreira Prunes. São Paulo: LTr, 1979.

_____ . Princípios normativos do direito do trabalho. In: *Tendências do direito do trabalho contemporâneo*, vol. I. São Paulo: LTr, 1980.

SAAD, Eduardo Gabriel. *Constituição e direito do trabalho*. São Paulo: LTr, 1989.

SALDANHA, Nelson. Direito primitivo, direito costumeiro e direito — observações históricas e sociológicas. In: *NOMOS, Revista dos Cursos de Mestrado da Bahia, Ceará e Pernambuco. Fortaleza:* Imprensa Universitária, 1978.

_____ . *O pensamento político no Brasil*. Rio de Janeiro: Forense, 1979.

SANSEVERINO, Luisa Riva. *Curso de direito do trabalho*. Trad. Elson G. Gottschalk. São Paulo: LTr, 1976.

_____ . Sobre a tutela da personalidade moral do trabalhador. In: *Tendências do direito do trabalho contemporâneo*, vol. III. São Paulo: LTr, 1980.

SANTOS, Moacyr Amaral. *Primeiras linhas de direito processual civil*. São Paulo: Saraiva, 1979.

SANTOS, Roberto. Estabilidade e FGTS no Brasil: repercussões econômicas e sociais. In: *Estabilidade e Fundo de Garantia*. Simpósio promovido pelo Instituto de Direito Social. São Paulo: LTr, 1979.

_____ . Despedida arbitrária e tutela do emprego. Mudanças requeridas. In: *Curso de direito do trabalho, em homenagem a Evaristo de Moraes Filho*. São Paulo: LTr, 1983.

_____ . Pela renovação da magistratura. In: *Revista do Tribunal Regional do Trabalho da 8ª Região*, n. 32, Belém, 1984.

SCHILING, Kurt. *História das ideias sociais*. Trad. Fausto Guimarães. 22. ed. Rio de Janeiro: Zahar Editores, 1974.

SETTE, Orlando Rodrigues de Oliveira. Natureza jurídica do contrato de trabalho. In: *Tendências do direito do trabalho contemporâneo*. São Paulo: LTr, 1980.

SICHES, Luis Récasens. *Nueva filosofía de la interpretación del derecho*. México: Porrúa, 1973.

SILVA, C. A. Barata e. A influência do desenvolvimento social no direito do trabalho. In: *Revista do Tribunal Regonal do Trabalho da 8ª Região*, n. 32, Belém, 1984.

SILVA, De Plácido e. Vocabulário Jurídico. Rio de Janeiro: Forense, 1984.

SILVA, Luiz de Pinho Pedreira da. Princípios específicos do direito do trabalho. In: *Tendências do direito do trabalho contemporâneo*, vol. III. São Paulo: LTr, 1980.

SILVA FILHO, Ives Gandra Martins da. Os princípios e sua densidade normativa. In: *Revista Direito e Cidadania*. Rio de Janeiro: Editora JC, edição 145, setembro de 2012.

SILVEIRA, Alípio. *Hermenêutica no direito brasileiro*. São Paulo: Editora Revista dos Tribunais, 1968.

SOARES, Celso. Os caminhs de um direito insurgente. In: *Revista dos Tribunais*. São Paulo, 1968.

SOARES FILHO, João Batista Luzardo. Meio Ambiente e Trabalho Escravo. In: SÉGUIN, Elida e FIGUEIREDO, Guilherme José Purvin de (Coordenadores). *Meio Ambiente do Trabalho*. Rio de Janeiro: GZ Ed., 2010.

SÓFOCLES, em *Antígona*.

SOUZA, Daniel Coelho de. *Interpretação e democracia*. 3. ed. São Paulo: Revista dos Tribunais, 1979.

SPOLIDORO, Luiz Cláudio Amerise. A aflição emocional e o dano moral. *Revista de Direito Trabalhista*, ano 13, n. 8, 2007.

STOETZEL, Jean. *Psicologia social*. Tra. Haydée Camargo Campos. São Paulo: Companhia Editora Nacional, vol. 29 da coleção científica.

SUCUPIRA FILHO, Eduardo. *Introdução ao pensamento dialético*. São Paulo: Editora Alfa-Ômega, 1984.

SÜSSEKIND, Arnaldo. *Instituições de direito do trabalho*. Em coautoria com Segadas Vianna e Délio Maranhão. Rio de Janeiro e São Paulo: Livraria Freitas Bastos, 1963.

TEIXEIRA FILHO, Manoel Antonio. *A prova no processo do trabalho*. São Paulo: LTr, 1984.

VALADÃO, Haroldo. *História do direito. Especialmente do direito brasileiro*. Rio de Janeiro: Livraria Freitas Bastos, 1977.

VASCONCELOS, Arnaldo. *Teoria da norma jurídica*. Rio de Janeiro: Forense, 1978.

VILHENA, Paulo Emílio Ribeiro de. Modelo de sistema de garantia de emprego no Brasil. In: *Estabilidade e fundo de garantia*. Simpósio promovido pelo Instituto de Direito Social. São Paulo: LTr, 1979.

VOLTAIRE, Cândido. *O otimista*.

WIEHWEG, Teodor. *Tópica e jurisprudência*. Trad. Tercio Sampaio Ferraz Jr. Brasília: Imprensa Nacional, 1979.

ZUNIGA, Carlos Carro. Falta grave como justa razão de despedida. In: *Tendências do direito do trabalho contemporâneo*. São Paulo: LTr, 1980.

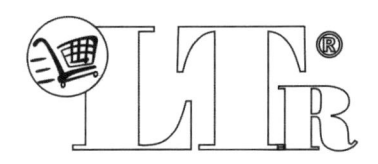

LOJA VIRTUAL
www.ltr.com.br

BIBLIOTECA DIGITAL
www.ltrdigital.com.br

E-BOOKS
www.ltr.com.br

Produção Gráfica e Editoração Eletrônica: GRAPHIEN DIAGRAMAÇÃO E ARTE
Projeto de Capa: FABIO GIGLIO
Impressão: COMETA GRÁFICA E EDITORA